聚眾活動處理的政策管理

Policy Management on Dealing with Mass Demonstration

朱金池　著

推薦序

在民主社會中聚眾活動是常有的現象，因為憲法大多保障人民享有集會的表意自由權利；縱使在威權統治的國家，人民亦常為切身的權益而群起抗爭。然而，人民集體行使集會遊行的自由權利，極易妨害社會秩序與他人的權益。因此，警察處理聚眾活動時，必須兼顧人民集會遊行自由的保障及社會秩序的維持，可說是警察的一種專業。

個人曾經擔任台北市政府警察局中正一分局分局長，經常在第一線指揮警察同仁處理聚眾活動，深刻瞭解警察處理此類事件的困難與辛勞。尤其在當今新型態的聚眾活動，利用社群媒體快速動員群眾下，使得警察面臨處理上更大的挑戰。所以，警察如何精進處理聚眾活動的能力，是本校教學與研究的重要課題，同時也是各國警察實務界非常熱門的議題。

本校行政警察學系副教授朱金池曾任警察分局長職務，具有處理聚眾活動的實務經驗，及公共行政理論學術的專長。其潛心研究聚眾活動的處理，並擔任相關課程的教學與教材編撰的工作，累積多年心得而著成「聚眾活動處理的政策管理」一書，殊屬難得。

個人在拜讀本書後，深覺作者從政策管理的觀點，探討聚眾活動處理的政策規劃、執行與評估，可涵蓋聚眾活動處理的事前、事中及事後要項，條理井然，契合實際。而且，作者參採國內外相關理論文獻、進行量化及質化的評估，以及分析我國、中國大陸和香港的重大案例，結合了聚眾活動處理的理論與實務。相信本書之問世，不僅對本校聚眾活

動處理課程的教學和研究有所助益，且能提供警察實務界在實際處理上的參考，故樂為之序。

中央警察大學校長 刁建生 謹識

中華民國104年

推薦序

　　近年來資訊科技發展迅速，部分聚眾抗爭活動逐漸利用臉書、推特、line等手機即時通訊應用軟體建立網路社群，由於具有機動性與隱密性，已做為動員及散播之工具，迅速將現場狀況，以文字紀錄及影音剪輯，透過網路傳播擴散，藉以聯繫和動員群眾，有效突破以往難以運用媒體或媒體報導之版面限制，大幅提升動員能量，103年發生之反服貿抗爭活動即是其例。

　　警察負責社會治安秩序之維護，面對此一聚眾陳抗操作新局，切不可固步自封，再以傳統式情資蒐集及勤務部署方式因應，本人於104年4月1日就任時，就有關聚眾活動之防處，特要求應強化整合「聚眾活動處置」、「落實快打機制」、「輿情應處作為」、「情資整合效能」及「視訊設備運用」等面向，透過重視辨識編組，強化情資蒐報、傳遞及反應，並精進勤務規劃、落實勤教、友善溝通、有效蒐證、妥適處置（避免傷害）及符合相關法定程序等作為，妥切整備應處新型態聚眾活動，整合運作迄今，相關成效正逐步展現。

　　本書作者從警察機關基層幹部做起，曾於臺灣省警務處任職，並擔任過苗栗縣頭份分局長，之後轉入教育界，不僅曾在中央警察大學擔任行政警察學系主任暨警察政策研究所所長、總務長等職務，尤著力於警察實務問題之探討，近更參與該校「聚眾活動處理學」課程及教材之授課與編撰，對聚眾活動之特性與發展，浸淫甚深，迭有相關研究新論問世，已成一家之言，實為學術界少數兼具深厚學術理論基礎與豐富實務經驗之重鎮。

　　另查本書針對聚眾活動防處之政策規劃、政策執行、政策評估等面向，分析其問題成因及認定、風險評估、計畫作為、作業程序、現場處置及檢討策進，尤其聚眾活動處理之量化及質化評估一節，已大舉跨越傳統研究聚眾活動之框架；另亦對兩岸重要聚眾處理，就其法制及地區特性連結分析對於聚眾事件處理作法之共同性及建議，內容豐富，見解精闢，顯見研究之用心，殊值肯定。

　　綜觀本書之體系架構及內容，理論與實務兼備，對聚眾活動之處理提供具體參考方向，可作為相關同仁處理聚眾活動或對聚眾活動有研究興趣者參考，特作序推薦。

警政署署長 陳國恩

中華民國104年

自序

  歲月匆匆，從警已三十有六載，見證了台灣從威權統治到民主法治的警察工作。其間感受最深者，乃警察在政治與社會紛亂的時代中，無畏艱難與忍辱負重地處理聚眾活動，讓台灣的政治與社會發展得以穩健成熟。因此，筆者常思台灣警察長期處理聚眾活動所累積的經驗，應如何轉化為有系統的警學知識傳承下去？又國外警察處理聚眾活動值得仿效的理論與作法，該如何引介給國人參考？筆者忝為警察專業學術與教育的工作者，為回應上述問題，自許要撰寫一本警察應如何處理聚眾活動的專書，遂有本書之誕生。

  筆者不揣淺漏，嘗試以政策管理的理論框架，論述警察處理聚眾活動的各個環節，包括其政策規劃階段的問題認定、情報蒐集與戰略計畫；政策執行階段的作業程序、戰術運用、現場處置與溝通談判；以及政策評估階段之檢討策進與量化、質化的評估等。上述分析架構係將聚眾活動視為公共政策上的問題，並以政策管理的階段論，依序對聚眾活動處理的事前規劃、事中執行及事後評估作有系統的闡述。最後，再以此架構對國內外四個重大的聚眾活動案例作分析，並提出綜合的結論與建議。惟由於任何研究途徑在研究題材與資料的取捨上，皆有其限制，故本書內容自無法涵蓋警察處理聚眾活動的所有面向；且筆者個人學養有限，故本書一定有諸多不足之處，尚祈各方先進多所指正。

  最後，筆者要感謝本校刁校長及內政部警政署陳署長在百忙中作序推薦，增添本書莫大的光彩。又特別要感謝我的父母、內人明珠及

所有家人對我的支持與包容，以及謝謝所有協助我完成本書出版的諸多善緣。

朱金池 謹識於誠園

2015年

目次 contents

第壹篇

導論

第一章　導論

本章是本書的導論，將說明本書所要研究的問題與目的、研究的途徑與架構、研究的方法與限制、重要名詞界定，以及本書的篇章安排。

第一節　研究問題與目的

在警察實務工作上，筆者深深體會到聚眾活動的處理是警察的繁重任務之一，其處理之成敗，攸關社會安全與公共秩序至鉅；惟在警察學術領域中，有關聚眾活動處理的理論文獻繁多，且涵蓋各種不同的研究途徑及範圍，人言各殊。因此，在未來警察政策的發展上，應如何結合理論與實務，有系統地梳理出一套有關聚眾活動處理的知識，誠為筆者撰寫本書的主要動機所在。基於此研究動機下，本書聚焦在下述三個主要的研究問題：

一、在實然面上，在人類社會為何會有聚眾活動的問題發生？聚眾活動的問題本質何在？

筆者從事警察實務與學術工作迄今近40年，目睹台灣地區發生過之大型聚眾活動：包括有解嚴前，1977年的「中壢事件」、1979年的「美麗島事件」及1986年的「桃園機場事件」等；在1987年解嚴後，則有1988年的「520農民運動」、1990年的「野百合運動」、2004年的「凱道事件」、2006年的「百萬人倒扁運動（又稱紅衫軍運動）、2008年的「陳

雲林被困事件」，以及2014年的「太陽花學生運動」等。從上述事件可知，台灣地區在解嚴前或解嚴後，幾乎每十年就會發生一起大型的聚眾活動，而且大都屬政治性的抗爭運動。這些在累積一定能量後爆發的大型聚眾活動，對台灣的政治發展與社會治安造成很大的衝擊，並且對警察的執法而言，不啻是一項艱鉅的挑戰，實有加以研究的迫切需要。

縱使是民主先進國家如美國與英國等國，亦難免會發生此種大型的聚眾活動，譬如，英國於1981年，美國於1967年亦曾發生過重大的聚眾活動，尤其美國於1992年在洛杉磯及2014年在密蘇里州佛格森市發生非裔美人抗議警察執法不公的大型聚眾活動，令筆者印象深刻。此種幾可稱為社會動亂的事件，不僅造成了人員的傷亡和財務的損失嚴重，且族群間造成了分裂而難以融合的深遠影響，深值加以研究。

又在中國大陸地區和香港地區，雖然其政府體制強調威權式的控制與「維穩」的策略，但人民仍屢屢發生「維權」的大型聚眾活動。譬如發生於2011年廣東省的「烏坎村事件」及2014年香港的「佔中運動」，為國際矚目的聚眾活動事件。

綜合上述，無論在台灣地區、中國大陸、香港地區，以及其他民主先進國家等均會發生大型的聚眾活動。因此，筆者擬欲探究：在人類社會中，為何會有聚眾活動的問題發生？聚眾活動的問題本質何在？

二、從理論上言，可否透過各種學科的研究途徑，綜合歸納出一套有關聚眾活動處理的理論或模式？以及這套理論或模式如何去描述、解釋，甚至預測聚眾活動的現象？

有關聚眾活動及其處理的理論文獻繁多，包括從社會學、社會心理學、政治學、法律學、刑事司法或傳播學等不同學科出發的研究成果。但各種學科的研究途徑大皆採取特定的觀點，故其研究發現較屬於局部性者，較難有宏觀而整體的理解。譬如，從社會心理學的觀點言，較強調聚眾活動的參與者之個人心理及群眾之集體行為現象；從社會學的觀

點言，較強調社會不同階層的利益衝突會造成集體行動，且認為必須經過動員的過程，才能形成聚眾活動。因此，筆者認為若能採取多學科的研究途徑，較能得到相對宏觀的研究發現，進而可整合出一套處理聚眾活動的理論或模式。

　　基於筆者的公共行政學術背景及警察實務經驗言，筆者認為大型聚眾活動的處理問題乃是一個典型的公共政策的問題，是一個具有公共性、衝突性及緊急性的問題。譬如聚眾活動的問題，牽涉到人民自由權利與社會秩序維持之衝突時，應如何處理？又如聚眾活動的處理，牽涉到法律面向、社會面向及政治面向的問題時，究應採取何種取向的處理模式，較為周延？因此，從理論上言，能否找到一套處理聚眾活動的理論或模式？又該理論或模式如何去描述、解釋或預測聚眾活動的現象？此皆為本書所關切的研究問題。

三、在應然面上，政府或警察機關應如何處理聚眾活動？處理聚眾活動的成敗關鍵因素為何？

　　上述從實然面言，人類社會必然會發生大型聚眾活動的現象，且從理論上言，亦有多種研究途徑在探討此種現象。然而，一般政府及警察機關應如何處理聚眾活動？處理聚眾活動的成敗關鍵因素為何？此乃一般政府及警察機關特別關切的問題。例如，中國大陸海協會會長陳雲林先生於2008年來台灣期間，被抗議民眾圍困在台北市晶華酒店之聚眾活動的執法問題，引起政府高層的重視。當時的總統府詹春柏秘書長即於2008年12月10日主持總統府輿情會議中，指示內政部要針對民眾集會遊行之警方執法作為及警民關係，邀集國內外專家學者召開國際研討會。於是在2009年6月2日由中央警察大學、內政部警政署及行政院研考會共同舉辦了「集會遊行與警察執法」國際學術研討會。又如台灣地區於2014年3月發生「太陽花學運」，癱瘓了政府行政及國會政事之運作後，引起行政院高度的重視。後經行政院於2014年5月6日以院臺法字第

1030133873號函發第4次治安會報紀錄，其中第3、5點是有關「如何精進處理群眾運動的各項執法技能，做好處理群眾運動應有技巧的教育訓練之具體措施」的指示。行政院這個指示層轉到內政部及中央警察大學後，中央警察大學隨即於2014學年第2學期起在學士班警察相關學系開設「群眾事件處理學」三個學分的必修課程，並邀請對聚眾活動處理有豐富實戰經驗之警察實務界幹部參與此項教學及編撰教材的工作。

因此，本書希冀藉由聚眾活動處理的理論與案例之探討，關注於處理聚眾活動的成敗關鍵因素及警察機關應有之作為，俾能提供警察實務機關未來處理大型聚眾活動之參考，以及作為中央警察大學及台灣警察專科學校相關課程之參考教材。

綜合上述三個研究問題，本書的研究目的有三：

（一）探討聚眾活動的形成原因及其問題本質等實然現象。

（二）整合各種學科的研究成果，擬歸納出一套有關聚眾活動處理的理論或模式，以利充分描述和解釋聚眾活動的現象。

（三）從政策管理的觀點，探討政府或警察機關處理聚眾活動的規劃、執行與評估的具體作法，並輔以案例分析與實證研究，說明處理聚眾活動的成敗關鍵因素。

第二節 研究途徑與架構

一、研究途徑

所謂「研究途徑」（approach），與研究方法（method）並非同義，研究途徑意指「選擇問題及資料的準則」，如行為研究途徑或制度研究途徑等；而研究方法則指「蒐集及處理資料的技術」而言，如問卷調查法、深度訪談法等。研究途徑比研究方法更根本更重要，因為任何研究，問題的發現或選擇是最原始的起點。沒有問題的選擇在先，資料

的有效選擇絕不可能。沒有問題及資料的選擇，當然更談不到資料的蒐集與處理（易君博，1984）。研究途徑對於社會科學而言，它具有啟發的作用，又有解釋的功能。也就是說研究途徑可以提出概念體系的架構，以確定研究的方向，並且把來自各方的經驗資料綜合起來。因此，研究途徑無絕對的對或錯，只是有不同的用處罷了。

有關聚眾活動或集會遊行的研究，固然可以從法律的研究途徑出發，例如從憲法、行政法或警察法的面向探討集會遊行的法制，章光明（2010）認為亦可從政治面向（政策形成）或行政面向（政策執行）討論之。章光明（2010）進一步運用Kingdon（1995）的「政策窗」（window of policy）理論[1]說明集會遊行政策的議程設定與政策方向，以及說明集會遊行法的修法機會與法制內涵。

筆者認同章光明上述看法，認為聚眾活動的處理是一項公共政策（Public Policy）的問題。因此，可以採取公共政策的研究途徑，來描述與解釋聚眾活動處理的政策過程，包括聚眾活動處理的政策規劃、政策執行及政策評估等階段的政策活動。

二、研究架構

研究架構意指研究者透過理論文獻的探討後，發掘到某些有用的概念可對某些現象作描述、解釋或預測，而且這些概念可能與其他概念具有相關性，於是將具有相關性的各個概念組合成一個具有意義的心智架構，以作為研究者進行研究的架構。由於本書主要在探討：聚眾活動處理的政策管理，所以有關公共政策及聚眾活動處理的理論文獻是本書的

---

[1] Kingdon的政策窗理論，係以「政策窗」的觀點，討論並解釋政策的運作狀況。他認為政策之能夠制訂成功，乃是「政策窗」正好打開的緣故。而政策之所以會打開，則是「問題流」（problem stream）、「政策流」（policy stream）及「政治流」（political stream）三者正好會合的結果（吳定，2008）。張世賢（2015：4）進一步認為：「一個成功的政策企業家，必須在問題流中，建構政策問題，且在政策流中，提出政策方案，並在政治流中，動員政治優勢的力量。然後將這三條流匯集在一起，創造機會窗，並加以開啓，成為政策窗，讓政策能夠進入政府的政策議程中，並實現政策主張。」

主要研究材料，並且從這些研究材料萃取相關的概念，建構本書的研究架構（如圖1-2）。

首先，在本書的研究架構中，筆者參採了公共政策的「階段途徑」內涵，將公共政策運作的過程依序分為政策問題形成、政策規劃、政策合法化、政策執行及政策評估等五個階段，或簡化為政策規劃、政策執行及政策評估等三個階段。此外，筆者亦贊同系統理論的說法，認為公共政策各階段的活動皆會受到環境因素的影響，且任何後面階段的政策活動，在經過分析後，都可以回饋到前面任何一個階段去做必要的修正或採取對應行動（吳定，2003，2008；丘昌泰，2000）。在研究架構（如圖1-2）中，筆者以箭頭表示各個環節的影響關係。

所謂「政策規劃」，係指：「決策者或政策分析人員，為滿足某種需求與解決政策問題，以科學方法，發展一套具有目標、變遷、選擇、理性與集體取向之未來行動替選方案的動態過程（孫煒，2010：70；丘昌泰，2000；余致力等，2007）。」所謂「政策執行」是指：「政策方案在經過合法化後，擬定施行細則，確定專責機關，配置必要資源，以適當的管理方法，採取必要的對應行動，使政策方案付諸實施，以達成預定目標或目的之所有相關活動的動態過程（吳定，2003：173；余致力等，2007）。」至所謂「政策評估」，則指：「政策評估人員利用科學方法與技術，有系統地蒐集相關資訊，評估政策方案之內容、規劃與執行過程及執行結果的一系列活動（吳定，2003：232-233；吳秀光，2010）。

其次，本書參採英國警察機關對於聚眾活動處理的決策活動模式，亦即其國家的決策模式（National Decision Model）（如圖1-1所示），包括蒐集資訊與情報、評估威脅與風險並發展可行策略、考量職權與政策、確認執行方案及應變計畫，以及採取行動和檢討策進等五個步驟，並以機關任務與價值為中心（Harfield, 2013）。此外，筆者又參考公共政策的運作過程及個人處理聚眾活動的實務經驗，綜合歸納出聚眾活動

處理的八個重要階段，分別對應公共政策的三個運作階段（如圖1-2所示）。第一，在聚眾活動處理的政策規劃階段活動有：問題成因與問題認定、情報蒐集與風險評估，以及戰略擬定與計畫作為三者；第二，在聚眾活動處理的政策執行階段活動有：職權法制與作業程序，以及戰術運用與現場處置，以及媒體關係與溝通談判三者。；最後，在聚眾活動處理的政策評估階段活動則有：善後復員與檢討策進，以及量化評估與質化評估二者。而且，上述有關聚眾活動處理的七個階段具有循序漸進的順序，不可採跳躍式的順序進行。譬如警察處理聚眾活動時，在情報蒐集活動之後，如果未作威脅與風險評估而直接進行計畫作為的話，很可能會有過度反應之情形（Harfield, 2013）。

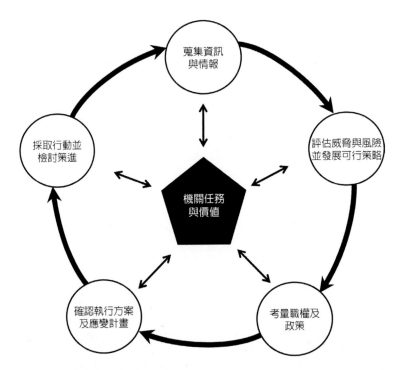

圖1-1：英國的國家決策模式（National Decision Model）

資料來源：Harfield, Clive, 2013, Blackstone's Police Operational Handbook: Practice and Procedure, Oxford: Oxford University Press, p. 583

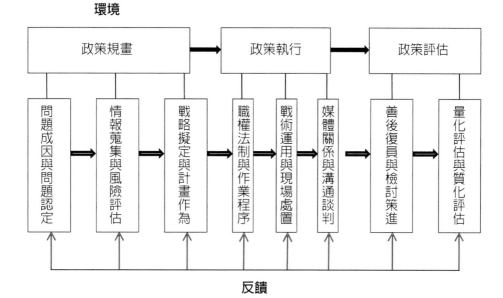

環境

| 政策規畫 | 政策執行 | 政策評估 |

問題成因與問題認定　情報蒐集與風險評估　戰略擬定與計畫作為　職權法制與作業程序　戰術運用與現場處置　媒體關係與溝通談判　善後復員與檢討策進　量化評估與質化評估

反饋

圖1-2：聚眾活動處理的政策管理研究架構

第三節　研究方法與限制

一、研究方法

　　「選用何種研究方法來描述實體，一直是社會科學家們所激烈爭辯的議題，且至今仍然無法形成共識（江明修，2009：114）。」在社會科學的研究方法中，主要可略分為量化方法與質化方法二種。但蕭全政（1995）認為，量化和質化方法在本體論、宇宙論、認識論、人生論、方法論和研究方法上，均存在著不同的內涵。其中，量化方法較接近實證論傳統，質化方法則較接近自然論的傳統。

　　筆者為避免偏採量化或質化方法的缺失，並期提升研究的品質，遂兼採量化與質化等二種研究方法。在量化的研究方法上，筆者採用民意調查法與問卷調查法，欲探查、分析台北市市民和警察人員對聚眾活動

處理的看法有何不同；在質化方法方面，筆者採用深度訪談法，分別訪談了發起群眾運動的社運領導者、處理聚眾活動的警察幹部，以及專家學者們，以利瞭解多元的看法。

此外，筆者亦採用文獻分析法探討聚眾活動處理的相關理論文獻，以及採用個案分析法檢視實際個案的處理情形，是否能與相關理論相呼應。茲說明本書的研究方法如下：

（一）文獻分析法

所謂文獻分析法意指：研究者蒐集與研究題材相關的理論、前人的研究成果，以及官方的檔案文獻等研究資料，加以歸納分析，並在既有的知識基礎上進一步提出有意義的研究方向與題目。此文獻分析法的最大好處是：使「理論幫助創造問題，形塑我們的研究設計，幫助我們預期結果，也協助我們設計干預介入措施（蔡毓智譯，2013：64）。」

本書在探討聚眾活動處理的政策管理，故文獻探討的範圍涵蓋公共政策及聚眾活動處理的理論文獻，以及官方的報告或媒體的報導等資料。

（二）量化的調查研究法

1.問卷調查法

調查研究是從廣大一群人及社會場域上，有效率地系統性蒐集資料。調查研究之所以受到歡迎，主要是由於調查研究法具有通用性、效率性和概推性等三種特質（許素彬等譯，2013）。本研究採用分層隨機抽樣的問卷調查法，並以處理聚眾活動最頻繁的台北市政府警察局員警為研究對象，欲瞭解台北市警察人員對聚眾活動處理的看法，並與民意調查法所得的市民看法，作對照分析。

2. 民意調查法

社會科學研究常利用電話訪問作民意調查，並且藉由電腦的輔助，亦即利用電腦輔助電話訪談的系統（CATI），協助研究者進行資料的蒐集與分析（蔡毓智譯，2013）。本研究係利用中央警察大學民意調查中心的CATI系統，以民意調查法隨機抽樣調查台北市市民對警察處理聚眾活動的看法，俾利比較員警和民眾之看法有否差異。

（三）質化的深度訪談法

深度或深入訪談是一種找出人們經驗、思想與感受的質化研究方法。它和其他質化研究方法一樣，都致力於瞭解人們用自己辭彙所表達的、埋在內在深層的看法，以及所處情境的脈絡。深度訪談法極少採用隨機抽機的方式選取受訪者，但研究仍必須選擇對訪談主題有認識、願意公開談，而且在觀點上具備某種程度代表性的受訪者進行訪問（許素彬等譯，2013）。

本研究依據上述深度訪談法的操作原則，分別訪談了發起群眾運動的社運領導者計三位、處理聚眾活動的警察幹部計三位，以及專家學者計二位，共計八位受訪者，以利筆者深入瞭解不同立場的團體人員的內心深層看法，並可將此質化的研究發現與量化的研究發現作對照分析。

（四）個案分析法

所謂「個案分析」（Case analysis）是指一種經驗性的探究，它對當代真實生活環境中的現象進行調查及研究，並採用多面向的證據及資料來進行分析（Yin, 1984）。就政策科學而言，個案分析法對政策問題的發展過程，政策利害關係者的互動情形均有具體的描述；且對政策規劃案而言，個案分析可以提供量化統計資訊以外的質化資料，以平衡使用量化和質化的資料。然而，使用此個案分析法亦應避免過度的類

推化（generalization）及主觀的偏差（subjective biases）等問題（吳定，1989），才能客觀中立地對個案政策作具有信度和效度的描述和解釋。

「個案分析法已普遍應用於政策科學的研究及教學上，同時實際政策制定部門也常利用個案分析的研究結果，指引未來政策規劃方向。例如，G. T. Allison對古巴飛彈危機事件所從事的個案研究，正是政治性決策以個案分析為研究策略的範例（吳定，1989：1-2）。」此外，在企業管理的教學與研究上，美國哈佛大學特別予以重視，且近年來，台灣地區負責培訓公務人員的國家文官學院亦借鏡哈佛大學的個案教學法，自行開發本土性的情境個案作為教案。

因此，本書採用此個案分析法，選取台灣地區發生於2006年的「百萬人倒扁運動（又稱紅衫軍運動）與2014年的「太陽花學運」，以及2011年發生於大陸地區廣東省的「烏坎村事件」及2014年發生於香港地區的「佔中運動」等四個大型聚眾活動個案，以本書之研究架構加以分析。

二、研究限制

本書雖採公共政策的研究途徑及多元的研究方法，但仍有下述之研究限制：

（一）研究途徑上的限制

本書係採公共政策管理的研究途徑，雖可有系統地探討聚眾活動的規劃、執行與評估諸面向的問題，惟本研究途徑在研究資料的蒐集與分析上，並無法涵蓋其他研究研究途徑之研究範圍。

（二）研究方法上的限制

本書量化的研究對象以台北市為主，無法涵蓋其他地區；在質化的研究對象方面，亦僅深度訪談八位受訪者，故在樣本代表性略有不足。

第四節　重要名詞界定

本書在探討聚眾活動處理的政策管理，因此，必須先對「聚眾活動」及「政策管理」此兩個概念作界定如下：

一、聚眾活動

聚眾活動（又稱群眾運動、群眾失序事件、群體性事件）（protest）的定義很多。有指聚集具有共同挫折經驗、動機、目標或理想的多數人，通過集會、遊行、請願、靜坐或示威等方式展現集體力量，促使政府重視、社會關注、輿論同情或支持，冀以改變、維護現行法令、政策或制度等，以滿足個人或組織的需求或期望之群眾性活動（范明，2003：59）；或指「有一定數量的人群參加的具有共同行動取向的事件」，它們多表現為制度外行為，對正常的社會秩序產生影響（童星，2012：135）；亦指：「在根本利益衝突下，由某些直接的社會矛盾引起的，多數人為表達共同的意願或尋求共同的利益，採用聚眾施壓的方式，或採取違背有關法律、法規的集體行為，對社會公共安全和政府基本價值造成影響，具有社會危害性，急需政府做出決斷的一種緊急狀態」（錢進、王友春等，2010：270-271）。要言之，聚眾活動意指：「集體而大膽地對抗議對象的政策或行動表達不滿的活動」而言（Redekop and Pare, 2010: 17）。從上述對「聚眾活動」的定義中，主要指涉「群眾」和「事件」這二個概念。群眾意指多數人參與，且大都是基於較為一致的動機或目的，臨時地、自發地組成；事件則意指造成對社會具有重大影響的活動，且大都具有危機屬性，政府必須作緊急處理。

綜合上述，本書對「聚眾活動」的定義是指：「多數人基於相當一

致的動機與目的，經由動員的過程而共同參與具有集體性、目的性及衝突性的室外公開的行動，直接或間接影響到社會其他人之權益或公共秩序之維持，引起政府的重視而應予介入處理的緊急事件而言。」

二、政策管理

所謂「管理」（management），隱含有「管轄」和「處理」的意思。具體而言，管理是指「由一個或一個以上的人，以有意識的、有組織的、有系統的科學方法與技術，整合相關人員的活動，有效運用各項資源，以達成單獨個人無法達成的共同目標」之謂（吳定，2003:15）。

至所謂「政策管理」（policy management）的定義，本書採用公共政策學者吳定（2003：16）的定義如下：「政策管理指政策實務人員、研究者及一般社會大眾對政策議題具有興趣者，採取科學的、系統的及條理的管理知識及方法，以瞭解公共政策的相關概念與理論，有效管理政策運作過程的各項活動，進而妥善處理相關的政策議題。」

第五節　本書篇章安排

本書依據研究架構之內容，概分為六大篇，依序有導論篇、政策規劃篇、政策執行篇、政策評估篇、個案分析篇，以及結論與政策建議篇。各篇之章節內容安排如下：

一、第壹篇導論

即第一章導論。

二、第貳篇政策規劃

　　包括第二章、聚眾活動的問題成因與問題認定，第三章、聚眾活動處理的情報蒐集與風險評估，以及第四章、聚眾活動處理的典範、戰略與計畫作為。

三、第參篇政策執行

　　包括第五章、聚眾活動處理的職權法制與作業程序，第六章、聚眾活動處理的戰術運用與現場處置，以及第七章聚眾活動處理的媒體關係與溝通談判。

四、第肆篇政策評估

　　包括第八章、聚眾活動處理的善後復原與檢討策進，第九章、聚眾活動處理的量化評估，以及第十章、聚眾活動處理的質化評估。

五、第伍篇個案分析

　　包括第十一章、台灣地區聚眾活動處理的個案分析，以及第十二章、中國大陸、香港地區聚眾活動處理的個案分析。

六、第陸篇結論與政策建議

　　即第十三章、結論與政策建議。

第貳篇

政策規劃

第二章 聚眾活動的問題成因與問題認定

　　本書第一章已將「聚眾活動」界定為：「多數人基於相當一致的動機與目的，經由動員的過程而共同參與具有集體性、目的性及衝突性的室外公開的行動，直接或間接影響到社會其他人之權益或公共秩序之維持，引起政府的重視而應予介入處理的緊急事件而言。」本章將探討聚眾活動的問題成因與問題認定，並說明台灣地區聚眾活動的現況與特性。

第一節 聚眾活動的問題成因

　　有各種不同的學科，如心理學、社會學、社會心理學及政治學等，透過各自不同的研究途徑探討聚眾活動的問題成因，百家雜陳。茲分別從宏觀與微觀兩個面向分析之，就宏觀面而言，較強調集體行為的結構性因素：而就微觀面而言，則較強調個別行動者的意識性因素。

一、集體行為的結構性因素

　　Smelser提出集體行為的理論，認為造成社會失序的聚眾活動的主要因素有六種（Waddington, 2007；曾慶香、李蔚，2010：61-75）：

（一）結構性助因（structural conduciveness）

結構性助因意指有助於產生集體行為的社會情境或社會變遷因素，在此社會情境中，令民眾產生抱怨、不滿，且無申訴的管道，則易誘發聚眾活動事件。一般來說，富裕群體即特殊獲益者的群體，即強勢群體，而貧窮群體即社會底層群體，即弱勢群體。因此，貧富之間的矛盾實質上是弱勢群體與強勢群體之間的矛盾。

（二）結構性緊張（structural strain）

結構性緊張意指由於社會結構不健全，而造成某些族群或人們的權利受損，或無法滿足他們的經濟或社會性的需求，就易產生聚眾活動。這種結構緊張表現在下列幾個方面：

1. 公正失衡感：是一種社會心理感受，是公眾對社會不公平事件的一種主觀心態。此種公正失衡感是促使許多無利益相關者參加事件的重要因素。

2. 相對剝奪感（relative deprivation）：是一種群體心理狀態，是指人們通過與參照群體的比較，而產生的一種自身利益被其他群體剝奪的內心感受。例如貧富差距不可避免地會給人們帶來相對剝奪感。

3. 不滿與怨恨：權利與機會配置的不公正，和財富分配的過於不平等，形成兩極化，必然導致社會分裂和底層社會的不滿與怨恨。

（三）一般化的敵視信念（the growth and spread of a generalised hostile belief）

一旦結構性緊張形成，群眾就開始凝聚一般化的敵視信念，例如仇官仇富仇警，尤其警察常成為無辜的代罪羊。例如，在中國大陸群眾不滿地方政府的貪腐，而普遍存在「中央是恩人，省里是親人，地方是仇

人」的敵視信念。而且亦存著「大鬧大解決，小鬧小解決」的信念，常常採用堵塞交通、圍堵、衝擊黨政機關，甚至進行打、砸、搶、燒等激烈的行為方式表達訴求，發洩不滿。

（四）突發因素（precipitating factors）

一般化的敵視信念形成之後，若有突發事件發生，群眾就會借題發揮，引爆聚眾活動事件。例如，1977年台灣地區發生「中壢事件」的導火線是一對老夫婦投票時由選務人員加以指導，而被群眾誤會為選務人員有不公情事，致爆發大規模的群眾活動。

（五）動員參與行動（mobilization of participants for action）

突發事件發生後，需經由群眾的領袖帶領和動員，並進行集體的攻擊行動。突發事件只是一個導火線而已，若沒有群眾領袖的動員與領導，不致產生太大規模的聚眾活動。

（六）社會控制（social control）

群眾的集體行動爆發後，若負責社會控制的警察無法有效控制之，或施以不當之控制，則易爆發更大規模的聚眾活動。

上述Smelser的集體行為理論，強調結構性因素是造成聚眾活動的主因。根據此理論，分析近年來中國大陸地區發生的大量聚眾活動中，可以梳理出聚眾活動演化的內在邏輯如下（何顯明等，2010：7-13）：

1. 社會利益結構嚴重失衡，社會不滿情緒的彌漫，是孕育聚眾活動的基本社會背景。

2. 缺乏有效的利益表達機制，不滿情緒無法通過正常渠道宣泄，是聚眾活動大量出現的重要體制根源。

3. 公共安全預警機制失靈，無法有效阻斷偶發性事件與非直接利益相關者的情緒關聯，是群體事件的基本發生機理。

4. 信息管理和媒體應對失當，導致謠言四起，群情激憤，「烏合之
  眾」在集群行為的特殊心理機制的驅使下大肆宣洩不滿情緒，是
  聚眾活動從發生到失控的基本演化邏輯。

　　就台灣地區聚眾活動形成的背景因素而言，根據政治經濟學者蕭全
政（1995a: 88）以宏觀角度的詮釋認為：「在於1980年代中期後快速、
激烈且普遍的政經變遷，已使威權法體系和實存政經體制的特質和需要
產生嚴重落差，以至於斷裂其間的動態辯證關係，而出現各種脫法、脫
序與失序的現象。」亦即台灣社會從威權統治欲轉型為民主法治的政經
變遷期間，當時的威權法體系無法滿足人民實際的需求，而出現了上述
Smelser所稱的結構性緊張關係，造成某些族群的利益受損或需求不滿足
時，就產生了聚眾活動；加之威權體制瓦解後，未能及時建立替代性的
社會控制機制，導致台灣地區警察在處理聚眾活動時倍感困難。例如，
1988年的「520農民運動」與1990年的「野百合運動」皆反映了當時台
灣政經結構變遷的緊張關係，以及社會控制的無力感等現象。

二、個別行動者的意識性因素

　　James Jasper從聚眾活動者的行為意識面分析，認為有三種不同的道
德意識（moral consciousness）會驅使群眾活動的行為：目前的需求（如
食物）被剝奪；對公民權利的需求；以及渴求為第三者爭取正義等
（Redekop and Pare, 2010: 24），說明如下：

（一）目前基本的需求（如食物）被剝奪

　　例如早在1700年代的英國和法國，民眾普遍地為基本食物的價格高
漲而抗爭，群眾不僅認為必需的食品價格不合理，且基於生理基本需求
的滿足，希望基本食物的價格能降低到買得起的水準，因此，當時這
種群眾運動被稱為所謂的「麵粉戰爭」（Flour Wars）（Redekop and Pare,
2010: 24）。又例如台灣地區曾於1988年5月20日由林○華、蕭○珍等人

率領雲林縣農權會,以「農業開放可能導致農民權利受損」為抗議目標,主導台灣南部農民北上台北市請願,大批農民聚集於台北車站前的街道,準備前往中正紀念堂。當天參與遊行的地方角頭及少數民眾在青菜底下藏石塊,爆發民眾與警方的多次激烈衝突。結果總計130多人被捕、96人被移送法辦[2]。

(二)對公民權利的需求

例如1960年代在美國發生的公民權利運動,其主要訴求是希望爭取公平的自由權利。又例如在台灣地區戒嚴時期,於1986年一些政治人物為爭取開放組成政黨(民主進步黨)而發動的街頭遊行抗爭事件,即基於此種道德意識而發。

(三)渴求為第三者爭取正義

諸如反對核能、主張環境保護及動物保護等議題的群眾運動,參與者並非僅限於保護自身的權益而已,其訴求擴及保護更多的民眾及生態環境,即屬渴求為第三者爭取正義而抗爭之活動。例如台灣地區2014年太陽花學生運動的主要訴求在監督兩岸所訂定之協議,包括監督兩岸服貿協議的立法過程,即基於此種為第三者爭取正義的道德意識而發。

以上三種道德意識是導致群眾運動的主要原因,此外,Mansbridge和Morris(2001)另提出「敵對意識」(oppositional consciousness)的存在,也會造成聚眾活動的行為。亦即一群對現況不滿而具有批判想法的人,自認為是被壓迫的人,當他們漸漸意識到壓迫的來源與形式後,會起而對壓迫者抗爭。而且,具有此敵對意識的抗爭者,也會同理其他受到被壓迫的人,而產生同病相憐的團結感,希望透過集體的團結行動,企圖改變現狀。因此,有時同一個時間地點的不同團體會基於不同的敵

---

[2]　2014年5月22日檢索自維基百科網站:http://zh.wikipedia.org/zh-tw/520%E4%BA%8B%E4%BB%B6

對意識，而結合成一個大規模的抗爭活動。例如在WTO及G8等國際高峰會議的場合的抗爭團體，就包括有「保護鯨魚」（save the whales）及「男同性戀權利」（gay rights）等多元的訴求者，此即基於敵對意識而發的群衆運動（Redekop and Pare, 2010: 25）。

　　一般而言，聚衆活動的核心發動者常基於上述的道德意識或敵對意識而發起群衆運動，會吸引具有同樣意識的群衆加入，且通常不會主張暴力。但由於此種集體抗爭的行為，其內部成員對抗爭的活動方式存有不同的意見，且當抗爭無效時，會升高暴力的傾向，而吸引具有暴力傾向的團體加入。故一個聚衆活動的團體可再細分出三種次級團體：核心的行動派抗爭團體、道德支持的團體，以及暴力的抗爭團體（Redekop and Pare, 2010: 30-31）。

　　綜上，聚衆活動的產生，係基於個別行動者的心理因素而發動，再演變成集體的行為而形成一個事件。以大陸地區湖南省近幾年發生的群體性事件為例，大致可以分為以下三種類型：一是事出有因，群衆自發聚集，少數群衆控制不住情緒產生過激行為；二是少數有心人暗中挑唆、策劃、起鬨，事態不斷趨向惡化；三是少數人蓄意製造、挑起事端，事態一開始就顯現出其惡性程度，且不斷升級。對於以上不同性質的聚衆活動，應當採取不同對策，對症下藥。對前兩種情況，從始至終應當突出說服教育，採取多種形式，向群衆做解釋、宣傳工作，對群衆所指向的焦點問題，要高度重視，協調有關職能部門儘快加以解決，盡力滿足群衆的要求。對於第三種情況，原則上應採取大兵壓境、控制局勢，孤立少數，堅決打擊的策略（陽紅光，2005：16）。

三、「行動」與「結構」的互動性因素

　　上述分別從集體行為的結構性因素和個別行動者的意識性因素，說明了聚衆活動的形成原因。然而，亦有學者同時從「行動」和「結構」二者的互動來解釋聚衆活動的形成因素。例如，柳建文（2009）認為：

「行動與結構之間存在雙向互動關係：一方面，在事件的觸發和演變過程中，結構壓力不斷顯現出來；另一方面，「行動」推動了「結構」變化和制度變遷。」亦即在群眾事件的觸發過程中，「流言與暗示」激發出怨恨意識，「共意達成」則成為群體付諸行動的動力。行動及策略又「嵌入」在特定「結構」中，再由日常向極端形態演變中，結構壓力不斷浮現，促使群體趨向非理性、充滿情緒的爆發。

另一方面，負責處理聚眾活動的警察，其執法的「行動」亦受到整個社會的「結構」的牽制與課責，而造成動輒得咎的受限行動者。因此，汪子錫（2015：263）語重心長地說到：「台灣民主警政做出許多努力，但是卻要透過病態的媒體結構來評價褒貶。在這樣的結構下，警政針對媒體再現，應該做出什麼樣的行動，以回應外界變局。」值得警察深思。

綜合本節，可分從個別的行動者或集體的結構面等二個觀點，來描述、解釋聚眾活動的個別意識和行為，以及誘發集體行為的結構因素；此外，亦可綜合行動和結構二者之互動關係的觀點，來說明何種行動者如何在特定的結構中發動聚眾活動，同時，亦可分析警察的執法行動在既存的政治、社會及媒體結構中所受到的限制情形，以及警察應如何表現，才能突破不合理的結構之限制，進而做出對公眾有利的行動。

第二節　聚眾活動的問題認定

本節擬就聚眾活動的問題特性、聚眾活動行為的特質，以及聚眾活動的類型等三個面向，來界定聚眾活動的問題。

一、聚眾活動的問題特性

聚眾活動是否算是一種公共政策上的問題？我們可從公共政策問題

的四項重要的特性：即相依性（interdependent）、主觀性（subjectivity）、人為性（artificiality）和動態性（dynamics）等（Dunn, 1981；吳定，2003；張世賢，2015）來檢視聚眾活動是否具有公共政策問題的特性。

（一）政策問題的相依性

政策問題的相依性，意指每一類的政策問題都不是獨立的實體，它們都是整套的政策問題。因此，在解決具有整套相依性的問題時，必須採取整體性的途徑（holistic approach），亦即將問題視為整體問題不可分之一部分來處理它。就聚眾活動的形成原因而言，它是受到行動者個別因素及行動者所處的政治、社經環境等複雜因素所影響。因此，聚眾活動的問題，不單是行動者有否違反法律及警察應如何執法的問題，它背後隱含了很多結構性的問題。所以，行動者常為了凸顯此結構性的問題，而甘冒違法坐牢之風險去衝撞體制。因此，我們面對聚眾活動在醞釀階段時，就應將其視為一項公共政策上的問題，若能針對其所訴求的問題及早處理，將可防患於未然。

（二）政策問題的主觀性

政策問題的主觀性，意指政策問題是被人們感覺出來的，不是客觀存在的。而且個人對某些事件的問題感受不是固定的，而是會流動的。當多數人慢慢地、逐漸地，開始對問題感受從不重要到非常重要地流動，就稱為「問題流」。就聚眾活動的問題產生而言，亦是從一些敏感事件的發生，而被有心人士加以關注並擴大宣傳，引起社會多數人的重視後，才形成了一項公共政策上的問題。

（三）政策問題的人為性

政策問題的人為性，意指沒有任何社會上的自然情況本身會產生問題，問題如果離開了界定它的個人及團體，它就不可能存在。就聚眾活

動而言，都先有發起聚眾活動的領導者或動員者出現，才有可能形成聚眾活動事件，所以聚眾活動亦具人為性的特性。

（四）政策問題的動態性

政策問題的動態性，意指政策問題的內容及其解決方法，總是隨著時間及空間的推移，而不斷地變動。亦即問題在發展的過程中，由於外在環境的變化、新生的事件，也會推波助瀾，使得問題變為更複雜。就大型的聚眾活動而言，由於持續進行的時間較長，參與的人數較多，故經常會有偶發的事件會讓問題變為更複雜，而形成更難解決的問題，所以，聚眾活動是一項具有動態性的政策問題。

綜合上述，聚眾活動可說是一項具有相依性、主觀性、人為性和動態性等特性的公共政策問題。所以，警察在處理聚眾活動的事件時，首先，應以整體的觀點來分析形成該問題的直接與間接因素；其次，應透過情報蒐集及分析研判，掌握誰是該聚眾活動的真正主使者，以及其策動活動的主觀動機何在；再者，在處理大型而長時間的聚眾活動時，警察要很有耐性地處理，不要橫生枝節，致使該聚眾活動事件演變為更複雜、更難處理的問題。

二、聚眾活動行為的特性

由於聚眾活動是一種集體的行為，與個人的行為不同，它具有極化現象、衝動性、傳染性和非理性等四項特性（朱愛群，2011：589-590）：

1. 極化現象：群眾與其所訴求對方或敵對的一方彼此相互對立、互相排斥而形成兩個敵對團體，或群眾的注意力集中於一個共同目標（如與執勤警察對抗），致使群眾成為一個高度極化的團體；反之如果群眾面對多元目標與方向，由於注意力的分散，則極化現象必然減輕。

2. 衝動性：個人在加入群眾之後，可能由於情緒相互感染、相互激

盪的結果，喪失原有的知覺力及判斷力，使情緒變得極端衝動。

3. 傳染性：情緒感染是一種相當迅速、無意識、不可言喻的情緒衝動或行為的傳播，大體而言，凡在集體激動緊張而廣佈的地方，一群可能具有類似同質經驗的人，因受到他人暗示，漸失去鑑別行為後果及冷靜思考分析的能力，而引發群眾行為。

4. 非理性：人們在群眾中，心理會產生極端的變化，使其失去自我控制的功能，隨時可產生殘酷野蠻的行為。群眾非理性的傾向，具有情緒化、智力下降、潛意識及攻擊性等特徵。

因此，警察在處理聚眾活動時，要掌握此種集體行為的特性，要很敏銳地察覺群眾行為的發展，並予以先發先制，以達到「制亂於初動」的效果。例如，聚眾活動持續一段時間後，當群眾的訴求無法得到滿足時，會轉移目標挑釁警察，此是一種「極化」的群眾心理現象。因此，警察在第一時間應對衝動的個別挑釁者加以架離，才不會讓挑釁者的情緒感染其他群眾，而形成集體的無理性行為。

三、聚眾活動的類型

對於聚眾活動的分類，不同的學者按照不同的標準進行了不同的分類，較為重要的有以下四類（錢進、王友春等，2010：271-272）：

1. 按照是否有暴力行為，可以將聚眾活動分為兩類：即非暴力性地集體靜坐陳情（上訪）和罷課、罷市、罷工，以及暴力性地非法集會、遊行，集體圍攻衝擊黨政機關、重點建設工程和其他要害部門，集體堵塞公路、鐵路、機場，集體械鬥，甚至上升到集體打、砸、搶、燒、殺，造成局部社會動盪的騷亂，已造成嚴重治安後果的聚眾活動。

2. 按照聚眾活動的主要矛盾性質及一定的目的性，可以將聚眾活動分為四類：政治性的聚眾活動、經濟性利益的聚眾活動、社會性的聚眾活動和複合性的聚眾活動等。

3. 按照聚眾活動的發生區域不同，可以將聚眾活動劃分為局部性聚眾活動、區域性聚眾活動和全國範圍的聚眾活動。又根據參與群體的人數規模大小，聚眾活動可以分為小規模（幾十人）、較大規模（幾百人）、大規模（上千人）及超大規模（上萬人）的聚眾活動。

4. 根據群體的組織化程度的不同，可以分為有組織的聚眾活動和無組織的聚眾活動；根據行動取向的不同，可以分為有直接利益訴求的聚眾活動和無直接利益訴求的聚眾活動。在此二維的分類基礎上，可再細分為下列四類（童星、張海波等，2012：136-137）：

（1）類型1：「有組織－有直接利益訴求」的聚眾活動，事先經過組織和策劃，有直接的利益訴求，典型的如集體陳情（上訪）、工人罷工、學生罷課、部分醫院糾紛等。此類型為大陸地區當前聚眾活動的主體，在數量上佔最大多數，使各級地方政府疲於應付，極大地增加了「維穩成本」。

（2）類型2：「有組織－無直接利益訴求」的聚眾活動，事先經過組織和策劃，沒有明確的利益訴求，如為表達愛國熱情的示威遊行。

（3）類型3：「無組織－有直接利益訴求」的聚眾活動，事先沒有經過組織和策劃，有直接的利益訴求，如部分醫患糾紛、商業社會糾紛等。

（4）類型4：「無組織－無直接利益訴求」的聚眾活動，事先沒有經過組織和策劃，瞬間爆發，沒有直接的利益訴求，如2008年大陸貴州「甕安事件」與2009年大陸「湖北石首事件」等。此類型為大陸地區當前聚眾活動的難點，在性質上非常嚴重，讓各級地方政府難以招架，嚴重損害政府權威。

上述對聚眾活動的各種分類，有助於警察對聚眾活動的了解與處理。譬如，警察對有組織的且有具體訴求的聚眾活動，可透過溝通協商

的方式，協助群眾與被訴求部門達求協議，化解衝突；至對於無組織且無直接利益訴求的偶發性集會遊行事件，警察無法找到溝通協商的代表，且群眾的行為已嚴重破壞公共秩序時，警察就應果斷地採取強制的處理措施，才不會讓事件擴大。

　　綜合言之，認定聚眾活動的問題，可以單獨從其問題特性具有相依性、主觀性、人為性和動態性來看；也可以單獨從聚眾活動行為的極化現象、衝動性、傳染性和非理性等四項特性來看，以及單獨從聚眾活動的各種類型作分析。然而，要了解聚眾活動的本質，最好從多個面向作綜合性的觀察。譬如，針對某類型的聚眾活動，分析其背後的政策問題以及其群眾行為的特性，與其他類型者有何不同，則更能明確界定該聚眾活動的問題本質，並據以進行後續處理該問題的政策規畫與執行。

第三節　台灣地區聚眾活動的現況與特性

　　在探討過聚眾活動的問題成因與問題認定後，本節分析台灣地區聚眾活動的現況，以及其特性。

一、台灣地區聚眾活動的現況

　　根據內政部警政署截至2015年7月止的統計（如表2-1）[3]，近10年（2005-2015年）集會遊行發生件數以2014年的14,751件為最多，2010年的9,267件為次多。由於2010年和2014年均舉行台灣地區舉行直轄市長及市議員選舉，且2014年3月發生太陽花學運，故件數暴增。

　　次依活動性質觀察，以政治性活動之集會遊行案件居首，約占6成至9成間；就遊行類別而言，以室外集會類型居多，約占6成5至8成5

---

[3]　2015年10月4日檢索自內政部警政署網站（http://www.npa.gov.tw/NPAGip/wSite/ct?xItem=46736&ctNode=12593&mp=1）：104年警政統計資料：集會遊行發生數統計。

間；2011年以前集會遊行8成以上均經申請且核准，但自2012年以後未申請件數所占比例明顯增多尤其2013年與2015年均超過四成的集遊案件未經申請（如表2-1所示）。由此可見，有愈來愈多的民眾未申請集會遊行即走上街頭，此可能與近年來法院對警方移送之集會遊行案件多數判無罪，以及司法院大法官會議於2014年3月21日作出釋字第718號解釋，認為緊急性及偶發性之集會遊行毋須事先申請許可，致集會遊行法存在之正當合法性愈益遭到質疑之結果有關。

當聚眾活動發生時，警察機關需調派機動警力前往現場維持秩序，且聚眾人數愈多，就需調派愈多的警力出勤。依據內政部警政署的統計（如表2-1所示），2014年群眾人數經估計約為5,860,792人，即出動了646,449人次的警力，可謂聚眾活動愈頻繁，所耗費的社會成本愈高。

表2-1：台灣地區近10年警察機關處理集會遊行概況

集會遊行發生數統計　Assembly and Parade

年(月)別 Year (Month)	總件數 Total Cases	類別 By Classification			是否申請 By Applications			活動性質 By Rally					參加人數 Persons		參加汽車輛數(輛) Automobiles		使用警力 (人次)
		室外 Outdoor		室內集會 Indoor Assembly	申請 Applied		未申請 Not Applied	政治性 Political	社會性 Societal	經濟性 Economic	涉外性 Triggered by Foreign Affairs	其他 Others	申請 Applied	估計 Estimated	申請 Applied	估計 Estimated	Times of Policemen (Persons)
		集會 Assembly	遊行 Parade		准 Allowed	不准 Not Allowed											
94年 2005	6,812	4,548	2,098	166	6,284	17	511	5,929	719	106	6	52	4,677,277	3,726,858	93,264	88,985	306,977
95年 2006	4,407	3,239	970	198	3,898	9	500	3,557	599	112	4	135	4,170,717	2,077,222	18,784	19,643	309,047
96年 2007	2,997	2,337	568	92	2,613	17	367	2,398	451	94	15	39	2,918,853	2,084,623	20,122	19,640	184,482
97年 2008	3,636	2,110	1,427	99	3,194	11	431	2,946	534	98	16	42	3,296,879	4,629,717	39,230	40,164	289,336
98年 2009	6,305	4,117	2,088	100	5,579	15	711	5,540	627	96	10	32	3,353,239	2,766,127	69,191	83,240	348,921
99年 2010	9,267	7,173	2,094	-	8,568	12	687	8,358	669	103	9	128	4,479,337	3,331,130	52,147	49,146	372,841
100年 2011	5,298	4,289	1,009	-	4,405	8	885	4,271	646	150	13	218	3,290,371	3,059,891	22,659	23,020	282,616
101年 2012	3,728	2,720	1,008	-	2,645	45	1,038	2,756	746	89	9	128	2,784,983	2,287,113	24,103	22,471	229,481
102年 2013	2,365	2,013	352	-	1,370	22	973	1,392	765	88	3	117	1,599,962	1,094,280	5,624	5,216	153,536
103年 2014	14,751	10,334	4,417	-	12,335	7	2,409	13,775	702	105	2	165	6,200,375	5,860,792	83,507	87,266	646,449
8月 Aug.	243	201	42	-	161	-	82	170	46	17	-	8	76,940	66,940	964	1,277	12,467
9月 Sept.	549	462	87	-	441	-	108	481	51	7	-	10	349,626	353,750	4,350	4,567	22,547
10月 Oct.	2,568	2,190	378	-	2,405	-	163	2,480	52	8	-	28	1,533,833	1,386,054	10,935	11,976	93,052
11月 Nov.	9,761	6,262	3,499	-	8,528	3	1,230	9,668	50	4	-	39	3,558,883	3,227,784	61,366	63,730	296,489
12月 Dec.	149	103	46	-	69	-	80	108	36	3	-	2	13,975	11,625	197	601	7,237
104年 2015	1,566	1,245	321	-	921	7	638	1,023	458	30	4	51	350,350	273,949	2,415	2,464	69,807
1月 Jan.	223	171	52	-	166	-	57	181	36	3	-	3	65,290	61,853	684	576	10,327
2月 Feb.	135	73	62	-	99	-	36	103	30	-	-	2	35,680	24,514	795	857	6,620
3月 Mar.	206	160	46	-	92	4	110	137	52	7	-	10	111,160	70,844	238	219	17,818
4月 Apr.	163	131	32	-	59	1	103	98	55	2	-	8	17,580	15,251	114	146	7,659
5月 May	223	181	42	-	120	1	102	148	63	4	-	8	37,234	36,667	188	228	9,197
6月 June	308	261	46	-	179	1	128	199	94	6	1	8	42,211	40,340	270	281	8,167
7月 July	308	268	40	-	206	-	102	157	128	8	3	12	41,195	24,480	126	157	10,019

資料來源：2015年10月4日檢索自內政部警政署網站（http://www.npa.gov.tw/NPAGip/wSite/ct?xItem=46736&ctNode=12593&mp=1）：104年警政統計資料：集會遊行發生數統計。

二、台灣地區聚眾活動的特性

　　根據內政部警政署有關集會遊行案件的統計及相關研究顯示，台灣地區聚眾活動具有以下幾個特性：

（一）以在野政黨所動員之政治性聚眾活動為大宗

　　依據內政部警政署的統計（如表2-1所示），台灣地區的集會遊行案件係以政治性活動為大宗。尤其過去發生大型的聚眾活動大多數為政治性的活動，例如1977年的「中壢事件」、1979年的「美麗島事件」、2004年的「凱道事件」、2006年的「百萬人倒扁運動」（紅衫軍運動）、2008年的「陳雲林事件」，以及2014年的「太陽花學運」等均為大型的政治性聚眾活動，且對台灣地區的政治發展影響很大。這些政治性的聚眾活動的共同特徵是：因在野黨不滿執政黨的政策，且無法透過立法院的協商機制獲得尊重時，就直接訴諸群眾而發動大規模的街頭抗爭行動。在理論上言，台灣地區歷經2度政黨輪替執政，國民黨和民進黨兩大政黨，可以透過選舉及國會運作機制，互換執政者與監督者的角色，不需走向街頭訴諸群眾。但在實際上，由於台灣地區的民主政治文化尚未臻成熟，故仍似有「政黨惡鬥」之現象存在，所以由在野政黨所動員的聚眾活動，其規模及影響力遠超過其他性質的聚眾活動。

（二）抗爭手段走向「非暴力抗爭」方式

　　台灣地區有一些較年長的民眾早期受「二二八」事件的影響，內心不滿外來政權的統治，於是在參加聚眾活動時，會轉向對警察的不滿且訴諸暴力的手段，以博得大眾媒體的重視與報導，進而爭取輿論的支持。例如1977年的「中壢事件」與1979年的「美麗島事件」的抗爭群眾即具有此種暴力抗爭的傾向。然而，自從民進黨前主席施明德領導2006年的「百萬人倒扁運動」（紅衫軍運動），主張以「愛與和平」的手段

發動百萬人的非暴力抗爭運動以來，改變了台灣地區聚眾活動的生態，走向非暴力抗爭和公民不服從的模式。主張此非暴力抗爭模式的領導者堅信：「正義比守法重要」、「弱者不能輸，只要忍耐痛苦，終會贏過（統治者的）暴力[4]。」因此，此2006年紅衫軍運動的成功經驗，加上社群媒體的利用結果，使得之後的「1968白衫軍聲援洪仲丘運動」及2014年的「太陽花學運」等「非暴力抗爭」的威力，更甚以往的「暴力抗爭」運動。因此，今後台灣地區的聚眾活動仍會繼續朝此「非暴力抗爭」的方式發展。

（三）群眾運動走向網路動員與即時傳播的方式

由於Web 2.0的時代的智慧型手機，結合了傳統手機與電腦網路的功能，成了號召群眾的有利工具。又由於參與聚眾活動的年齡層年輕化，以及他們對於資通訊科技的熟悉，所以對於群眾的動員，就非常的靈活而且迅速，動員的能量也大量的增加，可以在瞬間就集結大量的人群。而且，他們利用智慧型手機對於員警在執法時所進行的反蒐證，並迅速地加以剪輯和傳播，達到很大的宣傳效果，也增添警察處理聚眾活動時，有「投鼠忌器、動輒得咎」的心理壓力。

當資通科技結合數位影像聲音技術，即時影像、現場影音都可以無時差的，無遠弗屆傳播到世界各角落，寬頻網路普及化、手機平版各種載具APP（移動式應用程式）及各種社群網路的出現，更是讓資通訊技術簡易化及普遍化，這些科技運用直接促成中東阿拉伯世界的茉莉花運動、美國占領華爾街運動、國內1968白衫軍公民運動、太陽花學運等新型態聚眾活動成功達成公民運動的目標（許芳毅，2015）。

---

[4]　根據受訪者D接受筆者訪談時表示，受訪者D曾任立法委員、紅衫軍運之領導幹部。

（四）愈多聚眾活動的領導者傾向不申請

　　台灣地區的集會遊行法雖採準則式的許可制，但由於該法歷經司法院大法官兩度解釋部分條文違憲，且地方法院的法官愈來愈強調人民集會遊行權利的保障，故對警察移送的集會遊行案件傾向判決無罪，凡此助長了聚眾活動的領導者有恃無恐地不向警察申請許可即直接走向街頭。因此，自2012年以後，台灣地區未經申請的集會遊行案件有大幅增加的趨勢。再加上臨時以網路方式動員群眾「集體路過」、「一起散步」、「占領行動」等活動，造成了警察應變上的困難度。

第三章 聚眾活動處理的情報蒐集與風險評估

　　本章主要探討警察在處理聚眾活動時，有關情報蒐集、風險評估，以及疏處與約制等作法。

第一節　聚眾活動處理的情報蒐集

　　《孫子兵法・謀攻篇》云：「知彼知己，百戰不殆。」因此，情報蒐集作業可說是警察處理聚眾活動的成敗關鍵之一，茲分情報佈建方式、情報作業流程、情報蒐集要項，以及情報導向警政之應用等段探討之。

一、情報佈建方式

　　《孫子兵法・用間篇》云：「明君賢將，所以動而勝人，成功出於眾者，先知也；先知者，不可取於鬼神，不可象於事，不可驗於度；必取於人，知敵之情者也。」其意為明君賢將之所以能打勝仗，主要是由於他能夠掌握敵方之情報；而且欲探知敵情，必須透過知敵之情的人提供情報。由此可見，情報佈建的重要。

　　情報佈建之方式可分為「打入」和「拉出」（蔡耀坤，2015）。「打入」是指佈建諮詢人員到對方陣營，為我方蒐集有用的情報而言。孫子兵法中所謂的「鄉間」和「內間」二種是屬打入式的佈建。「鄉間」係指利用敵國鄉里的土著做間諜；「內間」則是指利用敵國官吏做

間諜。而所謂「拉出」式之佈建，類似孫子兵法中的「反間」法，是利用或收買敵人間諜而為我所用的一種佈建方式。由於情報佈建是屬高度機密且攸關大局成敗的作業，故對於諮詢人員的吸收，必須格外慎重，且應施以訓練和考核，使其有能力且能忠貞地為我方蒐集情報。

　　此外，佈建情報網的原則，必須採取「單線領導，複式佈建」的方式。單線領導意指警察在接觸諮詢人員，交付任務時，應注意保守祕密，不宜讓第三者知悉之意。而複式佈建則指為調查某一可疑事項，可以分別委託幾位諮詢人員，從各種不同角度去探查，再對其報告內容加以分析研判，以獲得真實情況之作法，稱為「複式佈建」（張榮春，1990）。

二、情報作業流程

　　情報作業的流程可分為指導、蒐集、處理、運用等四大程序（楊肇元，2015b；謝秀能，2014）：

（一）指導

　　依據任務需求來規劃（看是何種類型的聚眾活動），訂定情報蒐集的重點計劃下達各警察局進行蒐集作業。而且，負責情報佈建的員警必須對所佈建的諮詢人員加以指導，在交付任務時，必須簡單明瞭，使便於記憶（張榮春，1990）。

（二）蒐集

　　由於聚眾活動具有高度的特殊性與變化性，因此對每一次的抗爭均需深入瞭解其獨特性；其次，即使是同一團體之訴求，亦會因時空環境、議題對象不同，而產生量變並引發質變（李金田，2007）。又由於當前的新型態聚眾活動事件，民眾透過社群媒體來連繫和號召群眾，充分使用facebook、youtube、bbs、ptt等資通訊科技媒介，所以，今後的蒐

集範圍與對象要包括社群媒體在內。此外，社區警政的落實實施，可大幅改善警民關係，亦有助聚眾活動或其他治安情報之蒐集。

（三）處理

蒐集完的資料如何去分類、登記、鑑定、分析、綜合、判斷，文件編報後再分發到各單位去運用。在情報處理的過程中，要以「量中求質、沙裡淘金」的原則篩選出有價值的情報，且不要漏掉有價值的情報（張榮春，1990）。

（四）運用

經情報處理後所得到的可靠情報中，要窮盡提出可能發生的狀況，且狀況的分析判斷要精準和慎重，合乎邏輯。然後，再將此狀況分析的結果，作為後續計畫作為與警力部署之重要參考。

三、情報蒐集要項

情報蒐集的範圍應充分、廣闊和深入（陳壁，2007），包括可公開取得的情報和祕密的情報。公開的情報之特色是：公開取得、較為廉價、可靠性不明、獨立的、結構較無組織的、低風險、最少侵入，以及公開的情報；而祕密的情報之特色是：隱蔽取得、昂貴、可靠性明確、依恃的、結構較有組織的、高風險的、高度侵入，以及隱密的情報（楊肇元，2015b）。無論是公開或祕密的情報，蒐集情報的要項如下（謝秀能，2014）：

（一）人：在情報之構成要素中，對於「人」之分析與認識特別重要。

（二）地：指情報來源之原報地點，與事態發生地。

（三）時：包括情報來源之原報時間，中間層轉時間，與事態發生時間。而且，情報資料應及時處理，若以傳真傳遞情報時，最好再以電話確認對方已收到，以免貽誤時效。

（四）事：有事象、事理、事實之分，事為人之作業表現及成果，本身即由人、地、時、物、數等因素構成。例如，要舉行何種形式的集會遊行，是靜坐、抗爭，是遊行？

（五）物：物有主、從之分，如犯案之工具即為「從體」，走私販毒，其走私物品、毒品即為主體。

（六）數：多寡、短長、輕重、大小、久暫均謂之「數」，數包含數量、質量。數量含現存數量與潛在數量，質量包含能力與能力限制。例如，此次參加遊行的遊覽車有多少、旗桿、木棍、雞蛋有多少，長短、大小，車子出發時間，成員身分是勞工或是農民、學生。

（七）因：凡事必有「因」，然事「因」往往不是產生於事已見之時，而是產生於事未見之先，例如，台灣地區2014年的太陽花學運發生的原因與反服貿有關。

（八）果：「果」就是結果，亦包括影響在內，而「果」往往並非一單純之結果，甚至可能產生非常複雜的影響作用。

　　至於，聚眾活動的情報蒐集要項，則更為具體如下（謝秀能，2014；張榮春，1990）：

（一）對於參與組織、分子之蒐情

　　例如為首分子、參與組織（那些幫派、角頭）、群眾人數、職業、有無民代、地方人士、思想激進分子、黑道暴力分子、外來不明人士及經常介入聚眾活動分子，以及所針對之團體或個人。此外，尚包括主謀者與何人較為接近？其最信服之人為誰？其關係如何？判斷由何人出面疏導最為有效（張榮春，1990）？

（二）對於因何事之蒐情

　　例如，政治性、經濟性（如勞資糾紛、土地徵收、農民生計等）或

社會性（環保污染、治安問題、救雛活動等）等原因而號召聚眾活動，或是屬於偶發性或有組織之預謀性事件。

（三）對時間、地點之蒐情

例如集合、遊行出發時間、地點、搭乘車輛（含車號、形式及顏色、數量，規劃停車地點）、到達時間、地點、活動持續時間。

（四）對攜帶物品之蒐情

例如群眾是否攜帶抗議布條、雞蛋（了解其於何處購買，再請派出所先告知如丟擲，將構成妨害公務、侮辱公署罪行）、棍棒、石塊、汽油彈、爆裂物或其他危害物品。

（五）如何活動之蒐情

例如，以陳情、靜坐、遊行、演講、激烈抗議或擴大事端，有無串聯其他團體、有無移轉或流竄至其他地點進行等方式。

此外，在現場之狀況亦應掌握和蒐報，例如掌握群眾指揮人員（總指揮、分區的指揮）的動向、不法鼓煽情形、現場參與人數、車輛動向及其增減情形、群眾有無擴大滋事破壞情形、現場暴力衝突起因及後續演變情形，以及群眾離去動向等情形。

四、情報導向警政之應用

美國於2001年發生「911事件」遭受恐怖主義份子攻擊後，開始重視國土安全的維護，並強調各機關間必須分享國土安全的相關情報。因此，在警察機關順勢發展出「情報導向警政」（Intelligence-Led Policing）的新思維。又國際警察首長協會（IACP）在911事件後的翌年（2002年）春天，舉辦一個「犯罪情報分享」的高峰會議，並成立全球司法情報工作小組（Global Intelligence Working Group，簡稱GIWG），隨後制

訂出「國家犯罪情報分享計畫」（The National Criminal Intelligence Sharing Plan）。此計畫不僅規劃了情報分享的作為，同時亦作為推動「情報導向警政」的一個機制（GIWG, 2005: iv）。因此，英美等國警察學術界開始有探討情報導向警政的文獻出現，強調犯罪情報在警察機關抗制犯罪及反恐作為上的重要性。

Ratcliffe（2008: 110）在其所著《情報導向警政》一書中，提出一個3I的勤務運作模式（如圖3-1所示），包括透過犯罪情報分析的活動去「解釋」（Interpret）犯罪環境的現象，再藉由犯罪情報分析的活動去「影響」（Influence）決策者，最後，由決策者作出「抗制」（Impact）犯罪的客觀性決策作為，以有效減少犯罪。在此警政模式中，凸顯了警察的情報作為在解釋和抗制犯罪現象的重要性，以及犯罪情報分析對決策者影響作用。

上述犯罪情報分析單位和勤務決策者在抗制犯罪問題的互動過程中，若能不斷地透過解釋犯罪現象、情報影響決策，以及作出抗制犯罪

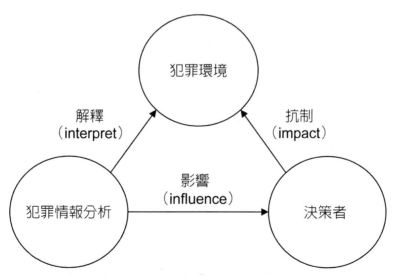

圖3-1：情報導向警政的運作模式

資料來源：Ratcliff, 2008: 110

的正確決策等三個關鍵活動，則能有效抗制犯罪。我們可以把一位成功的警察首長隱喻為一位資深且專業的汽車職業駕駛人，他發生因超速駕駛所引發的事故率非常低，其理由就是經過學習所累積的經驗，已經演變成迴避危險的智慧，並在事前就採取預防行動使然。這就是其以敏銳的思考，在事前於腦海裡就描繪出事態的發展狀況，所以其認知範圍極廣，再加上其想預知危險的努力態度，亦成為其發生事故率極低的理由。我們若分解迴避危險的行動，即可知其階段可分為在事前預知危險，再將危險提高至認知的階段，接著要做適當判斷而描繪出幾個因應處理策略，再來是選擇其中應採取的策略，再使其轉變為配合時宜的行動（山口真道，2001：5）。亦即一個好的警察首長，在他的腦海裡必須對轄區犯罪狀況擁有充分的情報資訊，且必須將這些情報做適當的研判後，產生有效的勤務策略與行動。其情報作為與勤務作為二者之間必須作緊密的連結，好比一個人的神經系統和行為系統必須緊密結合一樣，才能產生正確的行為模式。

　　情報導向警政思維在破除過去祕密警察的極權作法，並與軍事或國家安全的情報作為不同，而是較接近企業管理的情報作為和策略作為。因此，新義的情報導向警政可定義如下（Ratcliffe, 2008: 89）：

> 情報導向警政是一種企業的模式和管理的思維，其運用資料分析和犯罪情報以制訂抗制犯罪和預防犯罪的客觀性決策，並透過策略管理和有效的執法策略以對付累犯和要犯。

　　從上面的定義得知，情報導向警政兼顧犯罪類型的分析和犯罪者情報的分析，並藉由資訊管理和策略管理的技術，將所分析的結果作為證據，以影響警政治安的決策者作出客觀有效的決策。若進一步應用此策略，則犯罪偵防以外的警察業務，譬如查尋失蹤人口或降低交通事故傷亡人數等特定的問題亦可援用之而使問題獲得解決。當然，情報導向

的警政策略亦可應用於處理聚眾活動的情報蒐集作業上。亦即透過情報蒐集與分析的方法，去「解釋」聚眾活動的相關環境因素及參與者之狀況；再藉由聚眾活動情報分析的活動去「影響」指揮官；最後，由指揮官作出「處理」聚眾活動的相關作為。

第二節　聚眾活動處理的風險評估

英國政府國家的決策模式（如圖1-1所示），包括蒐集資訊與情報、評估威脅與風險並發展可行策略、考量職權與政策、確認執行方案及應變計畫，以及採取行動和檢討策進等五個步驟。其最優先的前二個步驟即是：蒐集資訊與情報，以及評估威脅與風險。而且，任何重大的策略採行之前，必須通過威脅與風險的評估，才能使後續決定的策略、方案，降低受到風險的影響。

本節先就「風險」與「風險評估」的概念作介紹，再就警察處理聚眾活動的風險評估方面，提出可能的具體作法。

一、「風險」與「風險評估」的概念意含

當今社會伴隨著全球化的來臨，已成為風險的社會，風險無處不在且無法避免（Beck, 1992）。因為在組織的內外環境中，充滿了不確定性（uncertainty）。「不確定性」意指：1.人們沒有能力去辨認未來事件的風險程度；2.在因果關係（cause-effect）中缺乏資訊，亦即行政人員在面臨具有風險的事件時，可能因為資訊不夠充分而做出錯誤的決策；3.無法準確地預測任何決策的後果的能力（王俊元，2012）。因此，社會必須與風險共生，政府機關必須具有高度的風險意識，並提升風險管理與危機處理的能力。

何謂「風險」（risk）及「風險管理」（Risk Management）？在行政

院訂頒的「行政院所屬各機關風險管理及危機處理作業基準」[5]中，將「風險」界定為：「潛在影響組織目標之事件，及其發生之可能性與嚴重程度。」將「風險管理」界定為：「為有效管理可能發生事件並降低其不利影響，所執行之步驟與過程。」因此，就警察處理聚眾活動而言，警察機關必須將蒐集的各項情報資料，加以分析、研判，檢視有那些可能發生的事件會潛在影響警察的任務目標，以及所造成的影響程度為何。

至於「風險評估（Risk Assessment）」之定義則係：「包括風險辨識、風險分析及風險評量之過程。」各個過程的定義及具體作法如下（行政院，2008；馮佩君，2010）：

1. 風險辨識（確認）（Risk Identification）：意指發掘可能發生風險之事件及其發生之原因和方式。風險辨識與確認是風險管理中最基本且最重要的項目，可將任務風險分解成幾個區塊的具體風險事件，加以分析診斷；亦可參考過去的案例或集體研討來發掘可能的風險事項；最後歸納作出一張風險項目的檢核表。

2. 風險分析（Risk Analysis）：係指系統性運用有效資訊，以判斷特定事件發生之可能性及其影響之嚴重程度。例如，發生機率可分為幾乎不可能、可能及幾乎確定；影響之嚴重程度可分為輕微、嚴重及非常嚴重（如表3-1所示）。

3. 風險評量（Risk Evaluation）：係用以決定風險管理先後順序之步驟，將風險與事先制定之標準比較，以決定該風險之等級，並針高度危險的風險事項，優先作風險處理。例如，依據風險分析的結果，評定風險等級為低度危險之風險、中度危險之風險、高度危險之風險及極度危險之風險等四種（如表3-1所示）。

---

[5] 行政院，2008，〈行政院所屬各機關風險管理及危機處理作業基準〉（2008年12月8日院授研管字第0972360811號函修正）。

表3-1：半定量風險分析表（風險的等級）

		發生機率		
		幾乎不可能（1）	可能（2）	幾乎確定（3）
影響 （衝擊）	非常嚴重（3）	高度危險之風險（3）	高度危險之風險（6）	極度危險之風險（9）
	嚴重（2）	中度危險之風險（2）	高度危險之風險（4）	高度危險之風險（6）
	輕微（1）	低度危險之風險（1）	中度危險之風險（2）	高度危險之風險（3）

資料來源：本研究參考行政院研究發展考核委員會編，2009，〈風險管理及危機處理作業手冊〉（2009年1月）。

二、警察處理聚眾活動的風險評估

（一）風險辨識

　　警察在處理聚眾活動或大型治安維護勤務時，應根據所蒐集的情報、過去的案例，以及集體討論與腦力激盪等方法，辨識出可能的風險事件。例如，台北市2009年9月舉辦「第二十一屆夏季聽障奧林匹克運動會」之重大賽事，負責維護大會安全的台北市政府警察局在作風險評估時，即把以色列隊及美國隊之安全，列為最高等級危險之風險。因為根據過去奧運會之案例，以色列隊走到那裡，都被中東國家列為仇視的對象（謝秀能，2014）。又例如，大批抗議群眾集結在凱道時，就必須評估這些參加的群眾組成份子可能的抗爭策略，以及可能造成影響的嚴重程度如何，因為凱道的群眾有可能臨時硬闖立法院或行政院。

　　處理聚眾活動的風險辨識，類似「狀況判斷」的作業，必須根據情報研判對方狀況及對方可能之行動。並且應就對方觀點，列舉出對方有能力採取及採取後對其有利之行動，再舉出對方最有利亦即最可能採取之行動，作風險分析。

（二）風險分析

　　當警察辨識出群眾可能採取之行動項目後，接著必須逐一針對這些風險項目，分析其發生的可能性及影響之嚴重性。

（三）風險評量

完成各項風險項目之風險分析後，可製成半定量的風險分析表（如表3-1所示），評定各風險項之風險等級，包括極度、高度、中度或低度危險之風險等級。然後，應優先針對極度與高度危險之風險項目，採取因應之措施，以降低其風險。如果其風險無法降低時，就應立即啟動危機處理之作為，以資因應可能發生的嚴重危害。例如，2014年太陽花學運份子在攻佔立法院一週後，突然於3月23日晚間衝入行政院，當時行政院內只部署40餘名警力，因此在短短15分鐘後群眾即成功闖入行政院，造成嚴重的後果。因此，借鏡此案例，警察在處理聚眾活動時應重視風險評估之作業。

此外，警察除針對群眾可能採取之行動作風險評估外，警察亦可針對自己可能執勤失敗的勤務項目作風險評估。亦即先辨識出存有失敗風險的勤務作為如強制驅散或逮捕現行犯等項，然後分析失敗之可能性，以及萬一失敗時會造成多嚴重的後果，最後再依風險等級選擇這些勤務項目之作為或不作為。

第三節　聚眾活動的疏處與約制

警察處理聚眾活動之流程，係以情報蒐集及風險評估為最先之作為，接著必須針對有高度危險風險之聚眾活動，加以疏處與約制，防範於未然。在聚眾活動的醞釀或申請階段，警察應主動與聚眾活動之申請人或帶領人熱線接觸，進行協助調處、溝通疏導，以及警告約制等前置作業（內政部警政署，1990；黃丁燦，1994；謝秀能，2014）。

一、協助調處

「協助調處」是指警察以「服務」為取向，對於因自身權益受損而走上街頭的弱勢群眾，應協助其與業務主管部門進行調處之意。例如，因勞資糾紛、被資遣或失業、環境污染、或重大財務糾紛等事由，而醞釀或已走上街頭之案件。警察在協助此類案件進行調處時，應保持超然之地位，不介入雙方之調處內容，勸導雙方以理性、和平之方式解決紛爭。

此類集會遊行之自由權利，是讓弱勢族群有利益表達和宣泄不滿的管道，可發揮「社會安全閥機制」的作用（曾慶香，李蔚，2010），以防範發生更大的社會衝突。

二、溝通疏導

「溝通疏導」的作法，是警察針對民眾合法申請或尚未確定有非法舉行聚眾活動之籌辦前，事先主動與負責人或主要之策畫者溝通指導舉辦事宜，並疏導依法舉行之意。溝通疏導之內容，主要在交換有關舉辦的方式及法律的規定事項，希望其能遵守法律規定。

進行溝通疏導時，應注意之事項有：秉持維持集會、遊行權益及協助避免影響社會秩序之立場進行溝通，目的在瞭解內情，重點在疏導守法，而非勸阻其參與；溝通疏導不得為息事寧人而作逾越法令範圍及階層權限之任何承諾；溝通疏導原則上以和婉態度進行；主管機關應於關鍵時刻對關鍵人物溝通疏導（對何族群用該族群之人進行溝通疏導）。疏導應以當事人之利害為出發點，同理對方的立場，以有利於對方的觀點，尋求免於觸法而又能達成其訴求目的之最佳作法，提供策畫者參考。

三、警告約制

　　警告約制的作法，係指警方已掌握聚眾活動策動者有非法舉行之若干跡象後，明示其警察機關將落實執行集會遊行法及相關法律，以示維護公共秩序之決心與作法。警告、約制之目的，在防止活動策畫者或參與者意圖變質舉行，而發生影響公共秩序與社會安全之事故。

　　進行警告約制時，應注意：若有集會遊行參加分子來自轄區以外的多個地區，所在地警察局應視需要召開協調會，且各該地區警察局對轄內人民參加外縣市聚眾活動，應主動協助活動所在地警察機關防處；對有違法前科及不良紀錄份子，原則上尊重其參與集會遊行之權利，惟應個別告誡約制不得有違法行為。

　　綜上，警察在聚眾活動醞釀階段，主動與活動之策畫者熱線接觸，進行協助調處、溝通疏導，以及警告約制等前置作業時，是一種防患未然，弭禍於無形的作法。誠如老子（第六十四章）所云：「為之為未有，治之於未亂。合抱之木，生於毫末；九層之臺，起於累土；千里之行，始於足下」的道理。

　　此外，警察可使用語藝學（Rhetorica）的溝通技巧進行說服的工作。其過程是先「說之以理」，訴諸法律及警察之立場；若對方沒辦法接受這些道理時，再進一步「動之以情」，同理對方之立場，折衝協調出警方與對方皆可接受的作法；若對方仍無法體認與感受警方的理與情，則只能靠「服之以德」的作法，例如可敦請地方有名望之仕伸或雙方共同的友人出面作道德勸說（張世賢，2015：58）。若經過上述語藝學上「說之以理、動之以情及服之以德」的溝通過程，活動之策畫者仍執意要以衝撞法律或現行體制之方式，意圖舉行非法之聚眾活動時，警察就應立即改弦易轍，做好處理危機的萬全準備，依法處理該聚眾活動。

第四章　聚眾活動處理的典範、戰略與計畫作為

　　在警察處理聚眾活動的政策規劃階段，在前二章闡述完聚眾活動的問題成因與問題認定，以及情報蒐集與風險評估之後，本章接著要探討聚眾活動處理的典範、戰略與計畫作為。

第一節　警察處理聚眾活動的典範

　　所謂「典範」（paradigm），是指：「人們對真實世界的感知方式，而形成分析問題與解決問題的一套信念系統或理論架構（林鍾沂，2001；吳瓊恩，2005）。」例如智慧型手機是結合手機與電腦功能的一種新典範，有別於傳統手機的舊典範。因此，人類在不同的時、空環境中，對其經驗到的真實世界之感知方式會有所變遷，而形成所謂的「典範變遷」（paradigm shift）。例如機械式的鐘錶發展為石英式或電子式的鐘錶；傳統式的照相機發展為數位式的照相機；「君權神授說」發展為民主政治理論等，皆屬典範變遷的結果。準此而論，警察處理聚眾活動亦有不同的典範存在，本節將闡述此類典範的形成因素及其典範的變遷情形。

一、警察處理聚眾活動的典範形成

　　在民主法治的社會中，警察處理聚眾活動，必須非常謹慎，一方

面要顧及維護公共秩序，一方面也要兼顧保障人民的集會遊行權利。因此，警察在擬定處理聚眾活動的策略時，必須考量政策的各方利害關係人的價值與利益。一般而言，聚眾活動的利害關係人主要包括訴求某些主張的抗議群眾（訴求者）、被抗議的對象（被訴求者）、社會大眾（包含民意與媒體輿論），以及政府部門（含行政、立法與司法部門）等。

上述群眾運動的各種利害關係人之間的互動關係，會使得群眾運動變得更加複雜，這些互動關係包括：抗議者－被抗議者；抗議者－旁觀者；抗議者－媒體；抗議者－反抗議者；抗議者－社會大眾；以及抗議者－警察等多種互動的關係（Redekop and Pare, 2010: 18，孟維德，2009）。因此，警察在決定採取何種處理群眾活動的典範時，必須先考慮這些互動關係（如圖4-1所示）：

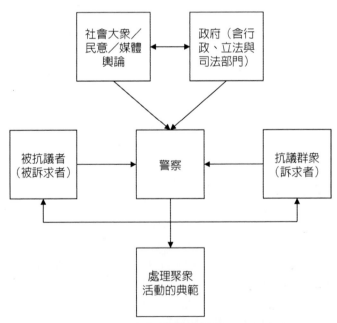

圖4-1：警察處理聚眾活動之典範

資料來源：參考自della Porta and Reiter, 1998: 10

（一）抗議群眾（訴求者）

在理論上，訴求者有和平集會遊行之表現自由，應得到適當處所及受到安全保障，但應遵守和平合法進行（蔡庭榕，2009）。但是在實際上，抗議者在群眾中的心理狀態和行為具有下列一些特性（孫正，2004：28-30）：

1. 聚眾活動參加者與其他社會結構相對隔離而形成的共同生活背景，是組織化群體形成的基本條件：在隔離的環境下，社會成員的生活方式、利益取向、目的追求、社會預見與預測形成一致，造成並加深了個體對群體的聯繫與依賴。

2. 群體性突發事件參加者的共同利益和共同需要，是形成組織化群體的決定性動因：不同的利益主體必然要有不同的聲音，並希望通過自身的行動表現出來，從而產生矛盾與衝突。

3. 聚眾活動參加者在聚眾情況下產生的特定心態，是其採取激烈對抗行為的心理基礎、在一定聚眾的情況下，群眾具有一種從眾性和動態性，其理性基本處於一種趨零狀態。

（二）被抗議者（被訴求者）

抗議者大皆對業務主管部門的某項政策不滿，或對其發生糾紛的對象不滿，且無法透過正常的陳情（上訪）、調解或溝通管道去解決問題時，就會以集體表達意見的方式，發動集會遊行，此乃是人民基本的自由權利之一。警察機關若能對此類和平的集會遊行活動多予瞭解，並從旁協助抗議群眾與被訴求者建立溝通的管道，則可將聚眾活動消弭於無形或治亂於初動。因此，警察在處理聚眾活動的過程中，必須與被訴求者保持密切互動的關係，但警察仍必須與被訴求者保持一定的距離，以免被群眾誤解為「官官相護」或「官商勾結」。當然，被訴求者應受到警察的安全保障，且亦應對抗議群眾所訴求之意見作適度的回應，積極

參與各方利害關係人的調解或協調。

（三）社會大眾（包含民意與媒體輿論）

　　聚眾活動一旦爆發，不僅對社會的公共秩序與安全影響很大，一般大眾應受到安全保障及相關忍受相當的交通不便或安寧侵擾（蔡庭榕，2009）外，尚可能引發社會大眾，包括與事件無直接利害關係的一般市民、學生、社會組織及媒體等之關注，甚至獲得聲援和具體協助。例如發生在2011年廣東省汕尾市所屬陸豐市的烏坎村聚眾活動，即受到了境內外媒體的普遍關注而進駐村內，且村內村民為聲援此事件，還樂意借出自家房子讓記者暫住、洗澡，或者是休息，與借用網路作為發稿之用。由此可見，警察在處置聚眾活動時，必須掌握社會大眾的觀感及媒體的報導內容，以利導向正確的處置方向，避免被誤導到惡化的方向。

（四）政府部門（含行政、立法與司法部門）

　　警察是政府行政部門的一環，同時也是執法的一個部門，從憲政設計的理論言，警察應依法行政且保持中立的立場處理聚眾活動；警察還須預防危害及現場秩序控管與事件處理，亦應相對忍受可能侵擾及預防身體危險（蔡庭榕，2009）。但是，從警察的實際運作言，警察在處理聚眾活動時，深深受到易變的政治權力結構之影響（della Porta and Reiter, 1998: 15）。由於政府的權力結構主要包括行政、立法及司法等部門，因此，警察在擬定處理聚眾活動的策略時，勢必受到警察的上級行政機關首長的政策指示、民意機關（立法機關）的課責監督，以及司法機關的判決案例等之影響。

　　綜合上述，警察處理聚眾活動之典範，受到抗議群眾（訴求者）、被抗議者（被訴求者）、社會大眾（包含民意與輿論），以及政府部門等之影響。而且，在不同的時、空背景下，警察處理聚眾活動的典範會有所不同。例如，章光明（2010：31）認為：「台灣的集會遊行，從嚴

禁到默許，從無法到有法，從「打不還手、罵不還口」到「保障合法、取締非法、制裁暴力」，這條對應於不同時空所發展出來的軸線，形成了我國的集會遊行制度演進路徑。順著這條軸線的發展與制度的演進，將期待「和平舉行」成為我國集會遊行的下一個典範。」

二、警察處理聚眾活動的典範變遷

英美兩國警察處理聚眾活動的典範，在1960年代期間係採強勢的武力控制（escalated force）典範為主，至1980和1990年代，則改採柔性的談判管理（negotiated management）典範。此兩種不同的處理典範，在下列五個方面的作法有很大的不同（McPhail et al., 1998: 50-54; Waddington, 2007:10）：

1. 保護人權方面：強勢的武力控制策略對人民在憲法享有的集會遊行自由權利較為忽視；而柔性的談判管理策略則較重視人民集會遊行自由權利的保護。

2. 對社區分裂的容忍方面：強勢的武力控制策略對於示威遊行會導致社區的分裂及交通秩序的瓦解，較無法予以容忍；然而柔性的談判策略認為示威遊行是社會變遷的自然結果，且無法避免造成交通秩序的混亂和社區一定程度的分裂，故對示威遊行活動較能予以容忍。

3. 警民溝通方面：強勢的武力控制策略在聚眾活動之前，警察較少與主辦者溝通，致常造成雙方的誤會，警察甚至使用武器加以處理；然而柔性的談判策略肯認群眾在憲法上的集會遊行權利，並且協助主辦者規劃聚眾活動的進行，與指導其內部的自我控制。

4. 實施逮捕方面：強勢的武力控制策略強調嚴正執法，只要違反法律，立即予以逮捕；然而柔性的談判策略認為逮捕是最後的手段，且對於採取和平方式的公民不服從運動者，不會立即予以逮捕。

5. 使用警械方面：強勢的武力控制策略常使用催淚瓦斯、警棍及鎮暴隊形驅散聚眾；然而柔性的談判策略強調只有在保護人民的生命、財產及逮捕違法者的必要時，才會使用合乎比例原則的武力。

Fillieule和Jobard（1998：88-89）二人進一步認為警察處理聚眾活動的策略，乃決定於警察、政治權威當局及示威遊行者三方面的互動結果，且可將警察處理聚眾活動的策略再細分為四種類型（如表4-1所示）：

1. 類型A：和平的示威遊行，示威遊行的行動與警察採取的處理策略均是和平的且雙方保持相互合作的態度。
2. 類型B：無法容忍的示威遊行，示威遊行的行動雖是和平的，且與警方保持合作的態度，但由於此類示威遊行的行動是政府所無法容忍的，所以警察必須採取強勢的作為處置。
3. 類型C：柔性處理的示威遊行，示威遊行的行動雖是暴力的，但警察為考量減少社會及私人財產的損失而採取柔性的處置作為。
4. 類型D：危機處理的示威遊行，示威遊行是暴力的，警察為防止暴力衝突擴大而採取強勢的處置作為，且視此示威遊行為一種危機來處理。

表4-1：警察處理聚眾活動的策略類型

		警察（可能在政治壓力影響下）處理聚眾活動的策略	
		和平的／合作／柔性作為	強制力／強勢作為
示威遊行的行動	和平的／合作	類型A：和平的示威遊行	類型B：無法容忍的示威遊行
	暴力	類型C：柔性處理的示威遊行	類型D：危機處理的示威遊行

資料來源：Fillieule, Oliver and Fabien Jobard, 1998: 89.

　　上述Fillieule和Jobard對警察處理聚眾活動的策略分類，並非截然式的一刀切，而是依各種情境而有不斷的變遷。譬如對一個聚眾活動的不同階段可能採取不同的處置策略，或是在同一個聚眾活動中，對不同的群眾採取不同的處置作為。因此，筆者認為警察處理聚眾活動的策略，要對現場每個地點和時點所發生的狀況，依群眾之暴力程度，及時採取強勢或柔性的處理策略，亦即採取「保障和平，制裁暴力」的處理策略。

　　因此，從英、美等先進國家的經驗及理論上言，警察處理群眾活動之策略可分為三大典範，包括1960至1970年代的「群眾控制典範（Crowd Control Paradigm）」、1980至1990年代的「衝突管理典範（Conflict Management Paradigm）」，以及近年來發展之「相互尊重典範（Mutual Respect Paradigm）」（Redekop and Pare, 2010: 140），其對群眾的看法及處置的策略等各方面皆有所不同（如表4-2所示）。

表4-2：警察處理群眾活動之三種典範

	群眾控制典範（Crowd Control Paradigm）	衝突管理典範（Conflict Management Paradigm）	相互尊重典範（Mutual Respect Paradigm）
對群眾的看法	群眾被安全單位視為敵人或問題。	群眾被視為表達自由權力的公民；群眾本質上不是問題，但會引發潛在的問題。	群眾在公民社會社會中是受歡迎的社會重要要素，且是社會的創造發展者。
處置策略	安全機關自行發展處置策略	群眾的帶頭者被警察諮詢並參與處置計畫之擬定，但警察隱藏既定的策略與處置方案。	群眾、安全單位及被抗議的對象等一起研商處置聚眾活動的策略
情報蒐集	使用所有敵對的手段，包括監視和隱密的情報蒐集。	透過公開及允許的方式蒐集資訊，譬如網路資訊。	資訊公開分享，且身分和角色是透明的。
安全的來源	安全是由於使用致命性及非致命性武器而得	安全是基於儘可能的協商、公開的溝通及清楚的劃定界線而得	安全是基於相互尊重所建立的信任關係而得

處理衝突的方法	在與群眾對戰之前，試圖隱密所有的突發事件。	與群眾的帶頭者和發起人分享職責，必要時合作應付暴力的教唆者。	使用公開的程序去想像新的和互利的處理衝突的方法
安全的責任	負責保護被抗議者的安全	儘量與被抗議者保持適當距離，並儘量保持中立	負責保護所有人員的安全，包括抗爭的群眾。
對群眾的認知	集中對付暴力份子，且視之為罪犯或麻煩製造者	對不同類型的抗議者作區隔	試圖瞭解造成極端情緒的理由並同理群眾的情緒
處置抗議活動	試圖藉由封閉的界線、阻絕的設施及逮捕的手段，以阻止群眾的行動。	促進抗議群眾的活動和組織	創造一個有利於抗議效果的環境
對群眾事件的看法	群眾事件結束後，警方單獨聽取事件報告	警方與群眾的組織者進行非正式的溝通	警方與群眾組織者一起聽取群眾事件報告，並定期研討組織性的抗議事件的本質與角色
被抗議者對群眾的看法	被抗議者視群眾為騷亂者和威脅者	被抗議者不願意開放與群眾談判，但警察或調解者促成此談判過程。	被抗議者視群眾為一種象徵和訊息的來源，顯示出某些事情需要改變。
群眾活動者對警察的看法	群眾活動者視警察和抗議者為敵人	警察被視為可以提供協助的人	群眾活動者視警察和群眾領袖扮演重要的角色
對社會大眾的報導	社會大眾獲得群眾事件暴力持續升高的訊息	對社會大眾低調報導群眾事件的訊息	社會大眾獲得新的處理願景和未來的可能性作法

資料來源：摘引自 Redekop, Vern Neufed and Shirley Pare, 2010: 149-150.

三、台灣地區警察處理聚眾活動的原則演進

台灣地區自1949年政府遷台以來，警察處理聚眾活動的原則演進情形如下：

（一）戒嚴時期的「四不原則」（不容許突破、不發生衝突、不刺激擴大、在任何狀況下不許發生流血事件）

臺灣自1949年起至1987年實施戒嚴，期間長達38年，其中對人民集會結社相關規定有「戒嚴法[6]」、「台灣省戒嚴令[7]」、「台灣地區戒嚴令[8]」、「戒嚴期間防止非法集會結社遊行請願罷課罷工罷市罷業等規

---

[6] 戒嚴法，1934年5月20日公布施行，於1948月5月19日及1949年1月14日2次修正。

[7] 台灣省戒嚴令，台灣省政府及台灣省警備總司令部1949年5月19日令頒。

[8] 台灣地區戒嚴令，行政部門1959年7月22日令頒，1962年8月31日及1968年9月14日2次

定實施辦法[9]」等相關管制法令,例「戒嚴法」第11條規定,戒嚴地區內,最高司令官得停止集會結社及遊行請願……,必要時並得解散之。「台灣省戒嚴令」第3條第5項規定,戒嚴期間嚴禁聚眾集會、罷工、罷課及遊行請願等行動(林漢堂,2006年)。戒嚴期間人民集會遊行或者聚眾活動均統稱為「違常活動」,係由警備總部指導處理,只要有群眾活動,當地的警備司令部指揮警察、憲兵、調查站、地檢署等單位一起投入情報蒐集、秩序維護等工作,治安相關人員對於「違常活動」是秉持溫和寬容之自制作為,當時政府處理違常活動是採低姿態,相關處理原則規定如下:

1. 1984年8月台灣警備總司令部訂頒「防處各種妨害治安之違常活動執行要點」,律定防處原則採取「不容許突破、不發生衝突、不刺激擴大」之三不原則。

2. 1986年1月警政署訂頒「主動打擊、消滅犯罪實施計畫—防處違常活動與群眾事件執行計畫」律定防處基本要求為「不容許突破、不發生衝突、不刺激擴大、在任何狀況下不許發生流血事件」之四不原則。

(二)解嚴後,集會遊行法未公布施前(1987年7月15日-1988年1月20日)的「保障合法、約制非法」原則

內政部為因應於解嚴後和種社會運動蜂擁而起之現象,於1987年7月14日以台內警字第520069號公告,人民聚眾活動舉行室外集會、遊行,應向直轄市、縣(市)警察局申請許可。其公告事項一、為維持公共秩序、保護社會安全,人民在室外聚眾集會、遊行,應於三日前填具申請書,遊行並附路線圖,除認為有影響公共秩序、社會安全者外,應

修正。

[9]　戒嚴期間防止非法集會結社遊行請願罷課罷工罷市罷業等規定實施辦法,台灣省警備總司令部1949年5月20日訂頒。

予許可。此確立日後「集會遊行法」警察處集會遊行以許可為原則，不予許可為例外之審核原則。1987年9月警政署函頒「警察機關維護集會、遊行執行計畫」，律定維護原則，為「保障合法、約制非法」。

（三）集會遊行法公布施行後（1988年1月20日）的「保障合法、取締非法、制裁暴力」原則

解嚴後群眾運動與日增加，社會運動成為莫之能禦的力量，政府為加速推動民主憲政，並順應世界潮流，於1987年7月15日宣告解除戒嚴，但為保障人民集會遊行權利之行使，兼顧社會秩序之維持，及公共利益之增進，對集會遊行活動認為仍有必要以法律加以適當規範，衡諸當時環境之需要，乃本諸憲法保障人民權利之意旨，並參酌日、西德、美國等民主國家立法例，於1988年1月11日制定「動員戡亂時期集會遊行法」全文35條，同年1月20日施行，其立法基本原則如下：

1. 保障依法舉行之集會、遊行。
2. 尊重人民自由權利，僅對室外或公共場所或公共得出入之場所舉行之集會、遊行作必要之規範。
3. 貫徹民主法治、堅守反共國策，集會遊行不得違背憲法或主張共產主義或主張分裂國土。
4. 對違反本法者，依其性質或情節輕重，分別科處適度之行政罰或刑罰，以落實執行成效。

警政署對集會遊行之處理權責移轉至地方警察分局或警察局，有關處理集會遊行之原則規定如下：

1. 1988年1月25日函頒「警察機關處理聚眾活動指導計畫」，律定處理原則為「保障合法、取締非法、防制暴力」。
2. 1990年6月15日函頒「對集會遊行法嚴正執行法之注意事項」，對處理集會遊行之原則為「取締非法」、「制裁暴力」。
3. 1990年9月26日函頒「警察機關處理聚眾活動基本原則暨執行要

領」，對處理集會遊行之原則為「保障合法」、「取締非法」、「制裁暴力」，自始確立此12字箴言成為警察處理集會遊行之原則，依其內涵說明如下[10]：

(1) 保障合法：對合法之集會遊行，無論應否需要申請，均應主動依法保障並協助之。

(2) 取締非法：對違法舉行之集會遊行，應協調檢察官蒞場指揮，並於完成法定程序後依法逮捕首謀者。

(3) 制裁暴力：對集會、遊行現場及其附近實施暴力行為者，應即依法當場逮捕現行犯，應逮捕而未能逮捕或處置失當者，追究現場指揮官責任。

(四) 動員戡亂時期宣告終止後重申「剛柔並用，堅定執法」的原則

1991年5月1日動員戡亂時期宣告終止，警政署於1993年3月17日重申警察機關處理集會、遊行、陳抗等聚眾活動原則，該函說明由於近年來各警察機關處理聚眾活動，現場指揮官常有依賴上級長官指示，致發生延誤執法時機，影響公權力威信之情事，各級指揮官應負全責，本於職權，視轄區狀況，審慎評估，秉持「保障合法、取締非法、制裁暴力」之原則，依法妥適處理[11]。並特於1993年2月1日對外澄清處理遊行請願案件，警政署絕未下達所謂「打不還手、罵不還口」之類似命令，對於處理聚眾活動，希一本「剛柔並用，堅定執法」，所謂「剛」是針對暴力行為，絕不姑息，務須斷然處置，必要時應當場逮捕現行犯。所謂「柔」，是對群眾未逾法律規範限度內，予以疏導，化解方式處理[12]。

---

[10]　警政署1990年9月26日七九警署保字第52976號函。

[11]　警政署1993年3月17日82警署保字第20484號函。

[12]　警政署1993警署督（三）字第2919號函。

（五）1995年8月17日發生計程車司機集體鬥毆事件後的「強勢處理」原則

1995年8月16日23時50分大豐車行計程車與個人車行計程車在台北市羅斯福路、基隆路口發生擦撞，雙方司機下車理論，適有全民計程車途經該地，司機下車參與調解。結果造成全民與大豐車行的其他司機，透過無線電呼叫前來支援，在誤以為同伴遭受攻擊情況下，未經查證即相互攻擊。總計本事件引發在台北縣轄區計程車司機鬥毆滋事10件、司機受傷8人、計程車被砸毀24輛（黃丁燦，1994）。由於警察在現場目睹司機互毆時，並未強力制止與逮捕暴力現行犯，幾成無政府狀態。此暴力事件的影片在國內及美國CNN電視台不斷播放下，凸顯政府公權力不張的負面形象。因此，當時負責處理事件的三重警察分局長吳〇〇黯然下台，並表示：「警方處置的一個立場，是保持雙方不發生衝突為原則。」

事件平息後，當時的警政署顏世錫署長在記者會中堅地公開宣布：「從現在開始，再有類似的暴力行為發生的狀況，現場立即逮捕暴力份子，對於有暴力行為的群眾集結，立即強力驅散。」並表示：「這個事件發生的過程，對警察機關來講，也是一個很大的教訓。因為在事故發生的當時，我們地區警察單位在處理的時候，顧忌太多，所以，沒有強力的執法，到目前從社會的反應來看，就是警察過去柔性處理群眾活動儘量忍耐的時代，應該結束了。我們從現在開始，一定會認真、嚴格地來執行公權力，不會再作任何的忍讓[13]。」因此，警方遂於事件平息後二日（2015年8月19日）開始對肇事的全民、天藍及大豐車行等執行強力搜索，查扣了違禁品及危險物品，以示提振公權力，強勢執法的決心。

---

[13]　2015年10月4日檢索自YouTube網站（https://www.youtube.com/watch?v=7hfUiipB-4s#t=0h0m0s）：「台灣歷史回顧影片轟動一時1995年的台灣計程車暴動事件。」

（六）1996年底治安不佳動搖人民對治安的信心，政府於同年12月30
　　　日召開治安會議

　　警政署於1997年2月12日函頒「嚴正執法，提振公權力」計畫[14]，其目
的以果斷手段，嚴正執法，執行處理聚眾活動任務，應立場超然，依法執
行，貫徹保障合法、取締非法，防制暴力之一貫作為，採取必要強勢作
為，樹立公權力，要求發現暴力行為，則以打擊暴力代替柔性作為，立
即有效的制裁暴力，提振公權力，遇有暴力行為群眾，立即強力驅散，
避免雙方人馬發生衝突，若有暴力行發生，現場立即逮捕暴力分子。

（七）2006年2月8日行政部門對治安重點工作提示，以全面治安為基
　　　礎，秉持「依法行政、行政中立、安全第一」之原則，貫徹嚴
　　　正執法樹立法治威信執行計畫嚴正執法，有效樹立政府執法威
　　　信，建構優質治安環境，確保社會安寧秩序。策略目標如下：

1. 酒後駕車拒絕稽查取締，依法強制處置。
2. 端正執法威信，爭取民眾信賴與合作。
3. 非法聚眾抗爭活動，應以強制力斷然處置。

（八）2006年處理「紅衫軍運動」及2014年處理「太陽花學運」的
　　　「保護和平集會，制裁暴力行為」之原則

　　2006年的「紅衫軍運動」及2014年的「太陽花學運份子佔據立法院
事件」的特色，是群眾運動的領導者公開宣示採取非暴力的抗爭手段，
並以公共利益為訴求，故吸引很多社會大眾參與，且過程除零星暴力外
大致平和，因此警察採取的處則是以「保護和平集會，制裁暴力行為」
之原則。當然，警察對此二件聚眾活動過程中的少數暴力行為，包括砸
毀車輛及強行攻占行政院之暴力違法行為，係採取強力執法的原則。

---

[14] 警政署1997年2月12日八六警署保字第005273號函。

　　綜合上述，隨著台灣地區民主法治的發展進程，包括從戒嚴至解嚴，再從解嚴至政黨輪替等政治發展事實，台灣地區警察在處理群眾活動的原則，業已從政治性的考量，漸漸回歸到法治面的考量，強調依法行政和政治中立的處理原則；同時亦從強制維持公共秩序的執法取向，修正為兼顧保障人民集會遊行自由權利與維持公共秩序的「保障合法、取締非法、制裁暴力」及「依法行政、行政中立」的原則。亦即台灣地區警察機關處理聚眾活動之發展方向，乃朝著較衡平性的原則發展，包括在警察目的上考量秩序與人權的衡平；在警察手段上考量執法與服務的衡平；以及在整體法制上考量法律與政治之衡平等原則，筆者認為此是一種正向民主及成熟法治的發展趨勢。

　　此外，台灣地區正著手進行修正「集會遊行法」，修法的方向大皆從現行的「許可制」朝向「報備制」方向修正，但各方提供修正的版本仍有很大的差異，譬如有主張改採自願報備制者，亦有主張改採強制報備制者。其實，該集會遊行法的修正重點宜在政策心態與制度性規範上調整，可考量從「管制」心態轉變為「夥伴與協助」心態，來看待人民的集會遊行權利的行使。例如美國雖採取「申請許可制」，卻是以人民集會遊行基本權利行使，及其訴求目的的表現與人民知的權利為基礎來立法規範；日本東京都之集會遊行規範亦屬許可制，然亦有極為細緻的人權保障考量；而德國「報備制」旨在使「主管機關得預為綢繆，以避免集會遊行參與者之利益與第三者之利益及公共安全利益間，發生不必要或過度衝突，並視情況決定，採取安全集合秩序措施，俾使一方面確保集會遊行儘可能順利進行，另一方面排除公共安全與秩序之滋擾，或將之減至最小程度。經由報備，主管機關與集會籌辦者互相認識，在可能情況下，可尋求彼此間之『信賴合作』（蔡庭榕，2009；李震山，2001）。」上述各國警察處理集會遊行的策略，大皆朝「柔性的談判管理作為」與「警察與群眾相互尊重」的方向發展，值得台灣地區借鏡學習。

第二節 警察處理聚眾活動的戰略

上述警察處理聚眾活動有不同典範，包括群眾控制典範、衝突管理典範，以及相互尊重典範。在不同的典範下，警察對聚眾活動問題的理解與解決方式有所不同，因此，警察所採取的戰略與戰術也會有所不同。

本節借用軍事上有關戰略的理論概念，探討警察處理聚眾活動的戰略。首先，必須先瞭解「戰略」與「戰術」的概念意含，以及大軍作戰時的「補給線」、「內線作戰」及「外線作戰」等基本的戰略思維。雖然，警察處理聚眾活動的性質與軍人作戰的性質不同，但因警察組織是準軍事化的組織，在大規模警力的指揮調度上的戰略與戰術運用，仍可參考軍事上的戰略與戰術思維的理路，加以應用。

一、「戰略」與「戰術」概念在警察處理聚眾活動上的應用

兵學上所謂「戰略」，是指「建立力量，藉以創造與運用有利狀況之藝術，俾能在爭取所望目標時，能獲得最大成功之公算與有利之效果。」而所謂「戰術」，則指「在戰場，使用戰力，創造與運用有利狀況以支持野戰戰略之藝術」（何世同，2006：1，6）。

「戰略」負責指導大軍進入戰場前「建力」與「造勢」之任務，其範圍在「戰場外」，目的在使大軍於會（決）戰時，居有利態勢；「戰術」則負責指導大軍進入戰場後「用力」與「用勢」之任務，其範圍在「戰場內」，目的在使軍隊於會（決）戰時，易贏得勝利。兩者之間，當具有層次分工與相互配合之密切關係。戰略雖指導戰術，也須有戰術之支持，方能盡「構想」之全功；戰術雖是戰場決勝之用兵藝術，惟若無戰略所創造之有利態勢做為條件，亦難成功（何世同，2006：

6-7）。例如，《孫子兵法‧謀攻篇》：「百戰百勝，非善之善者也；不戰而屈人之兵，善之善者也。」此「不戰而屈人之兵」即屬「戰略」的層次，在戰場外尚未打戰前，就已取得戰略上的勝利。而《孫子兵法‧始計篇》：「攻其無備，出其不意」的突施襲擊，出奇制勝，則屬「戰術」的層次。

上述「戰略」與「戰術」的概念，可應用於警察在聚眾活動的處理上。尤其，在當今民主政治普世價值下的警察權威來源，主要在於警察執法是否具有正當合法性（legitimacy）。因此，警察在處理聚眾活動的戰略上，應儘量凸顯警察維護公共秩序的必要性與正當合法性，以爭取社會大眾對警察執法的支持氣勢。例如，在非暴力抗爭的社會運動中，抗爭者所採取的戰略是：以非暴力抗爭或公民不服從的手段，集中群眾的意志與勇氣打擊政府在政治、社會或經濟等焦點議題之缺失，吸引廣大社會民眾的支持，進而切斷政府的權力來源：被統治者合作、支持與服從，以造成政府統治的正當性危機，迫使政府接受抗爭群眾所提出的政策主張（蔡丁貴譯，2012：87，91，131）。因此，警察在處理此類非暴力抗爭的群眾運動時，在戰略上，要先協調政府相關部門及時回應抗爭民眾的政策主張，爭取社會大眾對政府政策的支持，有效切斷社會大眾對抗爭者的認同與支持，則可收「不戰而屈人之兵」之戰略效果。其次，在戰術上，警察面對非暴力抗爭的群眾時，不要採取強制鎮壓的手段對付之。否則，警察一旦失去執法的正當合法性時，反而會刺激廣大的社會大眾支持或加入非暴力抗爭的運動中，徒增警察處理上的困難。

二、「補給線」概念在警察處理聚眾活動上的應用

一般而言，戰場可概分為「前方」與「後方」戰場，而前方與後方戰場的連絡路線，即為補給線。因此，所謂「補給線」，就是指「從基地至前方陣地間，大軍作戰所需之各種軍品及補充兵員前送，或傷患人

員與損壞裝備後送醫療及保養，所使用之交通路線或系統（包括海、空與水路）（如圖4-2所示）（何世同，2005：27）。」

　　補給線可說是軍隊作戰時的「生命線」，一旦我方的補給線被對方切斷，則在前方作戰的大軍將陷於孤立無援的險境。所以，作戰時必須維護補給線的安全，才能維持大軍的戰力。由於補給線具有脆弱性，必須派遣必要的兵力維護其安全與暢通，使其免遭敵方之威脅與截斷，才能發揮預期的支援功能。惟若大軍置重兵於保衛補給線上，亦必然削弱其第一線的戰力，致決戰時力量分散，反而不利（何世同，2005），這就是「備多力分」的道理。

　　從上述「補給線」的概念，可發展出「連絡線」與「預備隊」的概念與作法。從戰略上言，補給線是以維持大軍「持續戰力」為目的，通常是由後方向前方「縱向」推進；而「連絡線」則指兵團間或與友軍間相互支援的路線，是以確保各相離兵團間的協調連繫為目的，通常以「橫向」建立為原則，「連絡線」會影響大軍各分離兵團「統合戰力」之發揮（如圖4-3所示）（何世同，2005：31）。連絡線的長度不可太長亦不可太短，連絡線太長則兩分離的兵團不易相互支援，但連絡線亦不可太短，太短則兩分離兵團易被敵方從更大的外圍圈包圍。因此，為確

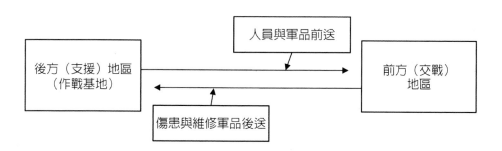

示補給線（雙向交流）

圖4-2：作戰地區中「補給線」地位與功能示意圖

資料來源：何世同，2006，《戰略概論》，台北市：黎明文化事業股份有限公司，頁29。

保我方大軍在前方陣地的持續戰力與統合戰力能有效發揮，則必須在前進作戰基地設置「預備隊」（如圖4-3所示）。當我軍在前方陣地陷入苦戰需要及時支援時，預備隊可迅速由連絡線前往支援。所以，在兵力配置上，預備隊經常是最為精良的部隊，是決戰成敗的關鍵戰力（陳璧，2007）。

上述軍事作戰上有關「補給線」、「連絡線」及「預備隊」的概念，可應用於警察在聚眾活動的處理。例如，警察必須在大型聚眾活動事件的發生地面對群眾，此警民遭遇的地點可視為前方陣地，警察機關必須派遣優勢警力前往處理之；而在距離前方陣地的適當位置，必須建立前進作戰基地，佈署精良的「預備隊」警力及成立「前進指揮所」，當前方陣地的警力被群眾突破時，預備隊必須及時趕往支援並發揮優良戰力，形成局部優勢，獲得決戰點的勝利；又當聚眾活動事件複雜，無法一時處理完畢時，為確保警察的持續戰力與統合戰力，警察的後方作戰基地與前方作戰基地及前方陣地之間，必須建立至少一條安全的「補給線」及「連絡線」，前送支援警力、裝備與物品，以及後送傷患就醫及送修各項裝備。

因此，警察在處理大型聚眾活動時，不能視「後勤」為「總務」之意，而應視之為「勤務支援」之意，包括支援第一線執勤員警有關吃、喝、拉、撒、睡、盥洗之照料，以及各項所需裝備器材之採購供應等事項。因此，古云：「兵馬未行，糧秣先至」，大型的、長時間的勤務活動，要注重行政支援的靈活調度，後勤支援是影響工作成敗的關鍵因素（于維芬，1994）。因此，擔任後勤支援的警力，必須事先作好後勤補給計畫，並且應先佈置好前進指揮所，包括資通訊設備及其他庶務之準備。在供應便當及飲料等補給品時，應優先供應給第一線及預備隊的員警使用，而非先送給長官（陳璧，2007），如此的後勤支援，才能使得第一線警力發揮應有的戰力。

在警察處理聚眾活動的計畫與執行作為上，可稱此「補給線」為支

援警力之「安全走廊」，並應律定其預定路線及預備路線，且應責成路線沿線之各警察分局部署交通管制警力，以維安全走廊之安全與暢通。此外，在混亂的聚眾活動現場，亦必須建立至少一條「安全走廊」作為抬離靜坐群眾的後送路線，以維護被抬離者之安全。又對於警衛的對象蒞臨某場所或某道路時，亦應規劃其安全的脫離路線，保護其安全。在台灣地區曾有數起因未建立安全走廊，導致警衛或保護的對象受困或受傷的情形，應引以為鑑。例如，2014年3月24日凌晨警察在執行抬離靜坐群眾離開行政院的過程中，台聯立委周倪安到場聲援學生時倒地受傷之案例；2008年10月21日大陸海協會副會長張銘清於台南市參觀孔廟時，遭少數民眾拉扯、襲擊並推倒在地，並有民眾跳上座車猛踩車頂嗆聲之案例；2008年11月5日晚上大陸海協會陳雲林會長訪台在台北市晶華酒店用餐時，被大批群眾圍困而無法脫身，直到翌日凌晨2時許才由

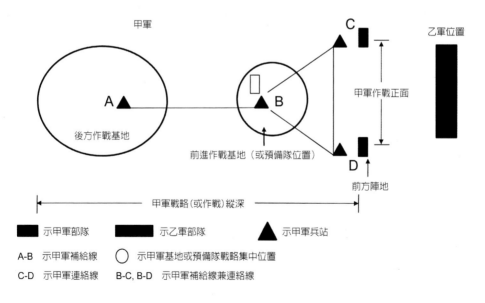

圖4-3：大軍作戰「補給線」與「連絡線」關係示意圖

資料來源：何世同，2006，《戰略概論》，台北市：黎明文化事業股份有限公司，頁31。

警方動用大批警力強力驅散群眾、淨空酒店車道後，陳會長一行之車隊始安全駛離酒店之案例等，皆是警察在處理聚眾活動時未落實建立「安全走廊」導致任務有瑕疵之案例。

三、「內線作戰」與「外線作戰」戰略在警察處理聚眾活動上的應用

　　大軍作戰有兩個基本型態：「內線作戰」與「外線作戰」。所謂「內線作戰」，是以「集中」對「分離」的戰略，我方大軍居中央位置，對兩個或兩個以上方向敵人之作戰；而所謂「外線作戰」則是以「分離」對「集中」的戰略，我方大軍從兩個或兩個以上方向，對中央位置之敵作戰（如圖4-4所示）（何世同，2006：55，79）。

　　軍事上「內線作戰」戰略的最大優點是以「戰略突穿」的手段，創造「以寡擊眾」的效果。因為當我方兵力遠比敵方少時，必須集中兵

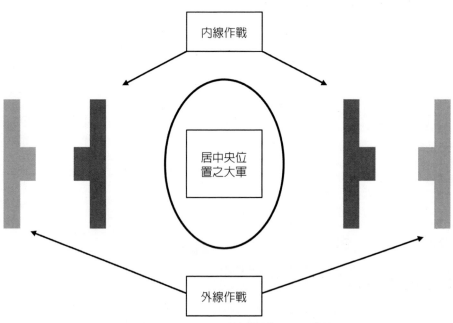

圖4-4：內、外線作戰型態示意圖

資料來源：何世同，2006，《戰略概論》，台北市：黎明文化事業股份有限公司，頁56。

力攻擊敵方最脆弱的點，迫使敵方人數雖眾但處於分離的狀態，有利我方予以各個擊破（何世同，2006）。此即是《孫子兵法・虛實第六》所說：「我專而敵分，我專為一，敵分為十，是以十攻其一也，則我眾而敵寡。」此內線作戰的戰略應用於警察處理大型聚眾活動的時機是：群眾人數遠超過警力人數時，警察可以採取中隊（至少120名警力）的楔形攻擊隊形，著鎮暴裝備指向群眾中央，將群眾一分為二，以達到驅散群眾、淨空現場的目的。

軍事上「外線作戰」戰略的最大優點則是以「分進合擊」的手段，創造「包圍殲滅」的效果。當我方擁有強大優勢的兵力，而且領有廣大的運動空間時，可迅速調集部隊，以封鎖外圍道路的手段，將敵軍層層包圍，使其陷於孤立無援的狀態。此外線作戰的戰略應用於警察處理大型聚眾活動的時機是：警方以優勢的警力，分層管制外圍的交通與群眾，只能出不能進，並切斷群眾的補給路線與連絡路線，以達到包圍群眾的效果。

上述軍事上「內線作戰」與「外線作戰」戰略可應用於警察處理大型聚眾活動上，惟應特別注意者：警察處理的對象是同胞，不是敵人；警察使用戰略的目的，是維持公共秩序和保護社會安全，而不是要殲滅敵人。因此，警察在處理聚眾活動時，原則上不能使用致命性的武器，且執法的手段必須合乎比例原則。茲舉2008年台灣地區警察強制驅散大批群眾，淨空台北市晶華酒店車道，護送來台灣訪問的大陸海協會陳雲林會長安全離開晶華酒店的案例，說明當時警察所採取的戰略如下：

（一）案例背景說明[15]

　　2008年11月5日18時起，晶華酒店靠近中山北路東側人行道前，群眾陸續聚集陳抗，約半小時後酒店外圍已聚集500人。嗣民進

---

[15]　2015年10月2日檢索自監察院網站（http://www.cy.gov.tw/mp.asp?mp=1）：098000084
　　　陳雲林案糾正案文（公布版）0520

黨蔡主席英文於18時50分率同蔡立委同榮等11名民代進入酒店，並於19時許在酒店前廣場召開記者會，引發群眾圍堵。迄22時20分中山北路及林森北路等周遭增至700餘人，並有賓客遭攻擊辱罵情事，翌日1時許現場更達近千人。迄1時37分臺北市政府警察局局長洪勝堃始指揮信義等分局長率機動保安警力，進行柔性勸導，並於1時47分接續指揮處置非法陳抗事件，淨空車道。迄至2時5分完成中山北路及39、45巷車道淨空任務，維護車隊進入酒店，與會貴客始陸續返抵圓山飯店。

（二）警察強制驅散群眾的戰略

本案例中，警政署與台北市政府警察局調集四個中隊（每個中隊有五個分隊）的保安機動警力，分別由台北市四位幹練的分局長指揮，共同執行強制驅散群眾的任務。其中，士林分局長何明洲率五個分隊警力由中山北路、長春路口，往南推進、驅散群眾；信義分局長曾義瓊率五個分隊警力由中山北路、南京東路口待命往北推進、驅散群眾；中正一分局長李金田率五個分隊警力由中山北路45巷口，往東推進、驅散群眾；大安分局長吳思陸率五個分隊警力由中山北路39巷口，往東推進、驅散群眾（如圖4-5之箭頭所示），歷時約半小時即完成驅散群眾、淨空晶華酒店車道之任務。

筆者分析本案例警察強制驅散群眾之戰略，認為兼採有外線戰略與內線戰略二者。其中，由曾義瓊分局長和何明洲分局長所指揮的二個中隊警力，分別從中山北路的南、北兩端包圍群眾，迫使群眾必須離開中山北路車道，此係採「外線作戰」的戰略；另由李金田分局長和吳思陸分局長所指揮的兩個中隊，分別從中山北路45巷口和39巷口往林森北路方向推進，且兩個中隊之連絡線極短，可以集中警力共同向廣大的群眾推進，此係採「內線作戰」的戰略。因此，本案例之戰略非常成功，約半小時即能順利地強制驅散千人之群眾。

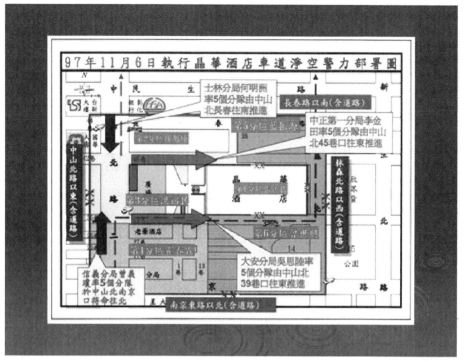

圖4-5：2008年台灣地區警察執行晶華酒店車道淨空警力部署圖

資料來源：何明洲，2015，〈聚眾活動處理現場指揮與處理作為〉，
中央警察大學「聚眾活動處理學」授課講義（未出版）。

第三節　警察處理聚眾活動的計畫作為

在前二節探討警察處理聚眾活動的典範與戰略之後，接著本節要探討較為具體的計畫作為。在警察處理聚眾活動的計畫作為上，警政署曾參考軍中之「三部五段」計畫格式，訂頒「警察勤務指參作業手冊」之規定，並據以舉辦警察局長有關處理重大治安事件之警棋推演。茲說明此種計畫格式如下（張榮春，1990）：所謂「三部五段」之計畫格式，是指一個計畫必須分為「首部」、「本文」及「尾部」等三部分，「本文」部分再分為狀況、使命、執行、行政支援及指揮通訊等五個段落。其中，「首部」之內容包括：本計畫之保密區分、受文者、本件編號、

發文單位、發文時間及發文字號等項;「尾部」之內容包括:首長簽署、收悉回報、簽證,以及附件等項。而「本文」則是計畫之主體,其主要內容有五個段落,茲以「處理非法聚眾活動計畫」之「本文」為範例,說明如下(張榮春,1990;謝秀能,1994;高誌良,2015;陳璧,2007):

一、狀況[16]

依既有之情報資料分析,研判任務對象極可能採取之行動傾向,以簡潔文字敘述之。如狀況內容較多或有具體之情報內容時,可以「附件」方式附於計畫之尾部,以供參考。

二、使命

將本單位於何時何地對任務對象採取何種手段,以達成如何之目標簡要敘述。「使命」係經「狀況判斷」後下達之決心,處置決心要堅定,並讓屬員知道,故本段「使命」之文字要簡潔清晰。例如,「以充分之策劃,整備警力器材,對可判定之目標區事先部署防處,並選定適當位置控制機動警力,以因應狀況之變化,達成本項任務。」

三、執行

執行之段落可再細分為執行構想、各單位任務區分及協調指示等三小段。

(一)執行構想

執行構想為狀況判斷決心文之適度充實與演繹,係執行一項任務從

---

[16] 狀況判斷與決心下達係根據情報蒐集、現地勘查與風險評估,以及敵情、我軍、天候、地形等因素,列舉敵軍可能行動與擬定我軍行動方案,兩者交叉分析與比較,產生戰略決心,包括何人(警力)、何時、何地、何事(目標行為)、如何(方法)等六何,是一切戰略構想構想、計畫、命令與行動的基礎(何世同,2006: 24)。

始至終之完整構想，故應包括何人、何事、何時、何地、如何、為何等六何，並對所有參與任務單位顯示其行動指導。因此，有關警察處理聚眾活動的戰略與戰術構想，可於此段中明示，以建立執行之共識。

（二）各單位任務區分

1. 依業務權責區分，訂定相關附屬計畫：
   （1）保安科負責策訂「本專案安全維護執行計畫（綱要計畫）及警力佈署計畫」，內容應包含機動警力計畫、預擬狀況處置計畫，以及指揮體系之律定。尤應注意指揮體系要系統明確、指揮網路要暢通，指揮通報程序要嚴密，以及愈重大的勤務，指揮層級要愈高。
   （2）保防室負責策訂「情報蒐集及溝通疏導約制計畫」。
   （3）刑警隊負責策訂「蒐證、逮捕及偵詢計畫」，並負責與主任檢察官、檢察官之協調連繫。
   （4）交通大隊負責策訂「交通疏導與管制計畫」。
   （5）後勤科負責策訂「後勤支援及通信計畫」，並負責架設通信器材及鐵拒馬等阻絕器材。
   （6）勤務指揮中心負責策訂「通報管制與監看計畫」。
   （7）公關室負責策訂「公關媒體及新聞發布計畫」。
   （8）法規定負責策訂「法規適用及釋疑計畫」。
   （9）督察室負責策訂「專案督導計畫」。
   （10）犯罪預防科負責策訂「架設週遭錄影監視系統計畫」
   （11）資訊室負責策訂「視訊傳播及無線網路設置計畫」
   （12）保安大隊負責「警察局丕基計畫」之演練及有關安全走廊、特定對象之保護。
2. 依分區（分局）區分：採分區負責與方塊部署（如田字部署或井字部署）原則，劃定各分區責任區域及轄線，並指定分局長為分

區指揮官。各分局依據警察局主計畫，訂定各分區（分局）警力部署及安全維護細部計畫，內容應具體包括：情報蒐集、蒐證編組、現行犯逮捕解送、交通疏導管制及路檢計畫、溝通疏導約制、指揮通信、後勤支援、督導、應變措施（警力調援、目標脫離、處置腹案）等計畫。

（三）協調指示

包括除行政支援以外之一切共同性指示或共同遵守事項。例如下述：

1. 各級勤務指揮中心，自即日起昇高為一級開設。
2. 各任務單位應作現場勘察，於何時前完成訂定細部執行計畫。
3. 本案支援警力之安全走廊之預定路線與預備路線之規畫與執行。
4. 各分區應落實教育訓練工作，包括勤前教育要準備周到，且分階層實施，不同層次的員警施以不同的訓練；實施現地訓練：在執勤處所實施訓練，使熟悉地形、地物、狀況及相關人事物（如電話設備）等；以及實施況演練：模擬一些可能狀況，於事前考詢員警，使提升執勤的能力。

四、行政支援

行政支援之事項包括裝備器材、任務車輛、油料、水電及餐飲等之供應方式。

五、指揮通訊

整備並律定使用主要通訊和輔助通訊器材之規定，以及律定任務編組人員之無線電代號事宜。

此外，有關各業務權責單位訂定相關附屬計畫之格式與內容，亦可參考上述五段計畫之格式擬訂。茲以「台北市最HIGH新年城：2006跨年晚會活動交通管制疏導計畫」為例，摘錄其格式如下：

1. 依據

2. 相關文號

3. 狀況

4. 任務區分

（1）信義分局

（2）大安、松山、內湖、中正第二分局

（3）中山、大同、萬華、中正第一、南港、北投、文山第一、第
二分局交通分隊

（4）交通義勇警察大隊（含信義義交中隊）

（5）交通警察大隊

（6）友軍：包括台北市政府交通局、台北市交通管制工程處、台
北市停車管理處等。

5. 執行

（1）交通管制疏導構想

（2）交通管制疏導規定

（3）相關道路交通管制路段和時間

（4）警力部署時間及交通管制範圍

（5）交通管制疏導措施

6. 協調指示事項

7. 指揮與通信

8. 附則：本計畫如有未盡事宜，得隨時修訂補充之。

9. 附表（如表4-3所示）

表4-3：「台北市最HIGH新年城：2006跨年晚會」
交通管制疏導警力部署表（摘錄）

「台北市最HIGH新年城：2006跨年晚會」交通管制疏導警力部署表							
崗哨編號	崗哨地點	崗哨任務	警力人數	義交人數	派遣單位	勤務日期到崗時間	備考
1	基隆路與忠孝東路口	一、交通指揮疏導、禁止車輛進入管制範圍。 二、路邊停車驅離。	1	3	信義分局	12月31日17時30分至95年1月1日3時（俟交通正常收勤）	預置改道牌12面、交通錐10個
合計			96	55	總計151人		

第參篇

政策執行

第五章　聚眾活動處理的職權法制與作業程序

　　集會遊行乃人民基本的自由權利，台灣地區憲法第14條訂有「人民有集會及結社之自由」的明文規定，其所指「集會」之意涵亦指涉「遊行」之活動。然該種集會與遊行之活動，極易造成公共秩序之破壞，故依憲法第23條之規定，為防止集會遊行之活動妨礙他人自由及破壞社會秩序，制定了「集會遊行法」，此部法律是台灣地區處理聚眾活動之主要法制，惟目前在執行上存在著很大的爭議。此外，警察依據法定的職權法制執法，亦應律定執法的原則，以及訂定標準的作業程序，才能確保執法的落實與公正。本章將分節說明之。

第一節　警察處理聚眾活動的職權法制與執法爭議

一、台灣地區警察處理聚眾活動的職權法制

　　台灣地區警察處理聚眾活動的主要原則是「保障合法、取締非法、制裁暴力」，以及「依法行政、行政中立」等，這些原則的採行，皆必須先熟悉相關之法令規定，才能迅速而果斷地執法。茲列出相關的職權法制如下：

（一）公民與政治權利國際公約第21條

　　「和平集會之權利，應予確認。除依法律之規定，且為民主社會維

護國家安全或公共安寧、公共秩序、維持公共衛生或風化、或保障他人權利自由所必要者外，不得限制此種權利之行使。」依此規定，警察應保障和平性集會之自由權利，除非該和平性之集會已妨礙了他人的自由權利。

（二）中華民國憲法、憲法增修條文及司法院大法官會議解釋

1. 中華民國憲法第14條：「人民有集會及結社之自由」；

2. 中華民國憲法第22條：「凡人民之其他自由及權利，不妨害社會秩序、公共利益者，均受憲法之保障。」；

3. 中華民國憲法第23條：「以上各條列舉之自由權利，除為防止妨礙他人自由、避免緊急危難、維持社會秩序或增進公共利益所必要者外，不得以法律限制之。」

4. 中華民國憲法增修條文第4條第8項；「立法委員除現行犯外，在會期中，非經立法院許可，不得逮捕或拘禁。憲法第七十四條之規定，停止適用。」

5. 司法院大法官會議解釋：司法院大法官會議釋字第718號（2014年3月21日）解釋宣告：集會遊行法第8條第1項規定，室外集會、遊行應向主管機關申請許可，未排除緊急性及偶發性集會、遊行部分，及同法第9條第1項但書與第12條第2項關於緊急性集會、遊行之申請許可規定，違反憲法第23條比例原則，不符憲法第14條保障集會自由之意旨，均應自中華民國104年1月1日起失其效力。

（三）刑事法方面

1. 刑法：常用者有刑法第135條有關妨害公務執行及職務強制罪，第136條有關聚眾妨害公務罪，第149條有關公然聚眾不遵令解散罪，第150條有關公然聚眾施強暴脅迫罪，第185條有關妨害公眾

往來安全罪，以及第304條有關強制罪等。

2. 刑事訴訟法第88條：「現行犯，不問何人得逕行逮捕之。犯罪在實施中或實施後即時發覺者，為現行犯。有左列情形之一者，以現行犯論：一、被追呼為犯罪人者。二、因持有兇器、贓物或其他物件或於身體、衣服等處露有犯罪痕跡，顯可疑為犯罪人者。」依據此條文，警察對於抗爭群眾於現場有對警察或他人施暴或觸犯刑事法規者，應立即予以逮捕，不需請示上級。

（四）行政法方面

1. 集會遊行法：如集會遊行法第2、6、8、15、23、25、26、28、29、30、31、32、33條之規定。尤其對於第29條之適用時，要注意其構成要件之該當性，才能經得起法院之審查。亦即必須是警察局長、分局長或經分局長明確授權者（如派出所所長）才有權舉牌命令解散群眾，而且對群眾舉牌時，要先舉「命令解散」牌，再舉「制止」牌，才能符合該條文規定：「集會、遊行經該管**主管機關命令解散**而不解散，仍繼續舉行經**制止**而不遵從」之要件。

2. 警察職權行使法：警察職權行使法是警察執行勤務最重要的法律規定，常用的條文有：警察職權行使法第6、7、8條有關對人、車之查證身分與盤查之職權規定；第19、21、25、27、28條第1項有關警察即時強制之職權規定。

3. 社會秩序維護法：常用者為社會秩序維護法第85條第1項第1款：「於公務員依法執行職務時，以顯然不當之言詞或行動相加，尚未達強暴脅迫或侮辱之程度者」；第63條第1項第1款：「無正當理由攜帶具有殺傷力之器械、化學製劑或其他危險物品者。」；以及第64條第1項第1款：「意圖滋事，於公園、車站、輪埠、航空站或其他公共場所，任意聚眾，有妨害公共秩序之虞，已受該管公務員解散命令，而不解散者。」

　　上述社會秩序維護法分則條文，宜配合該法總則第6條有關以書面或口頭解散命令之規定，以及第42條有關逕行傳喚及強制到場之規定，較能產生強勢執法之效果。惟在任事用法上，應加區別社會秩序維護法第64條第1項第1款、集會遊行法第29條，以及刑法第149條等相關條文之構成要件與法律效果之差異處，才能對於違法之聚眾活動行為依法究辦。

4. 其他行政法規

（1）道路交通管理處罰條例第4條有關道路安全設設施之設置與管理之遵守規定，以及第5條有關道路通行之禁止或限制之規定。

（2）行政罰法：行政罰法第34條對現行違反行政法上義務之行為人得為之處置規定。

（3）警察法：警察法第2條有關警察任務之規定。

（4）警械使用條例：警械使用條例第5條有關執行取締盤查勤務時採取之必要措施。

（5）立法院組織法：立法院組織法第31條及立法院警衛勤務規則第3條等有關：於遇有安全維護特殊情況時，應立法院要求，增派警力支援之規定。

（5）地方制度法：地方制度法第51條有關禁止逮捕或拘禁地方民意代表及例外之規定。

（6）特種勤務條例、特種勤務條例施行細則，以及國家安全局特種勤務實施辦法有關特種勤務人員之職權規定。

二、台灣地區警察處理聚眾活動之執法爭議

　　台灣地區自制定及實施集會遊行法以來，即爭議不斷。其爭議之重點在於人民集會遊行的自由權利和社會秩序的維護孰重？不同立場的主張者各執一方之見，譬如人權團體或自由派的學者傾向認為集會遊行的

自由重於社會秩序的維護，且社會大眾及政府應忍受其可能對社會秩序之破壞；而負責維護社會治安的執法人員及保守派的學者則傾向認為：人民集會遊行自由權利之行使，應以不能破壞社會秩序為前提，否則應予嚴格執法取締，以提振公權力及維護公共秩序。上開兩造主張在互不相讓之下，極易造成實際上的衝突，而必須訴求法院裁判或司法院大法官會議作出解釋。

台灣地區司法院大法官會議對集會遊行法實施上之爭議，曾作出了釋字第445號及718號等兩號解釋。但迄今此類之爭議情事仍未完全解決，以及衍生之集會遊行現場之衝突事件仍層出不窮，故對負責執法的警察造成極大的工作負擔與壓力。因此，本節對警察在集會遊法的執法爭議問題加以探討，並提出一些建議供警察執法上之參考。

（一）台灣地區警察處理聚眾活動執法之爭議來源

台灣地區警察依據集會遊行法處理聚眾活動，所產生爭議之主要來源有三，包括人民爭取集會遊行權日益高漲，司法院大法官會議作出二次部分條文之違憲解釋，以及法院對違反集會遊行法案件之審查日趨嚴格等，分述如下：

1. 人民爭取集會遊行權日益高漲

隨著台灣地區政治民主化的發展以來，人民爭取集會遊行的自由權利日益高漲，諸如民間「集遊惡法修法聯盟」即認為：「依據自由民主憲法的基本人權概念，威權時代制定沿用至今的集會遊行法已有諸多部分有違憲之虞，其中至少包括：下列四處[17]：

---

[17] 2015年5月14日檢索自「集遊惡法修法聯盟」布落格（http://blog.roodo.com/right_of_assembly/archives/2473112.html）。該聯盟的成員包括有：台灣人權促進會、司法改革基金會、中華電信工會、教育公共化連線、性別人權協會、綠黨、同志諮詢熱線、環保聯盟、台灣法學會、青年勞動九五聯盟、政大種籽社、反假分級聯盟、台灣國際勞工協會、日日春互助關懷協會、同志參政聯盟、希望職工中心、中學生學生權利促進會……等。

（1）「許可制」有違反比例原則和違憲之虞

　　集遊法第八條規定：「室外集合、遊行，應向主管機關申請許可」，此一許可制規定已侵犯人民憲法第十四條保障之集會自由，且有可能違反比例原則中「必要性」之要求。該「集遊惡法修法聯盟」認為：對集會遊行採事前許可管制，並非一種最小程度的限制，而可採自由報備、事後追懲制即可。

（2）「行政刑罰」違反法律明確性要求，有違憲之虞

　　集遊法第二十九條規定，活動「首謀」經命令解散而不解散，最高可處「二年以下有期徒刑」，如此將行政法規「刑罰化」的手段，其構成要件卻相當模糊，包括同法第二十五條第三款規定：「利用第八條第一項各款集會、遊行，而有違反法令之行為者」，第四款規定：「有其他違反法令之行為者」，此等概括條款，既不明確又過於廣泛，即可使人民無法預見而承受刑罰，該「集遊惡法修法聯盟」認為此已違反大法官四四三、四四五號解釋揭示之法律明確性原則要求。

（3）「缺乏公平救濟管道」違反程序保障要求，有違憲之虞

　　集遊法中賦予警察機關事前許可、且命令解散人民集會遊行之權力，卻無相同公平救濟之管道。集會申請經拒絕後，雖可申復，但申復之審查仍由警察機關單方面為之，此種制度設計違反程序保障，非憲法之所許。

（4）「禁制區」違反比例原則，有違憲之虞

　　集遊法第六條規定「總統府、行政院」、「法院」、「國際機場、港口」、「重要軍事設施」、「外國使館與代表機構」、「官邸」……等地區，不論集會遊行和平與否，一律禁止，連申請許可之機會皆無，該「集遊惡法修法聯盟」認為：「此不合比例原則之必要性與衡平性要

求，完全剝奪人民向上述機關和平集會訴求之權利。特別是「總統府、行政院」等作為民主政治中的擔負責任政治的行政機關，其周圍卻不允許人民集會遊行向其表達意見，已違反了民主政治的基本原則，不合我國憲法保障基本人權之要求。」

2. 司法院大法官會議作出二次部分條文之違憲解釋

（1）於1998年1月23日作出釋字第445號解釋

該445號之解釋文為：「憲法第十四條規定人民有集會之自由，此與憲法第十一條規定之言論、講學、著作及出版之自由，同屬表現自由之範疇，為實施民主政治最重要的基本人權。國家為保障人民之集會自由，應提供適當集會場所，並保護集會、遊行之安全，使其得以順利進行。以法律限制集會、遊行之權利，必須符合明確性原則與憲法第二十三條之規定。集會遊行法第八條第一項規定室外集會、遊行除同條項但書所定各款情形外，應向主管機關申請許可。同法第十一條則規定申請室外集會、遊行除有同條所列情形之一者外，應予許可。其中有關時間、地點及方式等未涉及集會、遊行之目的或內容之事項，為維持社會秩序及增進公共利益所必要，屬立法自由形成之範圍，於表現自由之訴求不致有所侵害，與憲法保障集會自由之意旨尚無牴觸。集會遊行法第十一條第一款規定違反同法第四條規定者，為不予許可之要件，乃對「主張共產主義或分裂國土」之言論，使主管機關於許可集會、遊行以前，得就人民政治上之言論而為審查，與憲法保障表現自由之意旨有違；同條第二款規定：「有事實足認為有危害國家安全、社會秩序或公共利益之虞者」，第三款規定：「有危害生命、身體、自由或對財物造成重大損壞之虞者」，有欠具體明確，對於在舉行集會、遊行以前，尚無明顯而立即危險之事實狀態，僅憑將來有發生之可能，即由主管機關以此作為集會、遊行准否之依據部分，與憲法保障集會自由之意旨不符，均應自本解釋公布之日起失其效力。集會遊行法第六條規定集會遊

行之禁制區，係為保護國家重要機關與軍事設施之安全、維持對外交通之暢通；同法第十條規定限制集會、遊行之負責人、其代理人或糾察員之資格；第十一條第四款規定同一時間、處所、路線已有他人申請並經許可者，為不許可集會、遊行之要件；第五款規定未經依法設立或經撤銷許可或命令解散之團體，以該團體名義申請者得不許可集會、遊行；第六款規定申請不合第九條有關責令申請人提出申請書填具之各事項者為不許可之要件，係為確保集會、遊行活動之和平進行，避免影響民眾之生活安寧，均屬防止妨礙他人自由、維持社會秩序或增進公共利益所必要，與憲法第二十三條規定並無牴觸。惟集會遊行法第九條第一項但書規定：「因天然災變或其他不可預見之重大事故而有正當理由者，得於二日前提出申請。」對此偶發性集會、遊行，不及於二日前申請者不予許可，與憲法保障人民集會自由之意旨有違，亟待檢討改進。集會遊行法第二十九條對於不遵從解散及制止命令之首謀者科以刑責，為立法自由形成範圍，與憲法第二十三條之規定尚無牴觸。」

（2）於2014年3月21日作出釋字第718號解釋

　　該718號之解釋文為：「集會遊行法第八條第一項規定，室外集會、遊行應向主管機關申請許可，未排除緊急性及偶發性集會、遊行部分，及同法第九條第一項但書與第十二條第二項關於緊急性集會、遊行之申請許可規定，違反憲法第二十三條比例原則，不符憲法第十四條保障集會自由之意旨，均應自中華民國一○四年一月一日起失其效力。本院釋字第四四五號解釋應予補充。」

　　在司法院大法官會議作出上述兩號解釋之後，已使得現行的集會遊行法的正當合法性大幅下降，無論朝野各黨幾乎形成「集遊法是惡法」的共識。然而，該部有很大爭議的法律一直找不到修法的共識，遲遲無法透過立法院完成修法。尤有甚者，警察機關在新的集遊法尚未修正完成前，仍高度依賴現行的集遊法在處理聚眾活動。不過，警察取締違反

集遊法的案件移送到地方法院檢察機關及法院審理時，卻常被以「不起訴處分」或「無罪判決」收場，致令第一線負責執法的警察對於聚眾活動的處理無所適從。

3. 法院對違反集會遊行法案件之審查日趨嚴格

由於前述人民日益要求保護集會遊行權利，以及大法官會議對集遊法作出二次合憲性審查後，社會大眾更加期待警察在集會遊行法的執法上能多所節制。因此，地方法院檢察署和法院在審理集會遊行案件時趨向嚴格。

經統計發生聚眾活動最頻繁的台北市政府警察局中正第一分局自2008年至2013年計五年期間，針對違反集會遊行法等違法案件移送法辦者共34件，其中已作出司法判決之案件共27件，除2件判決有罪、2件屬社秩法案件不罰、1件免刑、1件停止審理申請釋憲、1件緩起訴外，餘均予不起訴之決定（于增祥，2013：91）。為何警察移送到地檢署的集會遊行違法案件，大多遭到檢察官不起訴的處分？根據新竹地檢署檢察官林俊廷在一項警政管理的圓桌論壇說出了原因（警政論叢編輯委員會，2014：18-19）：

> 有關集會遊行法的本質跟功能，……現在法律學者主流意見就是比較自由派的意見，儘可能的賦予集會、言論自由最大限度的保障。……。但是，集會遊行本身除了代表著一方的言論自由以外，它本身還有基本權的衝突的問題。（例如）影響到平常用路人的交通權利、會影響到店家營業的權利。……。當基本權發生衝突的時候，……，警察一定要介入處理這個事情，只是說警察介入的角度，應該界定為調和，警察只是第三人的崗位，不要介入以後，反而變成全部人攻擊的對象。……。有關於司法實務處理集會遊行案件的情形，案子大部分移送到地檢署來，檢察官想

盡辦法將被告做不起訴處分，即使有一些案件檢察官起訴到法院以後，法院想盡辦法讓被告判無罪，結論就是違反集遊法移送到地檢署或法院，最後都是不起訴或無罪。

（二）台灣地區警察處理聚眾活動執法之主要爭議點

由於上述集會遊行法之爭議來源，故現行集會遊行法存在的正當合法性一直備受質疑，導致警察處理集會遊行活動的相關執法，亦產生下列爭議點。

1. 警察處理集會遊行活動，應以安全秩序為重，抑或以保護人民集會遊行權利為重？

集會遊行法第一條即明示：「為保障人民集會、遊行之自由，維持社會秩序，特制定本法。」以及第二十六條規定：「集會遊行之不予許可、限制或命令解散，應公平合理考量人民集會、遊行權利與其他法益間之均衡維護，以適當之方法為之，不得逾越所欲達成目的之必要程度。」可見警察在處理集會遊行活動時，應兼顧人民的自由權利與公共的社會秩序。然此二者在實際上很難兼顧，則當相互衝突時，究應以何者為重，是一個很重要的爭議點。

「動員戡亂時期集會遊行法」於1988年1月20日公布施行之初期在「治安重於人權」，「法安定重於正義」的理念被刻意強化的時空環境下，象徵意義大於實質意涵，行使該項權利者，往往被評價為陰謀、暴力別有用心之壞分子。時至今日，大多數人已能體會，集會、遊行是憲法保障之自由與權利，是實現民主的重要機制之一（李震山，2009a：283）。因此，「警察機關思考最大困境是，「維護公共安全與秩序」的價值優先於「人權保障」的價值，並以之作為警察存在之正當性基礎，且內化在各種警察法令規範中。然而，憲政主義下價值觀是，個人基本權利獲充分保障，安全秩序方得以確保。警察對此種觀點應予以理

解並尊重,並培養自我調整之寬容態度(李震山,2009b:21)。」所以,警察人員若執意以治安重於人權來處理集會遊行活動時,勢必會與群眾產生觀念和行為之衝突。

2. 派出所所長或個別員警是否可代表集會遊行的主管機關(警察分局)遂行職權?

依集會遊行法第三條之規定,集會遊行的主管機關係指集會、遊行所在地之警察分局或警察局。然而分局轄下之派出所所長或個別員警是否可代表主管機關警察分局遂行集遊法之職權?由於法院對警察送辦之集會遊行案件的審查日趨嚴格,故已有若干司法判決集會遊行的主管機關不得將該法定權限授權給其他單位。例如臺灣台北地方法院98年度易字第1707號對李明璁抗議陳雲林的案件判決無罪的理由,即是認為當時解散李明璁的是忠孝東路派出所的所長,所以法院認為這是不合法的解散命令。

又如於2014年5月間,臺灣新北地方法院對「三峽區三鶯部落自救會」等非法集會遊行案件撤銷原判決,作成102年度簡上字第400號判決,改判被告無罪的理由為:「本案集會活動所在地之警察分局為新北市政府警察局海山分局,依集會遊行法規定,有權為警告、制止、命令解散之處分者,為新北市政府警察局海山分局分局長。……,然海山派出所所長甲○○當時並無無法報請新北市政府警察局海山分局分局長依現場情況具體明確指示行政處分之困難,新北市政警察局海山分局分局長僅於事前概括授權海山派出所所長,尤其視現場情形,遂行決定於上開時、地舉牌並下達警告、命令解散、制止之行政處分,揆諸前開說明,即難認該行政處分係屬合法有效。」因此,警政署函頒新作法,亦即於警察分局長因故未在現場時,分區指揮官應以電話報告現場聚眾及違法狀況,請求分局長作成決定,於分局長作成決定後,再以舉牌或宣讀該解散命令係分局長之決定,向現場群眾或負責人通知,使相對人知

悉（李憲人，2014：5，24）。由此可見，法院與警察機關對行政組織是否一體的認知有極大落差，法院並以此作為嚴格審查集會遊行案件之著力點，易引起警察、集會遊行被訴者和社會大眾對法院見解之疑義。

3. 警察處理集會遊行案件的權限有多大？警察的角色是否混淆？

　　警察處理集會遊行案件的法定權限及裁量權限可以有多大？此似與法律制度之設計，以及社會大眾對警察執法之信任程度有關。依現行集遊法之規定，警察分局或警察局是集會遊行的主管機關，被賦與集會遊行申請案件的許可與不予許可權（第11條）和申復處理權（第16條），以及在事中階段具有警告、制止及命令解散之下命處分權和強制處分權（第25條）。甚至，警察對未事先申請，但現場和平進行的集會遊行案件，可視為非法之集會遊行而經予完成命令解散和制止之程序後，依首謀罪嫌移送法院究辦科以刑罰（第29條）。

　　上述警察處理集會遊行之權限規定，賦與警察很大的裁量權限，一旦警察未依比例原則或平等原則作執法裁量的話，極易使警察暴露在「執法不公」的批評之下，造成現場警民的衝突（蔡震榮，2010：213）。再者，集會遊行之許可機關與執行機關同屬警察，警察機關有許可、不予許可、撤銷許可、變更許可及強制處分等權力，造成角色混淆，常使警察機關陷於不必要之政治抗爭中，無法保持其「行政中立」之角色，甚至模糊原本抗議或訴求之主題，與警察機關毫無相干之集會遊行事件，常演變成警民衝突，實因警察機關扮演抗爭性集會遊行活動之事前審查許可機關，若處理稍有不慎，或抗爭群眾刻意轉化，警察機關則常成訴求抗爭之「代罪羔羊」（李震山，2009a：317-318）。由此可知，有關警察處理集會遊行案件的法定權限及裁量權限之爭議很大。

4. 警察集會遊行執法的程序要件及實質要件為何？

　　集會遊行法第25條、28條及29條有關命令解散和制止二者的規定，

其次序不同，因此，現場警察對非法集會事件之處理，究應先下命解散命令處分，或下命制止處分，常有爭議；又制止之處分性質究屬下令處分，或是強制之制止行為？又若制止是屬下令處分時，則該下制止處分之情境要件為何？警察如何視現場情況作合乎比例原則之下令處分？又舉牌之間隔時間多長，是否能讓所有群衆看見？這些都是警察在集會遊行執法的程序要件問題，因警政署並無一套裁量基準可供參考，致各地警察機關執法之寬嚴不一，易引起適法之爭議。此外，有關集遊法或社會秩序維護法中違法（序）行為之構成要件如「首謀」、「意圖」及「不解散」、「不遵從制止」等法律概念之實質意涵亦有爭議，常造成地檢署不起訴或法院判決無罪之關鍵理由。

綜合上述，台灣地區目前實施中之集會遊行法是一部備受爭議的法律，致令警察在執法過程遭致諸多困境。例如：警察處理集會遊行活動，應以安全秩序為重，抑或以保護人民集會遊行權利為重？派出所所長或個別員警是否可代表集會遊行的主管機關（警察分局）遂行職權？警察處理集會遊行案件的權限有多大？警察的角色是否混淆？以及警察對集會遊行執法的程序要件及實質要件為何？均有待警察機關、立法者、司法裁判者及社會大衆等設法解決，才能使該部法律能達到其保障人民集會遊行之自由權利及維持社會秩序的立法之雙重目的。

綜上，警察機關處理聚衆活動的職權法制確存在很大的爭議，然在新的集會遊行法制尚未完成修正之前，警察在處理聚衆活動時，宜秉持下列幾個有關民主法治精神的大原則：

（一）警察人員應具有民主法治素養，以「憲法優先」為原則

尊重憲法及大法官會議解釋之精神，積極主動研修相關法制，並研商訂定警察處理集會遊行之裁量基準，提供全體警察人員作為執法的參考準則。

（二）警察機關、人員應抱持「人權與治安並重」的理念

均衡看待集遊法之立法目的，勿因偏重治安而忽略人權，亦勿因有

人權主張而怠於維護治安。

（三）警察執法應「程序與實體並重」

在程序方面，應修法將集會遊行的主管機關、執法機關與申復機關之角色分開，期使警察能依法而中立地執法；在實體方面，相關的不確定法律概念如「首謀」等，應予澄清並充分提供佐證，以利符合法律條文之構成要件。

（四）警察處理聚眾活動，應以「保障和平、制裁暴力」的原則執法

尤其對未申請但和平集遊之處理宜採柔性方式為主，以符公民政治公約21條之精神。至於剛性與柔性執法方式之選擇與使用時機之判斷，應秉持警察的專業知識、技能與執法倫理，視現場狀況作彈性的權變處理，以符合社會大眾之期待，贏得民眾之信任。

第二節　警察處理聚眾活動的執法原則與作業程序

警察處理聚眾活動雖有上節所述之正式職權法制作為執法的依據，但第一線的警察在實際的執法過程中，面對瞬息萬變的現場狀況，必須及時而正確地作出執法的裁量，才能確保執法的品質及有效的執法。因此，警察機關有必要訂定一套簡明的處理聚眾活動的執法原則，作為警察裁量的準則。又為確保個別警察裁量的品質及執法標準的一致性，警察機關亦須訂有處理聚眾活動的標準作業程序，以供員警遵循。例如，美國警察機關訂有警察執法準則與程序（policy and procedure）的黃皮書（yellow book），作為警察執法的遵循標準。茲分述警察處理聚眾活動的執法原則與作業程序如下：

一、警察處理聚眾活動的執法原則

警察處理聚眾活動的執法原則，主要依據群眾是否出現暴力行為

而定，若有群眾暴力行為出現，警察應採取強勢「控制群眾」的執法模式；反之，或群眾的行為表現是和平的，則警察應採取柔性的「管理群眾」的執法模式。

首先，對於聚眾活動現場已失序且有騷動或暴力行為出現時，警察應採強勢「控制」群眾的執法原則。而且，曾服務於美國舊金山市警察局，富有30年處理數百場大型聚眾活動經驗的退休上尉Charles Beene（2006）認為：欲有效「控制」群眾，可採取「SAID」原則[18]，包括迅速（Speed）原則、強勢（Aggressiveness）原則、中立（Impartiality）原則，以及果斷（Decisiveness）原則等四者。

（一）迅速原則

意指警察愈能迅速制止群眾的初步騷動，就愈能達到制止的效果，因為能制亂於初動，才不會將少數人騷動的情緒感染給周遭的其他群眾。因此，所有員警應抱持著「友善而堅定」（friendly but firm）的執法立場，對於公開對警察嗆聲的群眾，在柔性警告無效時，必須立即將其帶離現場。因為警察對執法的權威遭受到挑戰時，應採取「零容忍」（zero tolerance）的執法態度，此即處理聚活動的「迅速原則」。

（二）強勢原則

意指警察對於群眾暴力的行為，絕不寬貸。警察必須主動展現將迅速且強勢對付暴力行為的決心，例如美國舊金山市警察局警察制服的臂章即繡有「和平是金，暴力是鐵」（Oro en Paz, Fierro en Guerra,; Gold in Peace, Iron in War）的核心價值。意謂：「如果你對警察好，我們就對你好；如果你撒野動粗，我們也會以牙還牙。」這就是處理聚眾活動的「強勢原則」。

---

[18] 此「SAID」原則係取其四個小原則的第一個英文字母拼成而得。

（三）中立原則

　　意指警察對於任何階級、行業、種族及地區的市民均不能差別對待之情事，應秉持中立之原則。尤其在處理兩造雙方有衝突的聚眾活動時，絕不能接受任何一方的任何好處，以免被誤解為偏袒某一方，此即處理聚眾活動的「中立原則」。

（四）果斷原則

　　意指警察在與群眾對峙一段時間後，由於群眾有「極化」的心理現象，群眾會把不滿的情緒矛頭指向警察發洩，漸漸出現零星的挑釁動作，例如向警察拋擲飲料瓶或石子等。此時，警察要有很高的警覺性與果斷的反應，立即制止此種挑釁的行為，否則群眾會將挑釁警察的行為升高為攻擊警察的行為，結果原來只是不安的群眾，卻因警察的反應遲鈍，而迅速地質變為憤怒、敵對、暴力及暴動的群眾。

　　上述控制聚眾活動的「SAID」原則，強調警察對於群眾的情緒與行為要及時掌握，並於第一時間作出反應。尤其對於群眾的嗆聲、挑釁，甚至暴力的行為之處理，應重以「慎始」和「慎微」的心態，作出迅速、強勢、果斷且中立的反應，才能有效控制群眾。

　　其次，如果群眾的行為表現很和平的話，就應採取「群眾管理」的模式，而非一成不變地採取「群眾控制」的模式。前者係以「參與」的方式管理群眾，後者係以「獨裁」的方式控制群眾。因此，Beene（2006）認為：警察對於處理群眾活動的模式，以及管理群眾模式的裁量，完全取決於群眾的行為表現而定。如果群眾的行為是和平的、在街上散步的、不遵守交通號誌的、喧鬧嬉戲，或只是零星的衝突時，警察應採取「群眾管理」的模式；反之，如果群眾行為表現出「打完就跑」（hit-and-run tactics）、抵抗警察、攻擊警察或全面的暴動時，警察則應採取封鎖（containment）、驅散（dispersal）及逮捕（arrests）等手段的

「群眾控制」之模式（如圖5-1所示）。

上述以群眾行為表現是否出現暴力，來作為警察採取「群眾控制」或「群眾管理」模式的依據，是一套很清晰且很簡單易行的執法原則。警察若能遵循此執法原則，並且採取合法的、公平的，以及有效的執法戰術，來處理聚眾活動的話，應能有效維持公共秩序及保障人民集會遊行權利。此執法原則與台灣地區警察處理聚眾活動的原則：保障合法、取締非法、防制暴力，依法行政，以及行政中立等原則大同小異。惟筆者認為警察處理聚眾活動的執法原則，宜以群眾是否有「暴力」行為作為警察裁量之準據，較為具體明確，同時亦能符合「公民與政治權利國際公約」第21條有關保障和平集會之規定。反之，若以群眾活動是否「合法」來作為警察反應之準據時，則易出現裁量的困境。例如，一個

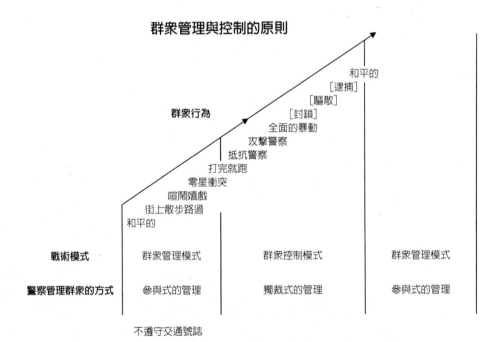

圖5-1：「群眾控制」與「群眾管理」模式的轉換

資料來源：Beene, Charles, 2006, Riot *Prevention and Control: A Police Officer's Guide to Managing Violent and Nonviolent Crowds*, Boulder, Colorado: Paladin Press. P.25

合法申請的集會遊行活動，若有少數群眾有暴力行為時，警察仍應立即加以控制；又如一個未經申請核准的非法集會遊行活動，若參與的群眾均以和平理性的方式進行時，警察仍應以柔性的「管理」群眾方式處理之，不宜以「取締非法」的原則強力取締之，始符合警察執法的比例原則及「公民與政治權利國際公約」的精神。

綜合言之，警察處理聚眾活動的執法原則是：以柔性執法的模式管理群眾的和平行為；以強勢執法的模式控制群眾暴力的行為（如圖5-2所示）。然因實際執法之情境瞬息萬變，警察應敏銳地察覺到不同模式轉換的分叉點（bifurcation point）或突破點（break-points）的瞬間，並果斷地轉換（switch）為不同的執法模式，才足以御變。尤其當聚眾現場秩序有惡化的跡象時，警察迅速果斷地採取強勢的執法模式，才能「制亂於初動」，避免群眾擴大事端而演變成難以收拾的局面。

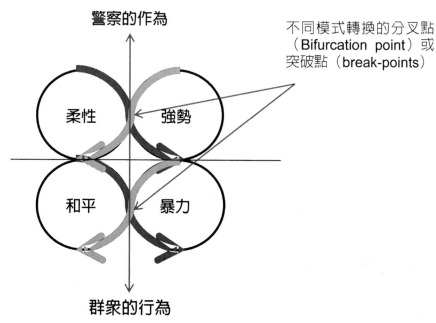

圖5-2：警察處理聚眾活動的執法原則

資料來源：本書作者繪成

二、警察處理聚眾活動的作業程序

　　警察依據法律規定及執法原則處理聚眾活動時，為防止因個別警察人員在執法裁量上的偏差，以及提昇警察處理上之專業能力，故有必要訂定一套標準化的作業程序，以供執法人員遵循。茲舉台北市政府警察局於2015年新修訂的〈臺北市政府警察局執行集會遊行活動標準作業程序（SOP）〉為例，說明警察局和警察分局 在期前、期中和期後各階段之標準作業程序如下：

（一）期前：

　　1. 策定計畫（規劃表）

　　　　依群眾多寡、屬性及地區狀況等因素，評估危安風險高低，據以研擬「安全維護工作計畫（規劃表）」，預擬狀況處置腹案，妥適規劃勤務部署。

　　2. 警力及裝備整備

　　　（1）警力依危安預警情資規劃勤務部署，並視狀況編排女警編組，惟警力應撙節使用。

　　　（2）各項通信、滅火器、擴音器、運輸、阻材等裝備整備事宜。

　　　（3）分局警力、裝備不足部分，向警察局或內政部警政署申請支援，支援警力應受現場指揮官之指揮、監督。

　　3. 指定專責發言人

　　　　如發生違法、脫序等事件時，警察局或分局應由專人即時對外發言，說明處置情形。對不實報導，應即澄清，以正視聽。

　　4. 規劃媒體聯絡員

　　　　編排穿著「媒體聯絡」背心之人員，作為警方與現場媒體之聯繫管道，提供媒體相關資訊

　　5. 建立聯繫通報窗口

　　　（1）三線通報機制：主官、業務、勤指系統。

（2）與市政府及相關單位（管轄法院檢察署、內政部警政署），
　　建立聯繫通報窗口。

（3）與活動主辦單位建立聯繫窗口，掌握活動流程進度。

6. 狀況初報

　　視活動狀況，彙整概況初報市政府及內政部警政署。

7. 發布新聞稿（期前）

　　期前發布集會處所、遊行路線、交通疏導管制等新聞稿，籲
請市民避開管制路段。

（二）期中

1. 成立聯合指揮所（警察局或分局）

　　成立作業幕僚群，負責通報、聯繫及紀錄等事項，並協助指
揮官（局長或分局長）各項狀況處置作為。

2. 落實勤前教育

　　使各執勤員警了解責任分區、職責、執勤技巧及各項管制作
為之法令依據。另提醒員警注意服務態度，避免造成誤解，以符
合法令及人權兩公約相關規定。

3. 勤務部署、狀況處置

　　依照計畫（規劃表）到崗執勤，並視狀況機動調整警力
部署。

4. 設置媒體聯絡員

（1）主動與現場採訪記者建立聯繫方式。

（2）做好媒體與指揮官溝通、協調之聯繫工作。

5. 狀況處置及回報、續報

　　遇有突發狀況應即時處置，全程完整蒐證，確保合法集會遊
行活動順利進行，並將處置情形回報聯合指揮所。

6. 發言人視狀況對外說明或發布新聞稿（期中）。

7. 現場違法、脫序行為

（1）刑事案件

　　　刑事案件依刑事訴訟法等相關規定辦理，並由管轄法院檢察署檢察官指揮偵辦。在不違反「偵查不公開原則」下，隨時將狀況向指揮官或相關長官報告。

（2）非刑事案件

　　甲、現場狀況尚屬平穩：依集會遊行法相關規定辦理。

　　乙、現場狀況升高時：係指群眾持續聚集，影響政經運作，或明顯妨礙市民生活機能。警察局聯合指揮所提升為府級開設，市長或其指定代理人擔任指揮官、副市長為副指揮官，組員由本府法務局、環保局、消防局、交通局、工務局、觀傳局、秘書處及警察局各相關科、室、中心主官（管）編成，進駐聯合指揮所（開設地點：警察局），視現場狀況再通報內政部警政署及市府其他相關局處。依據地方制度法第18條第11款及公務人員服務法規定，市長為指揮官，指揮監督集會、遊行活動現場狀況處置（含採取強制力作為及時機等）。

（三）期後

　1. 恢復交通秩序

　　　活動結束，應回復原狀，確保人、車通行安全無虞後，始得收勤。

　2. 清點人員裝備

　　　檢視人員有無受傷，車輛及裝備有無耗損後歸建。

　3. 狀況結報

　　　活動結束，視狀況結報市政府及內政部警政署。

　4. 發布新聞稿（視狀況）

　　　警察局或分局適時對出勤警力、群眾活動及狀況處置等，發

布新聞稿。若屬重大集會、遊行活動，且狀況升高時，視狀況由
市政府指定發言人，並對外發布新聞稿。

5. 檢討策進（視狀況）

　　針對勤務執行優缺點，適時召開檢討會議，俾利檢討策進。

　　上述標準作業程序之內容已完整地列出聚眾活動期前、期中及期後
的重要具體工作事項，且可依一般和重大集會、遊行活動之不同狀況，
作必要的處理。此外，警察機關處理聚眾活動尚須注意下列作業程序：
（1）各分局受理申請集會遊行案件在核准前，最好通報警察局保安科
承辦人，查詢是否有其他分局亦有相衝突性之集會遊行活動之申請；
（2）研擬「安全維護工作計畫（規劃表）」時，應主動向申請人探詢
活動資訊，及蒐集有關場地、交通和治安情資。必要時，召集相關單位
人員至現地實施地形、地物之勘察；（3）在警力整備上，應注意支援
警力的報到與接收，並透過各指揮層級的勤前教育，讓現場分（小）區
指揮官與屬員相互認識，以落實勤務指揮鏈的高效運作；（4）在期中
狀況處置之作為中，應加強與警察機關具有垂直與水平關係的其他機關
或單位的協調聯繫，必要時警察機關尚須與民間企業或非營利組織連
絡、尋求配合與支援，以利共同治理聚眾活動的危機狀況。（5）上述
程序雖規劃媒體聯絡員，作為警方與現場媒體之聯繫管道，惟尚須規劃
與群眾溝通談判的聯絡員，以作為警方與群眾的溝通管道，以利降低警
察與群眾間之衝突與對峙的程度。

第六章　聚眾活動處理的戰術運用與現場處置

　　本書第四章第二節已探討警察處理聚眾活動的「戰略」，本章接續探討其「戰術」。戰略的範圍較廣，強調整體的佈局，且能指導戰術；而戰術的範圍則以現場為主，強調局部的優勢，且是戰略成功的要件。因此，戰略與戰術二者需相輔相成，緊密結合。

　　又警察的任務與軍隊不同，警察面對的群眾不是敵人，警察處理的現場也不是戰場。所以，本書僅參考軍事上戰略與戰術思維於聚眾活動的處理上，但實際作為仍需以警察的任務與價值為中心。本章共分三節，包括分區、分級負責與區塊部署警力、現場指揮與隊形運用，以及現場處置與強制執法等警察勤務上的戰術。

第一節　分區、分級負責與區塊部署警力

一、分區、分級負責

　　台灣地區警察處理聚眾活動的經驗法則，是採分區負責為主。因為大型聚眾活動的群眾人數眾多，範圍較廣，單一警察分局的警力無法承擔安全維護之責。於是採取分區負責的方式，每一個分區劃由一個分局負責，分局長擔任指揮官，負責指揮該分區的警力。各分區的警力人數，視狀況需要配置（謝秀能，1994）。

　　英國警察處理聚眾活動，亦採分區負責方式，並律定各分區及小區

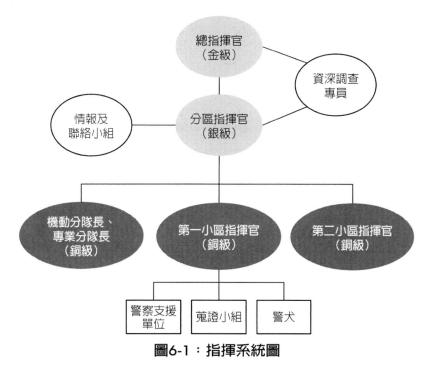

圖6-1：指揮系統圖

資料來源：Harfield, Clive, 2013, Blackstone's Police Operational Handbook: Practice and Procedure, Oxford: Oxford University Press. 576

之指揮官層級分別為銀級和銅級（如圖6-1所示）。英國警察處理聚眾活動的指揮結構分為三級：金級的總指揮官、銀級的分區指揮官及銅級的小區指揮官。每一個小區配屬若干警察支援單位（每單位有1名小組長，3位小隊長，18名警員）、蒐證小組及警犬，然後若干的小區再組成分區（Harfield, 2013: 576）。因此，每一個小區都能各自發揮獨立執法之功能，不需層層請示。

　　綜上，警察處理大規模的聚眾活動，動用眾多警力時，依照官僚組織（bureaucracy）的層級節制（hierarchy）及分區水平分工的原則，劃分不同層級及不同區域的任務編組，是合乎理性的設計。此類官僚化的組織的最大好處，是可以有效率地完成大而複雜的任務，讓指揮體系如臂使指般地有效運作。

二、區塊部署警力

　　警察處理大型聚眾活動在警力部署上，採取區塊部署如「田」字型方塊的部署，可用以區隔現場民眾，並且可以警戒、監控四面八方的群眾，確實掌握群眾的動態（謝秀能，1994）。當然，此區塊部署的型式可依實際需要，採取不同的型式，包括「田」字型、「井」字型、「十」字型，甚至採同心圓型式之區塊部署警力。區塊部署警力的最大好處是可以隔離相敵視的不同群眾，譬如在台灣地區公辦政見發表會場中，有不同候選人之支持者常發生衝突；在英國或其他歐洲國家足球賽場中，為不同球隊加油的觀眾亦常因球賽勝負而大打出手等狀況，確有需要採用區塊部署警力或設阻絕器材，將群眾自然地隔開，可以有效地預防群眾間的衝突。

　　至於採同心圓型式之區塊部署的最大好處，是可以增加保護對象或保護區域的縱深部署，防止被群眾突破。例如，特種警衛勤務的部署方式大多採內衛區、中衛區及外衛區之同心圓部署方式；舉辦重大的國際賽事（如奧運會）對選手之安全維護亦多採此種同心圓之縱深部署，以比賽場館為最內圈，往外延伸到選手村、市區、郊區，甚至到省區邊界等外圍區域。

　　在當今流行以「非暴力抗爭」手段侵入行政官署的聚眾活動中，欲作好抗爭目標機關之安全維護，可以用同心圓安全維護概念，作好基礎防禦。亦即依情資及狀況分析，以安全維護目標（被抗爭對象）為圓心，往外推至外圈的同心圓區域，實施現地勘察，並依地形地物及危害產生的方向與方式，採同心圓之原則部署警力。並依被陳抗機關之安全及周邊交通秩序疏導等重點，研擬對策，據以擬定勤務計畫，劃定分區及責任地境。並依危安程度不同，配置必要之阻絕器材，派遣警力執行管制、封鎖、警戒任務，防止群眾侵入破壞政府機關（于增祥，2015）。

　　上述區塊部署警力係以縱深部署方式為之，可分為內圍、中區及外圍區域。內圍之分區較為複雜，所以採田字方塊方式部署充分的警力以區隔群眾；至於內圍外之中區，因其分區範圍較大且無如內圍區域複雜，故可採小隊（三網十二人）巡邏組之方式，在分區周邊機動巡邏，適時處理各種突發之違法或暴力狀況，又以小隊編組巡邏，可避免個別員警因落單而被群眾攻擊之情事；至於外圍之重要道路出入口，為過濾及嚇阻可疑暴力份子攜帶危險物品進入內圍區鬧事，故應於外圍路口設置路檢點，加強人車之盤查與檢查。如此，內圍有優勢之田字警力部署、中區有小隊巡邏勤務，以及外圍有路檢組實施人車檢查，形成了縱深的警力部署。此不僅可避免往昔因警力部署集中在外圍，對場內滋事份子無法掌握；或因警力部署集中在內圍而任由外圍不法滋事份子恣意攻擊、破壞，無法適時制止或逮捕之窘境（謝秀能，1994）。由此可知，警察處理聚眾活動的警力部署方式，乃為重要的戰術之一。

第二節　現場指揮與隊形運用

　　警察處理聚眾活動的現場指揮與隊形之運用，對於群眾之能否有效控制，至關重要。本節分指揮系統的建立、指揮官的指揮要領，以及控制群眾的鎮暴隊形等段落探討之。

一、指揮系統的建立

　　上述英國警察在處理聚眾活動的現場，係採金、銀、銅三級的指揮系統（如圖6-1），各級指揮官的權責均有清楚的律定。金級指揮官（相當警察局長職務）負責全盤策略的（strategic）擬定及決心的下達，強調「要達成什麼樣的任務」；其次，銀級指揮官（相當分局長職務）的職責是：負責戰術的（tactical）決定，亦即強調「如何才能達成策略

的目標」;至於銅級指揮官(相當派出所所長職務),則負責各項戰術性的勤務(operational)之執行,強調的是「行動」(action)。上述銀級指揮官在現場必須佩戴灰色的肩章,銅級指揮官則必須佩戴黃色的肩章,以利識別(Harfield, 2013: 575)。在現場負責不同業務之員警亦佩戴不同顏色的肩章,此作法值得其他國家地區學習。

二、指揮官的指揮要領

(一)應迅速而果斷下決定

指揮官在現場必須就現有狀況與情報,迅速而果斷地下決定。譬如到達現場,先緊急下令封鎖或管制現場。若有新資訊進來,再修正所下的決定。因為群眾的非理性行為,像野火般會很快延燒開來,若不及時下決定作處置,將有嚴重的後果。例如,發生在1992年美國洛杉磯市的暴動事件,由於最高指揮官下令警察撤出暴動現場,等數小時後才作有組織的反應,造成難以收拾的結果(Beene, 2006)。聚眾活動處理的成敗的關鍵因素是:指揮官執法決心與勇氣,如果不能當機立斷,指令模糊不清,將導致部屬無所適從,整體戰力潰散(李金田,2007)。又例如,台灣地區於1977年發生的「中壢事件」,當時群眾聚集在中壢分局時,所能指揮的警力只有三百餘人,於暴亂初起之際,未能及時施行制壓,迨群眾集結至數千人之後,業已喪失主動時機(張榮春,1990)。

(二)現場指揮之經驗法則

指揮官應遵守下列九條重要的經驗法則,避免重蹈覆轍(Beene, 2006: 39):

    1. 正確估計群眾人數及其情緒;

    2. 訂有動員警力的計畫;

    3. 及早到達現場;

4. 定調執法的原則為：友善、公正，但堅定不移（friendly, fair, but firm）。

5. 指示相關友軍注意事項；

6. 通知媒體有關新聞報導的規則；

7. 建立安全的補給路線，確保後援警力能安全地會合；

8. 建立一套逮捕暴力分子的計畫；

9. 備妥至少兩套應急的處置計畫，一套是替代方案，另一套是應變計畫。

（三）指揮官在現場的時間分配原則

　　百分之四十用於蒐集情報；百分之四十用於現場的指揮與授權；百分之二十用於處理臨時事故、向媒體和長官報告。由於指揮官用在現場的指揮只有百分之四十，所以必須隨身攜帶指揮官現場處置的檢核表，包括下列項目：勤務命令、指揮位置、小隊動員、群眾管理、群眾控制、大量逮捕的程序、相互救援計畫、媒體公關，以及市政府應急計畫等九項（Beene, 2006: 39），提醒自己要把有限的時間專注在現場的處置上。例如，台灣地區於1977年發生的「中壢事件」時，因仍處於戒嚴時期，所以上級機關對地區警察局之限制過嚴，現場指揮官不但未能適應現場狀況之變化，採取獨斷獨行之措施，且各級長官查詢狀況電話，絡繹不絕。答詢報告，幾無間斷，更無法讓其瞭解狀況，考慮應變行動之餘暇（張榮春，1990：164），終導致淪於失控的境地。

三、控制群眾的鎮暴隊形

　　警察控制群眾的隊形的編組單位，以小隊（squad）為基本單位，每一個小隊由1名小隊長（sergeant）和7至10名警員（officer）組成；每4個小隊組成1個分隊（platoon），包括1名分隊長（lieutenant）、4名小隊長和28至40名警員；每4個分隊再組成中隊（company），每4個中隊再

組成1個大隊（regiment）（Beene, 2006）。而警察鎮暴隊形大多以小隊和分隊最為常用。各個隊形說明如下：

（一）小隊正面隊形（如圖6-2所示）：主要用於移動或管制少數的
群眾。

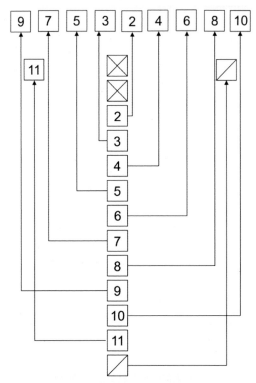

圖6-2：小隊正面隊形

資料來源：Beene, Charles, 2006, Riot Prevention and Control: A Police Officer's Guide to Managing Violent and Nonviolent Crowds, Boulder, Colorado: Paladin Press. P.50

說明：1.小隊正面隊形是由小隊縱隊隊形變換而來。

2.☒表示小隊長，◸表示在警力許可時，增置於小隊的一名警員。

（二）小隊梯形隊形（如圖6-3所示）：主要用於引導、移動群眾離開
　　某建築物、人行道等處，並予淨空該區域。

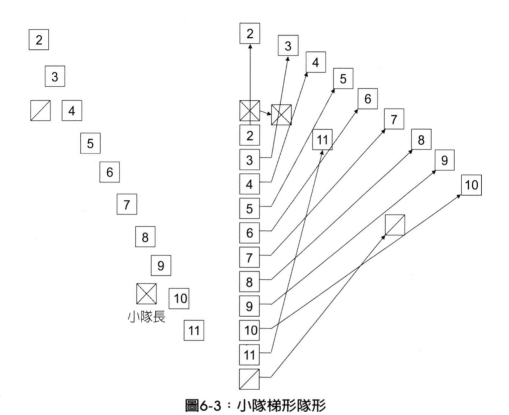

圖6-3：小隊梯形隊形

資料來源：Beene, Charles, 2006, Riot Prevention and Control: A Police Officer's Guide to Managing Violent and Nonviolent Crowds, Boulder, Colorado: Paladin Press. P.54

（三）分隊正面隊形（如圖6-4所示）：主要用於移動或管制大批的群眾不要進入一個大的區域。

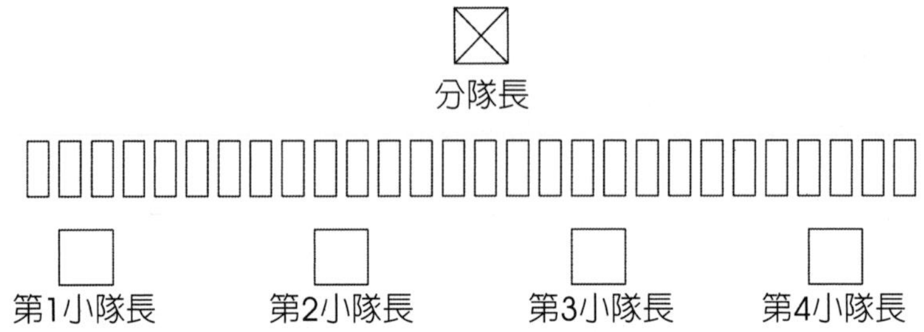

圖6-4：分隊正面隊形

資料來源：Beene, Charles, 2006, Riot Prevention and Control: A Police Officer's Guide to Managing Violent and Nonviolent Crowds, Boulder, Colorado: Paladin Press. P.56

（四）分隊三面隊形（如圖6-5所示）：主要用於淨空或管制街道上的大批群眾，使其不要接近某建築建或某區域。

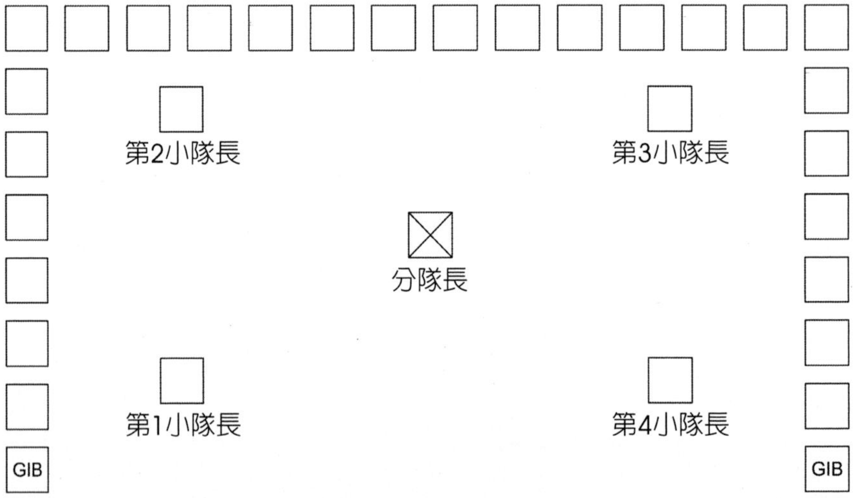

圖6-5：分隊三面隊形

資料來源：Beene, Charles, 2006, Riot Prevention and Control: A Police Officer's Guide to Managing Violent and Nonviolent Crowds, Boulder, Colorado: Paladin Press. P.57
說明：GIB（Guide in Back）表示在殿後的標兵，負責觀察後方的動態。

（五）小隊楔形隊形（如圖6-6所示）：主要用於分割群眾，或準備逮
　　　捕群眾。

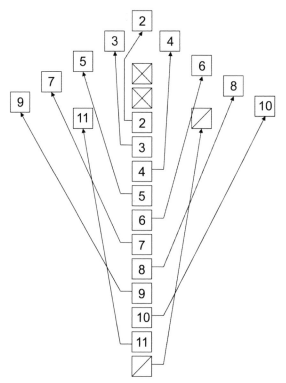

圖6-6：小隊楔形隊形

資料來源：Beene, Charles, 2006, Riot Prevention and Control: A Police Officer's Guide to Managing Violent and
　　　　　Nonviolent Crowds, Boulder, Colorado: Paladin Press. P.52

（六）分隊楔形隊形（如圖6-7所示）：主要用於分割大批的群眾，或
執行救援或強制驅散任務。

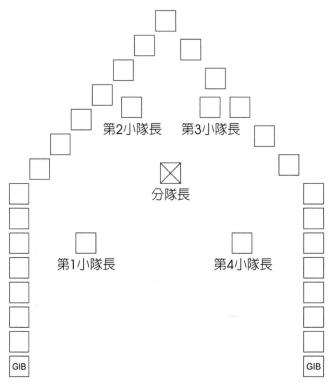

圖6-7：分隊楔形隊形

資料來源：Beene, Charles, 2006, Riot Prevention and Control: A Police Officer's Guide to Managing Violent and Nonviolent Crowds, Boulder, Colorado: Paladin Press. P.58
說明：GIB（Guide in Back）表示在殿後的標兵，負責觀察後方的動態。

（七）分隊棱形隊形（如圖6-8所示）：主要用於孤立、包圍群眾，或
　　實施大量的逮捕行動，或警戒被逮捕者。

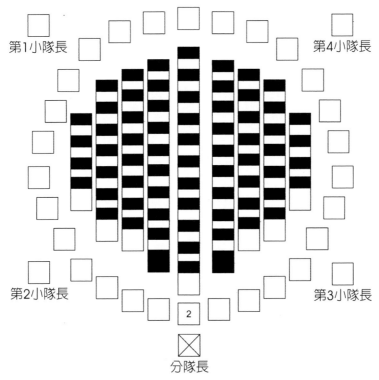

圖6-8：分隊棱形隊形

資料來源：Beene, Charles, 2006, Riot Prevention and Control: A Police Officer's Guide to Managing Violent and Nonviolent Crowds, Boulder, Colorado: Paladin Press. P.59

　　上述是基本的鎮暴隊形，在實際使用時，可依需要靈活變換隊形。
而且，指揮官在指揮鎮暴隊伍執行強制驅散任務時，應注意下列事項，
才能確保任務之成功（何明洲，2015）：

1. 全神貫注執行（抱著使命必達心態）。

2. 掌控部隊情緒（鎮靜而不亂，嚴格約束，不可因情緒激動而有執
　　勤過當行為）。

3. 部隊亂中有序（慢、停、整隊、列陣部隊隨時展現威武氣勢、吹哨子、前進要能團結一致、動作齊一，主要讓群眾無隙可乘）。

4. 注意激情動作（注意群眾心理是盲從，易受有心人挑撥、易快速形成局部激烈衝突）。

5. 提醒幹部要有作為（明確指令，讓幹部有積極作為）。

6. 有利空間大幅挺進（群眾混亂或鬆散時）。

7. 不利空間整隊緩進（群眾氣勢盛聚集越多時）。

8. 調部隊第二次淨空。

第三節　現場處置與強制執法

　　警察處理聚眾活動在事先應有計畫作為與警力及裝備之整備，而在現場執行預擬的計畫時，必須隨機應變。尤其在狀況升高時，警察必須果斷作現場處置與強制執法，包括聚眾活動的交通管制、突發現場的群眾控制，蒐證、逮捕與移送作業，以及強制驅離與帶離群眾等項，茲分段說明如下：

一、聚眾活動的交通管制

　　警察對核准申請有案之大型集會、遊行活動，應事先擬訂交通疏導與管制計畫，並於事前公告和宣導改道事宜，以免造成民怨。

　　聚眾活動之交通管制、疏導，以全面交通疏導為基礎，縱深部署為原則，並置重點於遊行活動集結點、集會處所、遊行路段沿線及周邊道路交通安全維護。藉彈性交通管制及指揮、疏導、取締、巡邏、違規拖吊等勤務作為，維護交通秩序與安全，確保遊行活動過程順利進行。其具體之交通管制作法如下（方仰寧，2015）：

（一）集結點、集會現場與解散現場之交通管制措施

　　依現場狀況及群眾人數，律定交通管制範圍，利用交通器材實施必要管制、區隔；並預擬擴大管制方案，規劃機動警力及預置改道牌面，以因應突發狀況使用；又應視轄區道路及交通狀況，增加周邊交通崗哨之派遣。

（二）遊行沿線交通管制措施

1. 派遣警力（騎乘警用重型機車），負責遊行隊伍前導、殿後、定點通報及協助沿線交通疏導、違停遊覽車勸導、驅離等事宜。

2. 每路口視道路狀況派遣適當警力，遊行隊伍依交通號誌運作通過各路口（必要時得以手控方式操燈）。

3. 遊行隊伍行經重要幹道路口時，加強交通管制、疏導事宜，維持路口淨空，俾利橫向車流通行。

4. 每1處路口律定1名員警擔任管控員，依其指示統一管制或放行各行向車輛。

5. 遊行沿線各路口除派遣警力指揮、管制及疏導外，於各路口間路段上應加派2至5名警力（視路段長度）維護路段上遊行民眾之安全。

6. 各管制點（含彈性管制點）至少規劃1名交通分隊員警執勤，佐以派出所、警備隊或義交人員配合管制，疏導崗得規劃義交人員執勤，惟應落實任務交付及督導作為。

7. 應視轄區道路及交通狀況增加周邊崗哨派遣。

8. 遊行沿線利用交通器材實施必要管制、區隔，並預擬擴大管制方案，規劃機動警力及預置改道牌面，以因應突發狀況使用。

（三）聯外橋樑及高架道路交通管制措施

　　視狀況需要，對轄區之聯外橋樑及高架道路實施交通管制措施；必要時，協請國道公路警察局或相鄰之警察機關，適切調節都會區周邊橋樑及高速公路上、下匝道交通流量，並加強疏導、管制措施，確保交通順暢與安全。

（四）各種車輛出入的疏導措施

　　聚眾活動期間對出入現場周邊之遊覽車、救護車、消防車、高壓噴水車、運兵車、後勤補給車、媒體採訪車、宣傳車、攤販車，以及清潔車等，均應事先予以規劃停車地點及進、出路線，以確保行車出入之安全與行車秩序之順暢。

　　此外，韓國及瑞典等國的警察曾利用大型貨櫃作成貨櫃牆，作為管制重要處所周邊交通的工具，以防堵群眾衝破警察人牆和車牆之交通管制後，攻擊重要之警衛處所。總之，聚眾活動的交通管制目的在確保一般民眾及參與集會、遊行群眾的交通安全與秩序，並且管制群眾勿接近聚眾活動現場或重要警衛之處所，以利警察控制現場及維護警衛處所之安全。

二、突發現場的群眾控制

　　聚眾活動可略分為有計畫的和偶發的兩大類，前者因有事前的規畫，警察較易與負責舉辦的單位作先期的溝通疏導，因此在現場較易依安全維護的計畫執行；但後者屬偶發性或緊急性的集會遊行，一旦發生，警察常措手不及。因此，舊金山市警察局退休上尉Charles Beene（2006: 111-112）根據其過去豐富的處理經驗，訂出一份處理偶發性聚眾活動的檢核表如下：

表6-1：偶發性聚眾事件處理之檢核表（範例）

（一）群眾控制的行政作業	（二）群眾控制的強制措施
1.評估現場狀況 （1）群眾的類別：仇視型或平和型 （2）聚眾遊行的人數 （3）地點 （4）波及的區域	1.孤立現場群眾 （1）使用阻絕器材 （2）使用機動小隊
2.初步急要事項 （1）建立指揮的地點 （2）律定勤務用無線電頻道 （3）開始填寫工作日誌 （4）決定急需支援的警力人數	2.現場展示警力 （1）集合現場員警 （2）員警往示威群眾推進 （3）讓群眾以為現場警察已有適當的機動小 　　隊／分隊的列陣
3.建立員警待命位置 （1）遠離示威群眾 （2）遠離群眾驅散路線	3.實施選擇性的逮捕 （1）由便衣警察（制服小隊協助）執行 （2）由制服警察（小隊／分隊隊形列陣）執 　　行
4.孤立波及到之區域 （1）建立邊界線 （2）協調交通管制	4.準備實施大量逮捕（multiple arrests）作業 （1）備妥擴音器 （2）備妥充分的交通接送車輛 （3）整備充分的警力 （4）整備充分的配備（如塑膠捕繩）
5.通報勤務指揮中心聯絡下列人員： （1）指揮官 （2）專案人員 （3）實驗室照片沖洗員 （4）媒體聯絡員 （5）後勤單位（阻絕器材） （6）蒐證小組（錄影.照相） （7）局長室	5.命令群眾解散 （1）使用擴音器命令群眾解散 （2）引用適當的刑法條文 （3）如果允許的話，在多處播放解散命令的 　　錄音帶或錄影帶 （4）每隔一至三分鐘重複播放解散命令的錄 　　音帶或錄影帶 （5）提供群眾解散的路線
6.建立與指揮官聯絡管道	6.使用適當的解散技巧 （1）組成適當的小隊／分隊隊形 （2）清出群眾解散的通道
7.建立與群眾聯絡管道 （1）確認並聯絡事件之領導者 （2）瞭解群眾的意圖 （3）決定是否會與警察對峙，以及決定是屬 　　非法／和平或非法／暴力的集會？	（3）快速且有自信地向群眾推進 （4）保持小隊／分隊列陣隊形的完整 （5）逮捕小組設於鎮暴警察阻絕線後方，機 　　動實施逮捕
8.儘量蒐集各方的情報	（6）如果需要用瓦斯時，要佩戴防護面罩

資料來源：Beene, Charles, 2006, *Riot Prevention and Control: A Police Officer's Guide to Managing Violent and Nonviolent Crowds*, Boulder, Colorado: Paladin Press.pp.111-112.

　　上述警察機關處理偶發性聚眾活動的行政作業與強制執法作為，可視現場狀況需要及可動用的資源，作彈性的調整適用。尤其台灣地區司法院大法官會議於2014年3月21日作出釋字718號解釋，對於緊急性及偶

發性的集會、遊行[19]活動，認為應免於事前向警察機關申請。因此，可預見今後台灣地區之集會、遊行活動會朝向偶發性之性質舉行，所以警察機關應預作因應之準備。

　　一般而言，偶發性的聚眾活動具有突發的、緊急的、無組織的，及情緒性的性質，故依警察處理失序或暴力性的聚眾活動的執法原則，警察應採迅速（Speed）、強勢（Aggressiveness）、中立（Impartiality）及果斷（Decisiveness）之SAID原則加以處理[20]。上述美國舊金山市警察局對偶發性聚眾活動現場的強制措施，符合SAID原則，可供台灣地區警察機關仿效。

三、蒐證、逮捕與移送作業

　　在民主法治國家，刑事訴訟採證據裁判主義，如台灣地區刑事訴訟法第一五四條第二項規定：「犯罪事實應依證據認定之，無證據不得認定犯罪事實。」因此，警察處理聚眾活動，必須經由嚴謹的蒐證程序後始可實施逮捕與移送法院審理。若警察在蒐證作業上未能落實，則所逮捕移送法院之案件，極易遭到檢察官的不起訴處分或法官的無罪判決。

（一）蒐證

　　警察執行蒐證的主要法源依據是警察職權行使法，包括該法第九條第1項：「警察依事實足認集會遊行或其他公共活動參與者之行為，對公共安全或秩序有危害之虞時，於該活動期間，得予攝影、錄音或以其他科技工具，蒐集參與者現場活動資料。資料蒐集無法避免涉及第三人者，得及於第三人。」第2項：「依前項規定蒐集之資料，於集會遊行或其他公共活動結束後，應即銷毀之。但為調查犯罪或其他違法行為，

19　偶發性集會、遊行係指因特殊原因未經召集而自發聚集，且事實上無發起人或負責人之集會、遊行而言；而緊急性集會、遊行則指因事起倉卒，且非即刻舉行無法達其目的之集會、遊行而言。

20　請參閱本書第五章第二節警察處理聚眾活動的執法原則與作業程序之內容。

而有保存之必要者，不在此限。」以及第3項：「依第二項但書規定保存之資料，除經起訴且審判程序尚未終結或違反組織犯罪防制條例案件者外，至遲應於資料製作完成時起一年內銷毀之。」；另依警察職權行使法第十八條第3項之規定：「除法律另有特別規定者外，所蒐集之資料，至遲應於資料製作完成時起五年內註銷或銷毀之。」

　　蒐證小組（以2至3人編為一組為原則）於出勤前首先須校正蒐證器材的日期、時間，並製作蒐證片頭。蒐證片頭之製作目的，係作為蒐證影片內容之概況，俾便於日後調閱蒐證光碟時，能立即於片頭辨識出蒐證影片基本資料；「蒐證片頭」內容有：蒐證案由、蒐證時間、蒐證地點、蒐證單位、蒐證人、支援單位等。其次，蒐證小組抵達蒐證現場後，應先行做「預防性蒐證」。所謂預防性蒐證係針對蒐證現場周遭環境之景物做蒐錄，以利在陳抗活動前與陳抗活動後，現場環境之設施是否遭受破壞之影像蒐錄比對；再者，於陳抗活動初期，須蒐錄參與陳抗之民眾個人所攜帶之可能成為攻擊或破壞之器物，而陳抗現場如有設施遭受破壞或執法人員遭受攻擊時，亦可用於事後釐清犯嫌之影像。最後，在聚眾活動期中，蒐證人員對有違法動作或有事故發生時，應實施全程蒐證，包含完整歷程及動態，例如群眾肢體衝突、暴力攻擊、破壞物品（設施）……等，且畫面應連續勿中斷，現場如有執行逮捕、管束、驅離等強制作為時，亦應全程蒐證，如遇時間急迫或有重要狀況，應以旁白補充說明，但應注意避免與勤務不相關之談話，並遵循「狀況在那裡，蒐證到那裡」之原則（林志誠，2014）。

　　執行聚眾活動之蒐證勤務內容，主要包括「地面蒐證」、「制高點蒐證」、「行進間蒐證」、「抬離蒐證」、「逮捕蒐證」及「舉牌蒐證」等六種類別（林志誠，2014）。蒐證小組必須依據現場之狀況並配合指揮官之指揮動作，對上述各種類別之證據落實蒐集。蒐證勤務結束後，蒐證人員必須將蒐證影像製作成光碟，並填寫「蒐證資料概況紀錄表」，一併送交偵查隊建檔管理。再由偵查隊專人負責將蒐證資料彙

整,並分別依違法畫面、舉牌畫面、驅散、逮捕及新聞矚目之爭議事件之畫面逐一過濾,製作成專帶,俾利日後搜尋相關畫面及移送法辦之用(林志誠,2014)。

除了上述蒐證小組現場所蒐證之資料外,蒐證資料來源亦可包括社群網站、新聞媒體、政論節目側錄、路口監視設備,以及民眾或員警以手機拍照或錄影之資料。甚至可仿效加拿大溫哥華市警察局於事後建置一個網站平台的創新作法,提供民眾將其所拍到有關於群眾活動狀況的影像或圖片上傳,以達到全民蒐證的目標,彌補警方蒐證人力有限的不足。

(二)逮捕與移送

在完成逮捕蒐證後,即由逮捕小組對犯罪嫌疑人實施逮捕。警察在聚眾活動中對現場有個別實施暴力者應迅速予以逮捕,以防止個別施暴者乖張暴戾之情緒感染給其他多數群眾,而產生集體暴動行為。若現場已爆發集體暴力行為之情事,則指揮官應立即調派優勢警力規劃實施大批逮捕作業。但由於聚眾活動現場實施逮捕作業易受群眾干擾,故應利用鎮暴警察之隊形列陣,將核力暴力份子與圍觀民眾作切割,並設法用隊形之變換,將欲逮捕之嫌疑犯予以孤立和包圍後,再加以上銬逮捕。

由於聚眾活動現場之警力係由各支援單位與責任區單位混合編組而成,故實施逮捕作業時,逮捕之員警必須填寫簡易移辦單或案件移辦單,扼要載明犯罪嫌疑人之基本資料、犯罪時間、地點、涉嫌違法案類,並檢附蒐證錄影帶、照片及其他證物後,送交責任分局辦理後續偵詢與移送作業。如此,才能避免事後辦理移送時,弄不清楚嫌疑犯是由何單位、何人逮捕,及所犯罪嫌為何等細節。

四、強制驅離與帶離群眾

　　當聚眾活動狀況不斷升高，群眾已失序、不聽警察之指揮與管制，甚至實施攻擊或破壞之打、砸、搶、燒、殺等暴力行為，縱使警察機關已對施暴者實施逮捕作業，仍無法控制現場時，則應採取更強勢的強制驅離與帶離群眾的作為，包括以鎮暴警察的列陣隊形、高壓噴水車噴水、發射催淚彈、塑膠子彈及徒手強制帶離等方法。其中有關運用鎮暴警察列陣隊形執行強制驅散之作法，已於本書第六章第二節說明外，茲說明在台灣地區常用之高壓噴水車噴水及警察徒手強制帶離等二種措施如下：

（一）高壓噴水車強制驅離群眾

　　目前台灣地區使用之高壓噴水車有兩種款式，一為羅生寶公司生產的高壓噴水車（於1989年配發，2008年修復），另一種為賓士公司生產的高壓噴水車（於2008年配發）。此兩種款式之高壓噴水車的性能相當，其水箱容量均為6500公升，且每部車前均安裝有兩支水砲可以交叉射水，最大射程為36公尺。根據臺北市政府警察局訂定之「高壓噴水車操作標準作業程序（SOP）」規定，由指揮官依現場狀況及比例原則，採取不同強度的高壓噴水作業，對現場群眾實施警告、約制、驅離及強制驅散等措施，其作業程序如下：

（一）狀況一（達警告階段）：現場群眾聚集人數眾多，且命令解散而無解散意願，現場指揮官下達命令時，則採取左、右水砲「交叉仰射」（先以灑水警告為原則）。此種警告措施用於對和平靜坐的群眾為之，用噴水使地面潮濕，僅不利於群眾靜坐，而不會對群眾造成傷害。

（二）狀況二（達約制階段）：若現場群眾仍不聽命令解散，且有意圖叫囂、咆哮，現場指揮官再次下達命令時，則採取左、右水砲

「交叉平射」。例如台灣地區警察於2014年3月23日對強佔行政
院的執行強制驅散的做法，即採高壓水砲交叉平射的方式為之。

（三）狀況三（達驅離階段）：現場群眾除不聽令解散，且有意圖破壞
鐵拒馬、鐵絲網等警用阻隔器材，，現場指揮官下達命令時，則
採取左、右水砲「俯射」，朝群眾前方3至5公尺地面俯射，以達
驅離效果。

（四）狀況四（達強制驅離階段）：若現場群眾失序，且已破壞鐵拒
馬、鐵絲網等警用阻隔器材並衝破警方封鎖，或持強力彈弓、石
塊、鐵片、投擲汽油彈等物品攻擊警察時，現場指揮官下達命
令，則採取左、右水砲朝失序群眾直接俯射，以達強制驅離、威
力制止暴行之效果。

上述使用高壓噴水車執行強制驅離的作為，必須緊守比例原則，
且必須依警械使用條例第九條規定：「如非情況急迫，應注意勿傷及其
人致命之部位」的精神為之。例如韓國警察於2008年處理大批群眾抗議
其政府同意解除對美國牛肉進口禁令之事件時，即以近距離噴灑水柱方
式強制驅離抗爭群眾，事後遭到國際特赦組織控訴「未依韓國警察手冊
規定至少要距離20公尺，且不能直接噴灑的原則」，而違反人權（Pyo,
2009）。因此，現場指揮官下令採取高壓噴水車執行強制驅離作為時，
應兼顧人權與秩序二者，才能具有強制執法的正當合法性。

（二）警察強制帶離群眾

近年來，各國家地區興起一種以「非暴力抗爭」為手段的大型聚
眾活動，例如2006年發生在台灣地區的「紅衫軍運動」、2014年台灣地
區的「太陽花學運」及2014年香港的「佔中運動」等，造成政府不知所
措，且對社會影響深遠。此雖名為「非暴力抗爭」，但其抗爭的威力很
大。因為該「非暴力抗爭」的手段的主張者Jene Sharp 認為：「（政府
的）每一項權力都來自於被統治者的合作、支持與服從」（蔡丁貴，

2012：131）；「非暴力抗爭以不合作方式收回對權力者的授權，以不服從、藐視其法律、命令，展現公民抗命的威力，謀求改革（華人民主書院，2013：14）。」而且根據「公民與政治權利國際公約」第二十一條的規定：「和平集會之權利，應予確認。除依法律之規定，且為民主社會維護國家安全或公共安寧、公共秩序、維持公共衛生或風化、或保障他人權利自由所必要者外，不得限制此種權利之行使。」又加上近年來資通訊科技發達，所以此類非暴力的抗爭活動一旦發動，立即向全世界各個角落傳播出去，迫使政府不敢公然違背國際公約的規定，施以過度的強制力驅散非暴力的抗爭群眾，因而導致這些群眾到處去干預政府的辦公處所，造成警察處理上的困難。

　　警察面對此種非暴力抗爭的挑戰，應發展出一套強制帶離「非暴力抗爭」者的戰術。例如，台北市政府警察局於2006年在處理長達6個月的紅衫軍抗爭時，聚眾現場常有民眾藉端滋事、挑釁，如無法迅速將挑釁分子帶離現場，可能會蔓延成嚴重暴力衝突。但未經訓練之警察人員，常以「抬手抬腳」方式帶離民眾，不但有礙觀瞻、容易激發民眾不滿，更因不易帶離而影響警察執勤的安全。因此，台北市警察局針對逮捕、帶離設計訓練課程，將逮捕架離動作簡化為一式，並可機動向前或向後帶離民眾（李金田，2007）。目前，台灣地區各縣市警察局都已加強員警執行強制帶離的訓練，以為因應新型態的聚眾活動。

　　綜合本節所述現場處置與強制執法之作法，包括聚眾活動的交通管制、突發現場的群眾控制，蒐證、逮捕與移送作業，以及強制驅離與帶離群眾等項，是警察處理聚眾活動在政策執行方面非常重要的事項，且屬於警察執法的專業領域。因此，警察機關應於平時加強對員警的訓練，並律定執法之準則與標準作業程序，以提供員警遵循與檢核之準據。

第七章　聚眾活動處理的媒體關係與溝通談判

第一節　聚眾活動與媒體的關係

　　此處所稱的「媒體」，係指各種具有傳播功能的傳播工具而言，包括大眾傳播媒體及社群媒體（或稱新媒體）等傳播工具。尤其社群媒體帶來了傳播行為與本質的變化：傳播模式由單一傳播、接收，到無階層多方向串接傳播、接收，形成寬頻數位匯流；傳播工具由昂貴複雜到便宜簡單；傳播內容產製能力由傳播機構擴散到每個人；以及傳播能動性由傳播機構下放到公民，傳播權力為人人所享有，傳播行為也由每個人自行決定（汪子錫2015：140）。因此，近年來，社運團體充分利用社群媒體發動與宣傳聚眾活動的結果，使得聚眾活動的性質與影響力大異於往昔。

　　一般而言，聚眾活動與媒體的關係包括社運團體、媒體及警察等多造之間的互動關係，分述如下：

一、社運團體利用媒體動員潛在群眾參與

　　利用網路傳播訊息，在本質上已更深一層改變了聚眾活動，由於資通訊科技帶動網路與社群媒體的蓬勃發展，讓群眾動員的資訊傳播與使用，十分便利與普及，除了傳統的動員方式，新媒體也讓動員超越時空的限制。如阿拉伯之春、紐約占領華爾街運動、泰國的紅、黃杉軍、香

港的占中示威活動，台灣地區的太陽花運動和烏克蘭親歐盟示威運動都是使用網路平臺新媒體動員的例證（如表7-1所示）（許芳毅，2015：158）。

近年來，台灣地區聚眾活動之陳抗手段、動員方式、對外宣傳策略等，均有重大變化，以2013年8月「1985行動聯盟」號召網友上凱道為例，由39名網友以一名士兵之死發起聚眾活動，該聯盟在30天之內成功串連20萬人聚集於凱道，在沒有政黨的色彩、沒有實際組織動員，只是透過網路，成功將虛擬網路的聚眾活動，轉換為真實的聚眾活動。又根據相關研究指出有關318太陽花學運，參與者獲得訊息的主要來源為Facebook有將近六成（58.6%）。若不提示社群種類，更高達87.3%將Facebook列入訊息來源；其次為網路新聞71.5%；第三是PTT，53.7%；電視媒體有43.8%，此一調查發現網路社群新媒體運用，一直都是網路動員集會遊行的重要元素，臉書的串聯，將不斷成為集會遊行訊息傳播及動員糾眾的重要工具（許芳毅，2015：156，158）。因此，近年來利用

表7-1：近五年國外與台灣地區發生不同於傳統聚眾活動一覽表

地區 年份	國外	台灣地區
2010	阿拉伯之春、倫敦50萬人示威奧運倒計時鐘被毀	925白玫瑰運動、苗栗大埔事件
2011	占領華爾街運動、希臘反政府示威遊行、2012年6月阿拉伯之春革命成功推翻了突尼西亞、埃及、利比亞及葉門等4個國家政權	華隆罷工案、文林苑都更案、紹興社區拆遷抗爭
2012	泰國紅、黃衫軍占領曼谷	苗栗反瘋車、反媒體壟斷大遊行、廣大興案
2013	中國廣東烏坎村群眾抗爭、烏克蘭民眾占領市政府、南韓的「大家安好嗎？」網路社群風潮	白衫軍運動（1985行動聯盟）、華光社區拆遷抗爭
2014	香港占中運動雨傘革命（Umbrella Revolution）、烏克蘭「獨立廣場」（Euromaidan）、「救救委內瑞拉」（SOS Venezuela）、奈及利亞「讓女孩們回家吧」（Bring Back Our Girls）、美國「高舉雙手」（Hands-up）運動	太陽花學運、國道收費員自救會、巢運（社會住宅推動聯盟夜宿帝寶）

資料來源：楊肇元，2015a，〈警察機關處理新型態眾運動之研究：以「太陽花學運」為例〉，中央警察大學警察政策研究所碩士論文，頁2。

社群媒體動員群眾的聚眾活動，係一種新型態的聚眾活動，各國警察機關莫不加以重視，並正尋找因應之道。

二、社運團體利用媒體爭取社會大眾支持

　　社運團體如何妥善利用媒體加以宣揚自身的行動訴求，爭取社會大眾認同的程度與擴張行動的能力，進而達成運動目標，是推動社會運動的一大課題。因為，對社運團體而言，「媒體」可說是社運團體所欲藉助動員第三勢力加入己方陣營的重要資源（Wolfsfeld, 1991；李曉青，2009）。因此，Crow（1988）曾提出社運團體對於媒體策略有（李曉青，2009）：

（一）善用媒體間的競爭環境：若是媒體間競爭激烈，消息來源對媒體的控制力便會增強。例如在胡晉翔（1993）的研究中提到，「無住屋者救援會」成立新聞見報後，聯合晚報、台視、華視均先後對其作專訪，呈現出媒體之間的激烈競爭，促成社運團體的有利情勢。

（二）發佈新聞、簡報、記者會：當新聞媒體在選擇報導題材與消息來源時，有能力提供資訊，以減輕記者負擔的組織，在媒體上曝光的機會越大，控制資訊流量的能力就越強。

（三）使訊息流通：透過具有公信力或全國性聲望高的報紙，扮演意見領袖的角色，將訊息如同樹枝狀由大報向小報傳佈；同時，社運團體亦利用社群媒體，將影音、文字即時傳播出去，再由大眾傳播媒體擴大傳播，使訊息快速流通。

（四）製造具新聞價值的事件：衝突、對抗、造勢等具有新聞價值的事件，較能吸引媒體對某一問題的關心。

（五）贏取記者的認同感：弱勢團體靈活的運用媒體，從議題發展的過程當中，提出社會公平與社會正義的訊息訴求，取得記者對於該組織立場的認同，就有較多的機會打動社會大眾，達成組織活動

的目標。

（六）善用專家投稿等策略：周瑞貞（1997）在研究《台灣原住民族社
　　　會運動之意義建構與媒體策略分析》中發現，許多原住民的知識
　　　份子，從各種不同的角度出發在媒體中發聲，例如詩人莫那能，
　　　用文學的手法訴諸族群情感，闡述原住民族被壓迫的事實，以引
　　　起社會大眾的關注。

三、大眾傳播媒體對社會運動的影響力

　　從系統理論的觀點言，大眾傳播媒體係屬政治系統的外在環境因
素，對政治系統具有輸入的影響功能。因為大眾傳播可以匯聚各種不滿
意見、號召群眾產生強烈響應、加強並鼓舞群眾的信念，以及促進社運
的深度和廣度，所以對社會運動的成敗具有很大的影響力（李曉青，
2009），並進而影響政治系統的運作，茲分述如下：

（一）可匯集各種不滿意見：大眾傳播工具不但能匯集各個人的不滿意
　　　見，且能理智地指出不滿的根源，以統計數字與理則推論的法
　　　則，使個人相信其理論，進而會激發情緒，增強了緊張的狀態。

（二）號召群眾產生強烈響應：假如個人響應社會運動的領袖所提供的
　　　方案時，他的心理對領袖產生強烈的趨附力，使群眾對社會運動
　　　的號召產生強烈的響應。

（三）加強並鼓舞群眾的信念：大眾傳播不僅對不滿、迷惘及信念動搖
　　　人士有相當的號召力，對那些堅持既有信念的人士往往也會產生
　　　影響。

（四）促進社運的深度和廣度：大眾傳播是社會運動的溫床，尤其是處
　　　在現代生活中混亂與不滿特別強烈時，更容易促進社會運動的深
　　　度與廣度。

四、各種傳播媒體對社會運動的負面影響力

　　各種傳播媒體包括大眾傳播媒體及社群媒體雖對社會運動具有正面的影響力，但亦會產生負面的影響力，包括：

（一）扭曲報導、傳播謠言：由於各種大眾傳播工具或社群媒體均基於自己的立場選擇性地傳播訊息，甚至扭曲事實，故造成報導不實及傳播謠言的情形。又傳播者為求快速傳播，對尚未查證之事實即不負責任地傳播出去，混淆視聽。

（二）過度凸顯暴力衝突：當媒體被利用成為社會運動宣傳的工具，為求社會運動所傳遞的訊息能廣為人知，社運團體或政府單位會運用具有煽動效果的符號行動以吸引注意，例如強調聚眾活動的警民衝突，以「警察暴力」、「暴亂」、「暴行」、「暴民」、「暴徒」、「野心份子」的詞句形容事件本身，而忽略對聚眾活動之原因與訴求作深入和完整的報導。

（三）網路傳播無法控制群眾：透過網路號召的群眾，彼此不認識，群眾亦無一定組織，甚至號召者不一定到現場，故群眾無法控制。例如2014年3月23日晚間，在立法院的群眾被臉書群組、Line群組號召去占領行政院，造成一波一波的群眾盲目地衝入行政院，而原始的發動者多不認識這些群眾。且當發動者發現警方的執法態度不同於立法院的場景時，急於PO文下令撤退時，群眾已不聽指揮，最後演變成群眾失控占據行政院的局面（許芳毅，2015）。

五、警察處理聚眾活動面對媒體的困境

　　媒體扮演「第四權」的監督角色，而警察處理聚眾活動事件的良窳，常取決於媒體如何解讀，勤務成功不等於獲得媒體好評，更不代表必然會獲得民眾掌聲，最重要的影響關鍵便在於「輿情（論）的走向」（陳國恩，2015），因此，警察處理聚眾活動面對媒體的困境有如

下述：

（一）負面報導的框架：聚眾活動所引發的警民衝突事件，從媒體報導
　　　內容對警方的負評中，約可分為下列數種類型：

1. 警察暴力：此類報導將警方所有的執法行為都套上暴力的框架，
即便是保障合法、取締非法的作為，只要有將群眾架離或盾牌
驅離等任何侵犯到民眾身體的行為，都被以警察暴力的框架進行
報導。

2. 警察無能：此類報導將聚眾活動擦槍走火的警民衝突，歸因於警
方規劃不足、應變能力不足或執法標準前後不一等，批判警方在
面對聚眾活動時準備不夠或是思慮欠週。

3. 執法過當：將警方在聚眾活動上所採取的強制驅離、逮捕甚至偵
詢等作為，報導為執法過當。尤其強調人民集會的自由性與合理
性，並以「鎮暴警察」對付「手無寸鐵人民」的字樣，加深「警
察」與「平民」對立的這種不對等關係。

4. 警察國家：將警方從事前將聚眾活動申請駁回，到聚眾活動中對
參與群眾的清查、管制，乃至聚眾活動後依現場蒐證照片、影片
進行違法人員逮捕等作為，以警察國家的框架進行報導。

（二）偵查不公開的限制

　　　依據「偵查不公開作業辦法」第3條之規定，偵查不公開，
指檢察官、檢察事務官、司法警察官、司法警察、辯護人、告訴
代理人或其他於偵查程序依法執行職務之人員，除依法令或為維
護公共利益或保護合法權益有必要者外，偵查中因執行職務知悉
之事項，不得公開或揭露予執行法定職務必要範圍以外之人員。

　　　偵查不公開原則，涵蓋「偵查程序」跟「偵查內容」二個層
次，前者在禁止公開偵查作為，來維護偵查期間順利進行及證人
保護；後者是禁止公開偵查程序發現的相關事實，避免未經審判
程序來影響被告名義或相關損害，適用時機是在偵查機關調查犯

罪事實跟蒐集相關證據之時。因此警察機關蒐集之各項資料，常
因受個人資料保護法及偵查不公開之規範，無法一一呈現真實狀
態，而處於有口難言之困境。

不過隨著資訊傳遞的快速效應，實務界漸趨認為，如果是有關警察
形象跟媒體關心議題，就不應完全受限於上述規範，因警察勤務執行過
程的爭議行為，不完全是犯罪行為，部分可能純屬道德層面，或是拍攝
角度的誤導畫面，非屬偵查不公開原則所應涵蓋的事證，而警察機關應
有即時澄清的必要。

第二節　警察處理聚眾活動運用媒體的策略

警察處理聚眾活動運用媒體的策略，包括運用社群媒體的策略，
以及運用大眾媒體的新聞處理要領二方面，分述如下：

一、警察處理聚眾活動運用社群媒體的策略

由於新型態的聚眾活動充分利用社群媒體的傳播，造成警察處
理上的困難，因此，警察在處理聚眾活動時，亦應充分運用社群媒
體，方能與時俱進。汪子錫（2015）歸納警政社群媒體運用之策略有
情蒐、預防、動員、立場聲明及行銷平台等五種策略，說明如下：

首先是情蒐策略，即利用社群媒體進行輿情或聚眾活動情報的蒐
集；其次是預防策略，即對於可能發生的社會緊急危害或違法聚眾活動
的號召、謠言的傳播等情況，警察及時透過社群媒體予以公告通知或呼
籲民眾應保持理智及勿輕信謠言，以預防違法聚眾活動的發生；第三是
動員策略，目的在於請民眾配合警方行動，進行動員，例如協尋特定人
士、特定物件或特定情報，以及在聚眾活動後動員民眾協助提供犯罪嫌
疑犯的違法行為證據或全面肉蒐其基本資料，以利警方事後調查追訴其

犯行；第四是立場聲明策略，目的在於借助社群媒體，表達警方執法的立場或澄清媒體不實的報導；最後是行銷平台策略，目的在運用社群媒體的平台，長期經營對於犯罪預防的行銷、警政作為的行銷，以及警察良好形象的行銷，以爭取民眾對警察的信任與支持。

以加拿大溫哥華警察局處理2011年溫哥華曲棍球季後賽（24局競賽）之聚眾活動為例，該警察局係利用Tweets（推特）社群媒體協助處理聚眾活動，主要作法有：利用社群媒體在事件發生的同時，通知和指揮民眾、具備恢復社群的能力、獲取民眾的信任、掌控監視最新狀況，以及動員民眾協助辨別嫌疑犯等。例如，該警察局在該季後賽第7局開始之前，在推特上善意提醒民眾：「當你和10萬名朋友一起慶祝第7局時，…請小心安全，也請記得我們會保護你的安全!」；當第一台車被人放火後的30分鐘，該警察局在推特上提醒民眾：「在喬治亞街郵局旁邊的車子著火了，請民眾淨空現場以讓消防車進入!如果你現在剛好在現場那裡，請保持冷靜。」隨著暴動繼續激烈進行時，有愈來愈多的公民記者（Citizen Journalists）開始詢問可以從那裡或該如何上傳照片和影片，且警察局回答：「任何握有現場犯罪行為照片的民眾，請保管好這些照片。情況如果繼續持續而沒有改善的話，我們之後可能會需要這些照片。謝謝你們!」因此，在暴動開始發生的幾個小時內，一些攻擊者的身分經由社群媒體網路被挖掘出來，並將其照片公布在網路和一些部落格上，讓其無法再匿名搶劫民眾。後來警方開始成立一個互動式的網站：「2011暴動網站（riot2011.vpd.ca）」，可以用來指認嫌疑犯。在該網站成立的第一個小時內，收到2200個點擊率和50封密告信。最後，警方著手編輯民眾所提供的影片和照片，計有30TB單位，5000個小時的影片，等同於7500支DVD容量之資料，並據以一一逮捕被指認且有證據的嫌犯，移送法辦（Chu, 2013）。由此可見，加拿大溫哥華警察局在處理大型聚眾活動中，完全運用了警政社群媒體的情蒐、預防、動員、立場聲明及行銷平台等五種策略，值得其他警察機關學習。

　　此外，在聚眾活動中，社運帶頭人士常利用社群媒體或其他網路上散播對警察不利的謠言或訊息，以搧動群眾不滿的情緒。因此，警察應及時利用社群媒體或網路對該謠言或訊息加以澄清、處理，以免引起更多群眾的情緒反應而加劇聚眾活動的情勢。例如，韓國示威民眾為抗議韓國政府同意解除美國牛肉進口禁令一事，於2008年5月2日舉辦第一次燭光遊行抗爭起至8月15日止為期長達106天的大型聚眾活動中，就有網路傳言：「有女學生被鎮暴警察勒死、女學生被捕後遭強暴，以及鎮暴警察也加入遊行示威」等謠言，後來發現均是無稽之談，而傳播流言者也被逮捕（Pyo, 2009）。因此，警察在處理聚眾活動中，迅速查明謠言來源以防止事態擴大，是一件緊急而重要的事。

　　上述群眾以散播謠言挑起聚眾活動的模式，在中國大陸非常普遍。因為中國大陸人民對地方政府官員的信任度較低，且長期基於「仇富、仇警、仇官」的怨恨情緒，極易藉由謠言的傳播而挑起大規模的聚眾活動。例如，謠言常指稱官員或其親友欺壓百姓，甚至逼死人命，而警察和司法部門卻官官相護，處理不公等情事。導致政府辦公大樓及車輛被砸毀和放火焚燒，如萬州事件中，多輛城管車、警車被燒毀，萬州區政府辦公大樓被砸毀和放火焚燒；在池州事件中，除了肇事車豐田車被砸毀焚燒外，派出所幾輛警車也被砸燒；而最嚴重的是甕安事件中，甕安縣縣委、縣政府、縣公安局、縣民政局、縣財政局等被燒毀辦公室160多間，被燒毀警車等交通工具42輛，不同程度受傷150餘人，造成直接經濟損失人民幣1600多萬元。此類事件，政府必須迅速地讓事件的當事人在媒體上進行澄清，如萬州事件，在電視上讓當事人說明事實真相後，民眾的情緒便逐漸歸於平靜（曾慶香，李蔚，2010: 116-119, 281）。可見，警察應善用大眾傳播媒體與社群媒體澄清謠言，才能有效平息因謠言而挑起的聚眾活動。

二、警察處理聚眾活動的新聞處理要領

在聚眾活動事件中，社運團體會利用媒體爭取社會大眾對運動的支持，並號召更多群眾參與運動。因此，警察在處理過程中亦必須與媒體保持良好的互動關係，並妥適處理相關新聞，才能有效回應群眾的意見，平衡媒體的報導，進而爭取社會大眾對警察的支持。警察處理聚眾活動的新聞處理要領可分事前、事中及事後等階段說明如下：

（一）事前的新聞處理要領

1. 建立良好媒體關係：警察機關及公關人員於平時或於聚眾活動發生前，必須與媒體建立良好的關係，增進彼此立場之瞭解與相互信任。例如，警察勿與媒體對立，加強正面互動；提供媒體妥適服務，協助媒體順利完成工作，形成良好互動關係；規劃適當地點，俾利記者休息或撰稿，並便利適時探詢輿情及訊息溝通；設採訪區取代圍堵；非秘密的重大作為先作說明（陳國恩，2015）。因此，警察機關應與記者建立合作關係（cooperation）或同化關係（assimilation）。合作關係意指記者與警方存在利益合作的關係，因為新聞傳播，彼此各取利益；而同化關係則指記者的新聞產製、工作方式及個人認知，都會受到警方期望的影響（汪子錫，2007：272）。

2. 落實勤前教育：例如讓員警瞭解工作內容、法令依據、任務分配和執勤技巧；加強案例教育，如：說錯話、被偷拍、執勤中上網、不雅執勤技巧（拿手電筒照記者）；以及加強蒐證要求（陳國恩，2015）。

（二）事中的新聞處理要領

1 落實發言人制度：聚眾活動事件中，多數媒體已群集現場要求說明時，因有發稿時間壓力，不太可能要求記者轉移時空，或等候記者會召開，因此第一時間在小區域的指揮官

（可能分局長、派出所所長、分隊長等）的說詞就至關重要，也往往是議題走向成敗關鍵。因此應注意：（1）事件發言層級決定時間過緩，可能導致延誤平衡報導時機；（2）面對媒體宜於第一時間派員出面說明導正；（3）第一時間小區域指揮官的說詞至關重要；（4）倘現場內無適當幹部，應即由上級指定發言人趕抵現場；（5）若無法迅速抵達則應由上級指示發言內容摘要，作必要之平衡（陳國恩，2015）。

至於，警察機關應遴選適任的發言人，汪子錫（2007：268）認為警察發言人的要件是：（1）需要有意願出任發言人；（2）清楚了解自己所肩負的職責；（3）了解媒體真正的需求；（4）具有良好的人際關係及溝通管道；以及（5）清晰的口語或文字表達能力等。然而，有時媒體記者為趕時效及欲瞭解第一線處理員警的看法，對於敏感的問題，記者會誘使第一線員警作情緒性的發言，或電話詢問中未經同意錄音而播出。因此，員警在鬆懈心防下，極易因不當發言而成為負面議題，故應加強每一位員警面對記者的發言訓練。警察機關每位員警若能具有發言人的認知與能力，則有助於警政新聞的正面效應與警政形象的提升。

2 各機關間發布新聞應相互照會：涉及兩執行單位議題（如陸委會及警察機關、兩警察局之間、兩分局之間），新聞發布前應先行溝通協調，統一口徑，或會同召開記者會，或由更高階（如有中立性考量時）長官說明，避免各說各話（陳國恩，2015）。

3 立即查證澄清與處理：（1）預知重大負面輿情，儘速將最有利警方之說法呈現或引導議題新走向；（2）負面輿情發生，提供適當新聞稿、照片、影帶，立即要求澄清或作平衡報導；（3）協助設定議題（移轉議題）：如員警辛勞、負傷、勸導之照片（陳國恩，2015）。

4. 指揮官加強聚眾現場的管理與執法：（1）由於處理聚眾活動的專案期間極長，勤務繁重，員警可能面對民眾挑釁言語；（2）執勤時的失言或嬉鬧行徑，常給媒體炒作空間，因此，應注意員警之言行舉止，並防止被民眾或記者偷拍、錄音；（3）預知將有狀況現場，視情酌供媒體採訪（有準備、有計畫），並且要充分授權；（4）面對弱勢族群的執法，譬如取締違規攤販，立場要堅定，但使用強制力應符合比例原則，避免反應過度而引起「執法過當」之批評。必要時，要請求支援；（5）對暴力犯行應加強蒐證，並立即依法處理，不可無作為。因為警察面對暴力不作為的後果嚴重，例如台灣地區2006年紅衫軍運動期間，臺南某女士小紅車被砸，登上報紙頭版新聞；另高雄市、臺南市紅衫軍兩場大型聚眾活動，因封鎖線被突破，現場員警無力制止暴民投擲椅子，以及非法聚眾包圍「合法集會」、民眾之遊覽車等案例，警方均飽受批評；江陳二次會中亦上演民眾撲上貴賓車輛等，此均為殷鑑。因此，面對脫序行為，現場指揮官的決心，將隨著SNG畫面同步轉播國人眼前，此為警察執法專業形象成敗的關鍵（陳國恩，2015）。

5 注意現場媒體作業區的規劃：以往曾有攻擊SNG與轉播檔之案例，如能規劃區域將媒體集中，一方面便於保護，一方面可以就近找到訊息釋出管道（立即說明與更正），另如設有交管，應通知媒體進入路線，以免形成獨漏後，記者的不滿情緒轉移，警方反成替罪羔羊（陳國恩，2015）。

6 陳抗活動中對記者人身安全之維護：（1）抗議民眾政治傾向兩極化各自動員，媒體亦有兩極化傾向，致迭有記者遭受攻擊或阻撓拍攝情形；（2）警方執行驅離時曾發生誤擊記者，引來媒體同仇敵愾；（3）事前與各媒體溝通，建議記者鮮

明標示身分；（4）記者若處於對峙環境，應提醒注意自身安全；（5）若時間允許下，在實施強制驅離前宜先以簡訊告知記者，以免事後箭靶轉向警方（陳國恩，2015）。

（三）事後的新聞處理要領

　　　　陳國恩（2015）認為警察機關在執勤事後的新聞處理應注意：

1 影像蒐證為澄清事實之利器

　　　　針對遭斷章取義、捕風捉影之議題，機關發言人受訪澄清時，缺乏現場蒐證畫面輔佐，說服力明顯薄弱；如能即時確切將蒐證影像等有力佐證，剪接拷貝公諸媒體，勢必有效扭轉輿論劣勢、導正視聽。

2 軟性訴求提供友好警察團體聲援

　　　　警察執勤如遭不實指控與報導，除應第一時間澄清外，事後亦可請友好團體聲援警察，以實際慰問，或在新聞媒體、社群媒體發聲，或刊登廣告方式支持肯定警察的辛勞。

　　此外，聚眾活動發生後，中央及地方的民意或監察機關（如立法院、監察院、市議會）、社會輿論，以及司法審檢機關等，常本於各自之職權或立場要求警察機關首長作口頭或書面的報告，並製造事後檢討的新聞。因此，警察機關對聚眾活動事後的新聞，仍應妥適處理，以正視聽。

第三節　警察處理聚眾活動的溝通談判

　　警察處理聚眾活動之流程，在聚眾活動的醞釀或申請階段，警察應主動與聚眾活動之申請人或帶領人熱線接觸，進行協助調處、溝通

疏導，以及警告約制等前置作業[21]。若前置作業仍無法避免聚眾活動發生，則警察必須於事中與群眾進行危機溝通與談判。因此，警察處理聚眾活動的危機談判，係指警察對於群眾的行為已達違法的狀態，警察必須依法執行命令解散或強制驅離之前及執行中的緊急談判活動而言。警察與群眾之間若能在該聚眾活動的危機談判中，兼顧彼此的立場下達成處理上的共識，則能有效降低衝突的程度，進而圓滿解決此聚眾活動之危機。

根據美國著名的談判專家Herb Cohen（1991）指出：成功的談判必須同時具備下列三要件：一、權力（Power）；二、時間（Time）；三、資訊（Information）（侯友宜，2010），茲就警察處理聚眾活動的危機談判而言，說明如下：

（一）權力：權力代表一個人操從駕御及解決問題的能力。在聚眾活動的危機處理中，警方與群眾雙方的談判代表必須是由具有決策能力者擔任為原則，較有助於及時解決僵持的狀況。例如，2006年警察處理施明德號召之「百萬人民反貪腐運動」（又稱紅衫軍運動）時，警察機關引用集會遊行法所有限制事項、裁罰條款，針對該團體任何脫序行為，不斷蒐證記錄並行文告誡，有效促使該團體自律，並願意主動配合警察機關進行集會遊行活動（李金田，2007：37-38）。而且，當時警方高層與紅衫軍運動的帶領者在互信的基礎上，透過熱線聯絡，有效維持了群眾集會遊行的秩序。

（二）時間：時間是危機談判中的可運用的一項工具。如果聚眾活動的參與者在時間壓力下，往往不得不作重大的讓步，以求迅速達成協議。例如一般有職業的聚眾活動的參與者因有工作壓力，無法持續抗爭太久，所以警察在與之談判時較有籌碼可用；但對學生運動的參與學生而言，因渠等無工作壓力，只有上課請假或考試

21　請參閱本書第三章第三節聚眾活動的疏處與約制。

的壓力，如果學校老師鼓勵學生參與聚眾活動，則其可持續較長的活動期間。不過，持續一個月左右的學生運動，學生仍然有學業上的壓力及疲倦感，且若得不到社會各界奧援的話，就很難持續下去。因此，警察在處理聚眾活動的危機談判時，要掌握群眾的時間壓力因素，要有耐心、冷靜地處理，不要輕易讓步，因為重大的讓步決定往往都是最後一刻才作成。當然，警察在處理已經失序的聚眾活動，則必須迅速地、果斷地且強勢地制亂於初動，若警察貽誤處理之時機，將因群眾激動的情緒蔓延開來而導致難以處理的地步。因此，警察處理聚眾活動對時間的運用要有彈性，見機行事，亦即對失序群眾的處理，必須把握用兵貴速的原則及時制止或逮捕之；然而面對警民對峙，衝突一觸即發的狀況時，則應該以冷靜、有耐心地與群眾展開危機談判，有效化解衝突。

（三）資訊：《孫子兵法‧謀攻篇》所云：「知己知彼，百戰不殆」，若能掌握資訊即能掌握危機談判成功之鑰。例如，警察在處理聚眾活動的危機時，若能掌握群眾所使用的策略與手法，以及發動的時間、地點及帶頭者等資訊時，則能透過事先的約制防範其發生；若無法約制其舉行，則能事先整備警力與裝備，及時加以處理，不致於措手不及。尤其若能得知聚眾者談判之籌碼與底線的話，則警察可居於主導的地位與之溝通談判。

　　綜合上述，危機的溝通比保持沉默來得重要，因為危機溝通是「主動先發式」的作為，而不只是「反應」而已（朱愛群，2011：309）。而且，在危機談判事前的準備工作必須注意下列四點（邱毅，1998：40；朱愛群，2011：325）：（1）在談判前必須多方收集相關資訊，作好策略規劃；換言之，必須先確立目標，然後進行外在環境評估與內在情勢比較，以確定己方與對手之機會、威脅、優勢與劣勢；（2）選擇對自己談判效果最有利的時間與地點，通常「熱身談判」因為要摸清

對方的底，應該選擇對方的根據地，但做「實質談判」時，為求有效掌握談判情境，必須將地點選擇在自己的根據地；（3）談判為兩造間的高手過招，談判團隊的選擇自然不能忽略。通常當事人不宜扮演談判主角，以免造成無法轉圜的僵局，能充分拿捏環境氣氛，掌握情緒者，才適宜扮演好談判之角色；（4）為了提高談判之獲勝率，談判前的模擬演習、沙盤推演是絕對必要的。

在警察處理聚眾活動的溝通談判實務方面，瑞典實施的「對話警政」（Dialogue Policing）的作法可作為標竿範例，其作法如下（HMIC, 2009: 74-77）：

（一）實施的背景與目的

瑞典警察機關有鑑於2001年在瑞典第二大城Gothenburg市的大型聚眾活動事件[22]的處理，受到社會嚴重的關切，於是發展出一套改善警察與群眾溝通之新模式。在該聚眾活動中，有25,000名抗議群眾聚集在該市舉辦的歐盟高峰會議場所周邊，並爆發激烈的警民衝突。結果造成459名抗議民眾遭到警方逮捕，其中有三名群眾被警察開槍打傷及150名受傷（包括50名警察受傷在內）者送醫救治。事後該警察局局長因下令逮捕大批抗議者而被移送法辦，結果雖未被起訴，但引起社會嚴重的關切。後經瑞典政府組調查委員會調查結果認為，警方處理此事件欠缺單位間的協作能力，並且強調應重視警民對話的重要性。

因此，瑞典中央警察委員會發展並執行一種處理聚眾活動的新模式，其中包括成立「對話警察」（dialogue police）的編組。該「對話警察」的主要角色是作為抗議群眾與警方之間的溝通橋樑，以達成群眾合法表達訴求、確認公共秩序的潛在風險，以及

---

[22] 此聚眾活動事件發生於2001年6月14日至16日在瑞典第二大城Gothenburg市，其間歐盟高峰會在該市召開，且美國總統George W. Bush於其間訪問瑞典與歐盟國家領袖會面，引來反歐盟和反戰團體的抗議民眾示威，造成警民大規模的嚴重衝突（2015年12月8日檢索自維基百科網站https://en.wikipedia.org/wiki/Protests_during_the_EU_summit_in_Gothenburg_2001）。

避免警民衝突的目的。警方透過「對話警察」與抗議群眾的對話，能夠探知群眾的意向，及瞭解群眾內心的切望，且警方對群眾的任何處置方式都能夠向群眾解釋，並與群眾討論及談判。因此，不管群眾是否願意與警方溝通對話，警察已主動踏出願與群眾對話的第一步。

（二）「對話警察」的角色與功能

　　「對話警察」的終極目標是促成人民表意的自由、和平的集會遊行，以及避免警民面對面的衝突。因此，「對話警察」扮演下列五種角色功能：

1. 談判（Negotiation）：促成警方與群眾之間的妥協與同意，以創造警方與群眾的雙贏。

2. 調解（Mediation）：向群眾說明警方的立場觀點，且向警察長官說明群眾的看法，以增加警察與群眾雙方的相互瞭解，避免產生刻板印象。

3. 提議解決方案（Initiation）：綜合雙方意見後，提出可行的解決方案，以避免或降低警察與群眾間的衝突對峙。

4. 溝通訊息（Communication）：作為警方和群眾之間的溝通媒介，交換相關訊息。

5. 蒐情（Sensing）：判讀群眾對警方行動的情緒反應及蒐集群眾準備採取的行動情報，並分析警察各種長程與近程的行動方案的可能結果，呈報警察指揮官作決策上的參考。

　　瑞典「對話警察」編組之初，穿梭在警察與群眾之間，扮演上述各種角色功能時，受到抗議群眾與警察自家人的排斥。但是，當「對話警察」確能發揮降低社會失序及警民衝突風險的功能後，現已獲得警察及群眾的接受。

（三）對話的階段作法

　　瑞典「對話警察」的具體工作可分成事前對話、事中對話與

事後對話等三個階段的作法如下：

1. 事前對話：對話警察於聚眾活動舉行之前，向群眾說明警方的立場及所採取的措施，並儘量協助抗議進行合法且和平的集會遊行活動，以避免發生警民衝突情事。如果群眾不願意與「對話警察」作事前的對話，則警察必須在聚眾活動發生後，加強與群眾的對話與合作。

2. 事中對話：「對話警察」在聚眾活動現場不穿警察制服，但穿著可資識別的黃色背心，專責擔任警察與群眾之間的溝通工作。由於「對話警察」長期與群眾接觸，所以較能察覺與判讀群眾對警察所採取的行動之情緒反應，而且「對話警察」亦較易將警察將採取的行動向群眾說明和解釋，以防範聚眾活動的負面情事發生。

3. 事後對話：當聚眾活動結束後，「對話警察」可促成召開警察與抗議群眾的檢討會，讓警察與群眾相互對話，並討論警察執法的困難處以及警察那些作法容易挑起群眾不滿的情緒，以利增進警民雙方的相互瞭解。

（四）成效評估

　　瑞典「對話警政」實施以來，雖然仍無法完全避免警民在聚眾活動中的衝突，但已產生正面的成效，包括明顯降低聚眾失序的風險、警民衝突的程度，並增加警察與群眾間的相互信任關係。因此，瑞典以「對話警政」的模式處理聚眾活動之成效已獲英國肯定與仿效。

　筆者認為台灣地區警察處理聚眾活動亦可仿效瑞典「對話警察」的作法，將各層級警察機關的保防單位編組增設「溝通警察」，並加以培訓其溝通談判的能力，於聚眾活動發生前、中、後期負責與群眾代表溝通談判，加強建立警察與群眾間的互信關係，以防範可能引發之警民衝突情事。

第肆篇

政策評估

第八章　聚眾活動處理的善後復原與檢討策進

　　本書第肆篇在探討警察處理聚眾活動的政策評估，將分三章來探討，本章將探討聚眾活動處理的善後復原、檢討課責，以及策進未來等議題，後二章則進行量化和質化的評估。

第一節　聚眾活動處理的善後復原

　　警察處理大型聚眾活動，在整個事件平息後，應立即作善後復原的工作。善後復原工作大抵可分幾個方面著手，主要包括現場清理、內部復原、公布事實真相及辦理移送作業等方面，分述如下。

一、現場清理

　　大型聚眾活動在警察強制驅散或群眾自動散去後，留下的現場可能一片混亂。此時有下列事項必須立即辦理：

（一）救護傷患：現場若有傷患，應立即送醫救治，並登記傷患資料。若傷患係為事件之主謀或現行犯者，應嚴密護衛其安全，並防範其脫逃。例如，2015年11月中國大陸海協會會長陳雲林來台引發之警民衝突，警方受傷人數計152人（住院治療者7人，就醫治療未住院者計25人，未就醫治療者計120人），民眾受傷人數計31

人（就醫治療者計30人，未就醫治療者計1人）[23]。

（二）現場鑑識：應比照重大刑事案件現場處理之作法，調派刑事鑑識人員到現場蒐集相關證物，如爆裂物痕跡、抗爭群眾掉落之文件、遺留之指紋等，可作為日後偵查及法律追訴之證據。例如台灣地區在2014年太陽花學運的群眾撤出立法院後，警察立即派員赴現場作刑事鑑識上的處理，即為很好的範例。

（三）加強戒備：為防止散去的群眾再度回到現場，現場四周主要路口應加強管制，現場亦應加強戒備，防止群眾再亂或零星攻擊情事。例如，2008年11月5日晚上，中國大陸海協會會長陳雲林來台參加「第二次江陳會談」被大批群眾圍困在台北市晶華酒店內，經警方強制驅散群眾後，該飯店後面仍留有部分群眾，致每一部貴賓車輛離開時均遭到拍打，引發各界指責[24]，實為未於現場加強戒備使然。

二、內部復原

所謂「內部復原」意指：大型聚眾活動平息後，對於警察機關內部之廳舍、財物、裝備及人員之清點，以及財物之修復與人員之安撫而言，說明如下：

（一）調查耗損：「各任務單位於事件平息之後，應立即調查裝備器材之損耗情形，並於最短時間內整修、補充完成，保持隨時待命出動之態勢。以備再次有突發事件狀況時，能有執行防制任務之能力（張榮春，1990：113）。」

（二）清理毀損：現場因聚眾活動而遭毀損殘破之廳舍、車輛及物品等，應即時清理，儘速恢復原狀，包括牆面被火燒或被塗鴉而污

---

[23]　2015年10月2日檢索自監察院網站（http://www.cy.gov.tw/mp.asp?mp=1）：098000084陳雲林案糾正案文（公布版）0520

[24]　2015年10月2日檢索自監察院網站（http://www.cy.gov.tw/mp.asp?mp=1）：098000084陳雲林案糾正案文（公布版）0520

損部分，應立即僱工油漆粉刷。

（三）安撫士氣：聚眾活動處理的任務結束後，應立即清點人員並慰勉
員警之辛勞，安撫員警的士氣。於復原告一段落後，應即辦理獎
懲，獎優懲劣，以勵來茲。

　　茲舉發生於1977年台灣地區「中壢事件」之警察內部復原工
作為例說明，1977年11月19日台灣地區舉辦五項地方公職人員選
舉投票，設於桃園縣中壢國小校內之一個投票所，因有監察員協
助年逾七十之鍾姓夫婦投票，而被群眾指控作票舞弊之嫌，當中
壢警察分局介入處理時，更加引發群眾之不滿。導致於當日下午
四時許，大批群眾包圍中壢分局，以石塊攻擊分局門窗、焚燒警
車，並襲擊甫抵現場支援之保一總隊安全維護大隊，將卡車推
翻，以長柄大鐵鎚及鏈錐擊毀有防護網之汽車玻璃，引火焚燒，
致使員警負傷。下午五時許，暴徒們向分局猛烈攻擊，搗毀樓下
派出所值班台，及分局大門，警察人員為避免流血起見，迫不得
已將樓下警衛員警，撤退至二樓，堅守各樓梯口，以確保據點，
並以瓦斯武器擊退進攻之暴徒，並規定絕對禁止用槍，以防擴大
事態。最後，因情況十分危急，局長乃以電話報告上級，奉准於
23時10分由員警攜帶全部武器及重要機密公文，從後門撤離分
局。後因暴徒所支持的許信良候選人已宣佈當選桃園縣長，故
事件約於凌晨3時平息（張榮春，1990）。翌日早上，時任內
政部警政署署長的孔令晟將軍親臨現場，召集有關人員作以下之
訓示：

1. 分局前正在大力清理，足見你們工作時效，值得讚揚。
2. 分局外牆火焰燻灼焦黑，影響觀瞻，應立即設法噴水泥或深色
油漆。
3. 桌椅、辦公廳牆損毀，應儘速補救及恢復原貌。
4. 分局外觀，應儘速恢復。

5. 彈藥爆炸損失應立即查報。

6. 全分局人員心理建設，應立即恢復信心，尤其基層人員頗為辛勞，應多予鼓勵。

7. 全分局有功人員，應立即敘獎（陳日魁，2006：85-86）。

　　上述「中壢事件」之警察內部復原作法，已涵蓋調查耗損、清理毀損及安撫士氣等要項，且全體警察同仁均能忍辱負重、冷靜沉著地完成復原工作，殊屬不易。

三、公佈事實真相

　　警察於處理聚眾活動事後，宜將社會關切之事件原因及結果，主動予以公佈，以利平息謠言和安定民心。而且，警察機關對於媒體之偏頗或負面的報導，應勇於面對社會大眾，以專業負責的態度，及時主動發布新聞或召開記者會，對社會大眾說明事實原委，即時澄清、導正媒體之偏頗報導。參照台灣地區司法部門及行政部門會銜制定之「偵查不公開作業辦法」第9條第6項規定，對於媒體報導與偵查案件事實不符之澄清，如經審酌公共利益之維護或合法權益之保護，認有必要時，得適度公開或揭露，以正視聽、安定人心。

　　例如2009年第四次江陳會談在臺中市舉行，於12月23日晚上，抗議大陸海協會會長陳雲林的群眾朝陳會長下榻的旅館，發射煙火滋擾來訪貴賓，經台中市警察局刑事警察大隊小隊長陳諸想爬上抗議民眾的宣傳車欲予制止時，卻遭受到抗議民眾（908台灣國成員）劉某將陳小隊長從三公尺高的宣傳車上推下地面，造成陳小隊長顱內出血住院。當時，新聞媒體紛紛報導係員警執法過當而自行跌落。後經警方召開記者會，播放蒐證畫面，公布事實真相後，媒體報導的角度一夜翻轉，轉向全面譴責暴力，支持警方執法。

　　因此，筆者認為警察在處理聚眾活動，對媒體偏頗報導之防處宜注意下列事項：

1. 平時應與媒體建立良好的互信關係及聯繫管道：對於媒體正面報導或輿情反映，應虛心檢討適時改進。

2. 機先把握輿情資訊：警察機關應有專人監看媒體之報導，尤其在處理聚眾活動之事前、事中及事後應廣蒐輿情資訊，以利迅速處理輿情危機。

3. 主動對外宣示警察嚴正執法、維護公權力的決心：為維護公共秩序及保障人民言論自由，警察機關基於「保障合法、取締非法、防制暴力」之原則，應宣示並採取嚴正執法，維護公權力的決心。惟對於和平之集會遊行活動宜採取溝通為主、強制為輔的策略，以服務及柔性之方式疏處群眾，避免警察與群眾之激烈衝突，爭取民眾對警察執法決心與策略的支持。警察機關為踐行民主正當程序，可多運用網路及大眾傳播媒體，資訊充分揭露，平衡報導並鼓勵網路使用者參與討論，多方交換意見，理性論辯，才不會造成偏聽與偏見。

四、辦理移送作業

聚眾活動事件平息後，警察除可利用清理現場蒐集跡證，以及從警察蒐證小組與監視錄影設備所蒐集到的證據外，加拿大溫哥華警察局曾於2011年透過社群媒體請民眾提供暴動現場犯罪行為的照片，成功地辦理聚眾活動事後的移送作業，可供我們學習。加拿大溫哥華警察局Jim Chu於2013年6月25日至27日接受亞洲警察學會及新北市政府警察局的邀請，來台灣參加亞洲警察學會的年度會議，並發表有關警察如何利用社群媒體處理聚眾活動的專題演講。他提到該警察局在2001年曲棍球季後賽的聚眾活動事件中，藉由推特（Twitter）媒體請求民眾提供的犯罪現場影片和照片，計有30TB單位，5000個小時的影片，等同於7500支DVD光碟才能容納得下。事後警方透過媒體，公佈此案之十大暴徒，結果這些嫌犯逐一落網（章光明，2014）。

　　由於警察在大型聚眾活動現場逮捕的嫌犯人數眾多，且有其他支援單位協助逮捕，所以現場只能製作「案件移辦單」及「簡易移辦單」，將嫌犯的基本資料和犯罪事實簡要填寫移給當地的警察機關處理。因此，當地警察機關在事後必須根據此簡易的移辦單，辦理傳喚、偵詢及彙整證據等作業，再以正式的移送書移請檢察署依法究辦。

第二節　聚眾活動處理的檢討課責

　　警察在處理完一件聚眾活動事件後，除必須立即作善後復原外，尚必須做事後的得失檢討與策進未來，以及建檔保存相關資料，以供日後調閱參考。因此，此事後的檢討與策進做法，在政策管理上具有兩個意義，一為對過去的檢討課責（accountability），另一為對策進未來的努力方向。

　　何謂「課責」？M. Bovens（2005：184-185）認為課責可視為一種社會關係（accountability as a social relation），並可將之定義為：「課責是一個行動者感覺有一種義務，必須對另些個有意義的他者（課責者）解釋和正當化其作為的一種社會關係。」因此，這種課責的關係至少包含了三個要素或階段。第一個階段是指行動者感覺有義務地必須向課責者報告其作為，包括提供有關任務績效、結果及過程等之各種資訊給課責者，其方式如預算績效的財務課責、執法是否公正的法律課責，或其他政治的課責等。第二個階段是指課責者對行動者所提供的資訊加以調查，並質詢行動者的作為的正當合法性，此時的行動者必須對課責者的質詢作出回應或辯解。所以，此階段又稱為辯論階段（the debating phase），乃將「課責」（accountability）和「答詢」（answerability）二詞在語意上作緊密的連結。至於課責的第三個階段則是課責者對行動者的作為是否具有正當合法性作出判斷，包括正面的認同和負面的懲罰等判斷。

　　此外，公共行政學者Hughes認為課責，意指：「代表他人或團體利益而行動的人們，必須向他所代表的對象回報其執行行動的績效，或用某種方式對其所代表的對象負責之謂。」換言之，這是一種「委託人-代理人」的關係（principal-agent relation）中，代理人基於委託人的利益而履行某種任務，並向委託人回報執行績效的一種制度。因此，不論在公部門或私部門，皆存在著課責機制（Hughes, 2003: 237）。由此可知，課責的意含好比權能區分下，有權的一方授權給有能的一方之後，有能者必須向有權者負責之謂。

　　綜上，對民主社會中的警察而言，社會大眾或民意代表授權給警察具有公權力去執行法律，相對地警察也必須向授權者負責，授權者為避免警察的公權力濫用，並設計有很多課責的機制加以防範。因此，對於警察在處理聚眾活動的執法行為，當然需有一套課責機制予以監督。

　　至於課責機制的型式，可從課責來源是內在或外在，以及控制程度的高或低，區分出官僚、法律、專業及政治等四種課責型式（朱金池，2007）。茲說明這些課責機制對警察處理聚眾活動處理的運作如下：

一、官僚的課責型式

　　此種課責型式的來源是警察組織內部，控制的程度較高，作法如下：

1. 警察內部督導機制：包括警察機關的主官督導、政風監察、督察督導及業務督導等監督系統等，皆能對警察人員違法或不當的裁量行為作有效的監督。例如，台北市政府警察局對2008年11月5日松山分局長黃〇〇執行大陸海協會陳雲林會長來台之安全維護工作，勤務部署欠周祥，警力調度失當，核予記過一次之行政處分，即屬典型的官僚課責機制。

2. 警察內部行政規則：警察人員在第一線執勤時，因受限於員警個人的知識與經驗有限，以及受制於作裁量決定（如開槍）時的時間緊迫且資源有限，易作出違法或不當的裁量行為，所以警察機

關均於事前，由專家針對各種警察勤務方式和狀況，周詳地訂定標準作業程序和裁量準則，或訂定其他行政規則，提供員警執勤時的判斷依據，以期提升警察的裁量品質。例如台北市政府警察局訂有「處理大型聚眾活動標準作業程序」（SOP）。

3. 警察內部績效評比：為有效引導員警的工作重心，以及公平客觀地考核員警績效，實施獎懲措施，警察機關常透過各種績效評比辦法來評量員警績效。

4. 調查民眾滿意程度及受理民眾陳情案件：公共管理理論強調行政人員直接對人民負責，一切施政以服務對象為導向。譬如，實施社區警政的警察機關，非常重視民眾的感受和滿意度，除消極受理調查民眾陳情案件外，常主動實施問卷調查，瞭解民眾對警察服務的滿意度。

二、法律的課責型式

此種課責型式的來源是警察組織外部，控制的程度較高，例如透過刑法、刑事訴訟法或警察行政法規等，來規範警察職權的行使權限。若警察違法或有不當的作為，這些法律會加諸警察一定的處罰，並由檢察官和法官負責進行對警察課責的程序。例如，司法院大法官會議針對集會遊行法商部分條文違憲作出釋字第445號及718號兩號解釋，來規範警察的職權。

政治及官僚的課責機制較屬於事前的課責機制，而法律的課責機制則純屬事後性質的課責機制，亦即當警察行使了裁量行為，司法機關得就其是否違法部分加以審查，以保障人民的自由權利免受警察的違法裁量行為所侵害。至有關裁量瑕疵可分為下列數種：

1. 裁量逾越：指行政機關裁量之結果，超出法律授權之範圍。

2. 裁量濫用：指行政裁量之行使，發生牴觸法律授權的目的、漏未審究應加斟酌的觀點、參雜與事件無關的因素或動機，或違反一

般之法律原則或憲法保障基本權利規定意旨等情事。因其屬權力行使的失誤或濫用，故構成違法，又稱濫權裁量。其情形略可歸類為如下三種（李建良，2003：56-58）。

（1）衡量瑕疵：係指行政裁量漏未審究應加斟酌的觀點，或對應加衡酌的要素，未作合乎授權意旨的適切考量。

（2）濫用權力：係指行政機關於行使裁量權時，摻雜與事件無關的因素，或以有悖於授權目的之動機，充作考量的基準，特別是行政機關假借裁量，追求法律授權意旨以外之目的，或憑執法者個人的主觀好惡或摻入個人恩怨，而作「選擇性執法」，此類裁量處分均屬違法，自不待言。

（3）違反法律的一般原則及憲法保障基本權利的意旨：如誠信原則、平等原則及比例原則等均屬之。尤應指出者，行政機關行使裁量權以作成行政處分時，必須遵守比例原則，該行政處分除須適合於行政目的之達成外，尚不得逾越必要的限度，且須與所欲達成的行政目的間保持一定的比例，否則即構成裁量的濫用，亦屬違法。

在警察處理聚眾活動的實務上，警察的裁量行為是否違反法律的一般原則，司法機關曾有作過審查的案例。譬如台灣台北地方法院士林分院七十七年度訴字第三八八號刑事判決中曾謂：集會遊行法第二十六條規定……，此乃法治國家基本原則中所謂之「比例原則」或稱為「（公權力干涉之）適當原則」，此一原則直接源自憲法第二十三條之精神，與有謂「禁止過度」原則及「必要性原則」相通，乃指公權力之干涉，應考慮手段與目的，必須具有適當、相當之關係；申言之，……。本件被告……首謀非法遊行，規模龐大，嚴重影響大湖山莊內居民之安全，市警局受立法院秘書長函囑，加派警力，因成功路大湖派出所兩側均係資深民意代表住宅，警員將封鎖線設於成功路上，得以兩面兼

顧，如……表示願意解散，則警方隨時可以撤除封鎖；又群眾對執勤警員施暴，為警方所逮捕訊問，亦未過當。總之內湖分局之處置適當合法，並未逾越集遊法第二十六條所定之必要限度[25]。

3. 裁量怠惰：係指法律雖賦予行政機關裁量權，但因故意或過失而消極的不行使裁量權之謂。例如對於有事實認為有妨害國家安全之重大嫌疑者，入出境主管機關有權不予許可其入出境（參照國家安全法第三條第二項第二款），假設主管機關對申請入出境之個別事件，應斟酌此項因素而不予斟酌，即屬此類瑕疵（吳庚，2000：121）。

設想在一個有暴力行為的集會遊行事件中，警察目睹施暴者之施暴行為，如果未能採取及時制止或現場逮捕的動作，而釀致無辜民眾受到生命、身體或財產上的傷害時，該受害民眾似可依據大法官會議釋字469號的解釋精神，向國家請求損害賠償。而且，在此種情境下的警察，應是處於裁量萎縮的狀況，警察應以強制力阻止現場的施暴行為，並實施現場逮捕之作為，亦即不適用集會遊行法第二十五條第二項「前項制止、命令解散，該管主管機關得強制為之」規定中「得」字的裁量行為，亦即此時之「得」字應改為「應」字，方不致被法院判定為違法的裁量行為。

三、專業的課責型式

此種課責型式的來源是警察組織內部，控制的程度較低，例如透過警察的領導、訓練和組織文化的培養，使警察人員具有專業能力及專業的工作規範，以防範其工作偏差的作法，是屬於專業的課責型式。若警察人員違反了警察應有的專業精神而破壞警察形象時，則將受到團體內部長官或同儕的責備。其作法如：

---

[25] 本案例引自梁添盛，2004，〈警察職權行使法講授大綱〉，2004年2月20日作者自印，頁16。

1. 辦理警察常年教育訓練或研討會：警察機關對新頒定的法規、警政政策、勤務作為，以及行政倫理等課題，常定期實施教育訓練，以利對警察的裁量行為隨時作檢討和調整，並確切教育警察人員嚴守「行政中立」的原則，依法執行公務，不涉入政黨活動，並以同一標準服務社會大眾。例如，內政部警政署於2015年9月21日舉辦「2015年警政治安策略研討會」，會中研討「網路號召集會遊行之防處行為」，要求各縣市警察局副局長參與研討，即屬於專業課責的作法。

2. 培養高度自律及民主法治的警察組織文化方面：警察的各項有形的規範對於警察裁量行為的課責，都不如無形的組織文化來得有效。所以，透過優質的警察組織文化，包括強調自我要求及民主法治的精神，最能影響個別警察人員的裁量行為。不過，組織文化最難立竿見影，必須透過長期及激烈的組織變革過程，才能有所改變。

四、政治的課責型式

此種課責型式的來源是警察組織外部，但控制的程度不一定高，例如透過民選的議員對警政的質詢和預算的審查，來監督警察所作所為是否有偏離民意；或透過民選的行政首長對警察局長的人事任命來課責警察的施政作為等，均屬於政治的課責型式。又如立法院內政委員會及監察院均針對警察處理2014年3月18日「太陽花學運」的缺失，要求內政部警政署提出書面報告，並要求提出警察施暴於民眾者之懲處名單，甚至凍結警政署2015年的預算新台幣1億2千萬的作法，即是典型的政治課責型式。

綜合上述，警察處理聚眾活動必須接受警察機關內部的官僚課責和專業課責外，尚必須接受外部的政治課責和法律課責，尤其在當今Web 2.0的時代，社群媒體發達，社會大眾對警察處理聚眾活動的監督更甚以往。

第三節　聚眾活動處理的策進未來

　　Stone和Travis[26]二人（2011）提出21世紀的警政將朝向「新專業主義警政」（New Professionalism in Policing）的方向發展，強調課責（accountability）、正當合法性（legitimacy）、創新（innovation）及國家一致性（national coherence）等四大核心價值。

　　又美國有鑑於近一、二年警察與非裔美國人之間的警民衝突頻傳，遂於2014年12月18日成立直屬歐巴馬總統的「21世紀警政改革專案小組」（The President' Task Force on 21st Century Policing），該小組由警察實務界、法學界及社團組織等共11人組成，經召開多次公聽會及研討會議後，於2015年5月提出總結報告，建議總統今後應加強警政六大面向的改革：包括建立民眾對警察的信任關係與警察執法的正當合法性、修正警察的標準作業程序並加強市民對警察的監督、強化警察科技及社群媒之應用、落實社區警政並減少犯罪、加強員警教育訓練，以及照顧員警的健康及執勤安全等（President' Task Force on 21st Century Policing, 2015）由此可見，未來警政的發展的主流價值仍將環繞在：警察執法的正當合法性、警察應接受民眾的課責監督，以及建立民眾對警察的信任關係等願景。

　　因此，筆者綜合歸納未來警察處理聚眾活動的策進作法，將朝下列方向發展：

---

[26]　Jeremy Travis曾任隸屬於美國司法部的國家司法研究院（National Institute of Justice）的院長，現任紐約市立大學John Jay刑事司法分校校長。筆者曾於2013年10月及2015年8月申請科技部補助邀請Travis校長來台灣蒞臨中央警察大學作兩場專題演講，題目分別為：「邁向新專業主義的警政」（Toward a New Professionalism in Policing）及「建立民眾對警察的信任關係」（Building Public Trust in the Police: The Importance of Police-Citizen Contacts）。

（一）在處理聚眾活動的典範變遷方面：將從群眾控制典範，過渡到群眾管理典範，而發展到相互尊重的典範（Redekop and Pare, 2010）。

（二）在處理聚眾活動的強制力行使方面：將朝向去軍事化、去武力化（de-escalation）的方向發展，將更尊重民眾集會遊行的自由權利，並更加重視與民眾的對話，必要時可對現場情緒激動的民眾或警察採取「架離的技巧」（extraction techniques），避免警民的激烈衝突（President' Task Force on 21st Century Policing, 2015）。

（三）民主警政下警察處理聚眾活動的原則（Marx, 1998: 253-258）：

1. 警察是法律的僕人，不是任何擁兵自重的私人軍隊的僕人：縱使警察是國家的機關之一，但不是統治這個國家者（包括總統、行政院長、國王）個人的機關之一。警察不是戰爭中的忠貞戰士，而是效忠法律的公僕。

2. 法律和行政規則必須賦與警察擁有裁量權，但也必須要用法律和行政規則去規範警察的裁量權，而不是任由警察自由行使裁量權。

3. 法律必須具有彈性的執行，且執行法律是警察必要時所採取的實際行動。就如何有效維持秩序和降低損害而言，嚴格執行法律可能會導致反效果。

4. 傳統上警察處理聚眾活動的主要目標，是管理群眾使其不要失控：警察可扮演調解者或傳譯者的角色，透過溝通和合乎程序的方法去解決問題。

5. 預防問題發生比問題發生後再去解決要好：預防永遠比治療來得好，警察不是既得利益者的代表人，警察可扮演挑戰者和既得利益者之間的緩衝者、協調者和傳譯者。

6. 對民眾要有信心，並擴大授權給民眾作自我管理及執行法律，才能合作產生秩序（coproduction of order）。

7. 加強科技在情報蒐集、分析上的應用，以及在設計物理或社會環境上的應用：例如警察要預防足球賽的觀眾的集體衝突，應事先設計規劃雙方觀眾的位置和動線，避免其正面的衝突。

（四）英國在1974年至2009年間發生23件重大聚眾活動的檢討報告中，重複出現的建議事項，依出現頻率高低排序如下（HMIC，2009）：

1. 應加強員警處理聚眾活動的訓練（建議16次）；

2. 警察應加強與抗爭群眾的溝通（建議14次）；

3. 警察處理聚眾活動應慎用武器（建議11次）

4. 警察應加強與傳播媒體溝通（建議7次）；

5. 事件平息後應作檢討報告和組織學習（建議7次）；

6. 警察應明示保障和平性的集會（建議5次）；

7. 警察處理聚眾活動期間應注意員警的工作量和復原力（建議4次）；

8. 警察採取強制的執法措施前應先對群眾提出多次警告（建議3次）。

綜合上述，英國、美國等先進國家，對警察處理聚眾活動的要求重點大抵著重在政治、法律及管理等三個面向：

首先，在政治面向上：警察應扮演介於國家與人民之間的角色，除了要維護國家、社會的安全秩序外，更應尊重和保障人民表達意見的自由權利，並接受社會大眾的課責監督，如此才能贏得民眾的信任與支持。

其次，在法律面向上：警察執法要有彈性、去武力化和遵守比例原則，要慎用強制力和武器，加強與群眾和媒體的溝通，如此才能被視為具有「正當合法性」。

最後，在管理面向上：警察應加強處理聚眾活動的技巧訓練和組織學習，並加強科技的應用、聚眾環境的規劃，如此才能有效率與有效能地預防和解決聚眾活動的問題。

第九章　聚眾活動處理的量化評估

　　本書採用調查研究法對台北市政府警察局處理聚眾活動的情形，進行量化的評估，包括使用問卷調查法調查台北市警察人員的看法，以及使用民意調查法調查台北市市民的看法。最後，再對照警察人員與市民的看法之間，檢驗有無落差存在。

第一節　台北市警察人員對聚眾活動處理的看法調查及分析

一、問卷設計

（一）筆者根據聚眾活動處理的研究架構，設計問卷題目，除受訪人基本資料10題外，共有27題。其構面與題目如下：

　　1. 對警察操守和信任的看法方面：計有題號1、2等2題；

　　2. 對警察處理聚眾活動的看法：計有題號3-7等5題；

　　3. 對台北市警察處理聚眾活動的滿意度：計有題號8-22等15題；

　　4. 如果請您為台北市警察的整體表現打個分數，您會打幾分（題號23）；

　　5. 假如「人民集會遊行的自由權利」和「維持社會秩序」相衝突的話，您認為哪一個比較重要（題號24）；

　　6. 警察實際上在處理聚眾活動（像去年的太陽花學運）時，比較強調「人民集會遊行的自由權利」，還是「維持社會秩序」（題號25）；

7. 您認為警察處理聚眾活動的下列二種不同作法（以強制力控制群眾或以溝通協調疏處群眾），應優先採取何者（題號26）；

8. 您認為形成大型聚眾活動的主要因素有下列何者（題號27）。

（二）為提高本調查研究的效度與信度，除由學者專家二人對問卷題目參與討論外，另於2015年7月9日下午三時對中央警察大學推廣教育訓練中心103年三等警察特考班（警職組A班）學員50人進行前測，並依接受前測之學員的反映意見，修改本研究問卷。

二、研究對象、抽樣方法與樣本特徵

（一）研究對象

本項問卷調查係以台北市政府警察局為研究對象，包括台北市14個警察分局及刑事警察大隊、保安警察大隊、交通警察大隊等計17個單位。

（二）施測過程

由研究者於2015年7月13日至7月22日期間，請專人依各受測單位的抽樣結果，協助發放及收回問卷。並在問卷問候語中表示：「本問卷係採匿名方式填答，最後統計資料僅會呈現集體分析的結果，敬請放心填答。」以期提高問卷調查的信度。

（三）抽樣方法與樣本特徵

本項研究採分層立意隨機抽樣方法，將問卷平均發放給台北市政府警察局14個分局及保大、交大、刑大等共17個單位，每個單位各抽樣30位警職同仁填答（共發放510份）。各單位30份樣本的分配方式為：外勤員警（各分局之派出所或直屬大隊的外勤隊、分隊）隨機抽樣發放24份，內勤員警隨機抽樣發放6份（包括分局行政組、偵查隊、督察組各2份，或直屬大隊之內勤人員6份）。各單位30份問卷中至少分配有3份是

由分隊長（巡官）以上之幹部填答，餘由基層員警填答。

　　本研究計發放510份問卷，回收500份，回收率98%；其中無效問卷計40份，有效問卷計460份，有效問卷數佔問卷發放數的92%。

　　本研究警察問卷有效樣本之特徵如表9-1所示，其中男性比例高於女性，男性佔將近九成，女性稍多於一成；年齡多分布在50歲以下，且各年齡層分布平均，惟50歲以上者僅佔4.8%；警察最高學歷為專科警員班者最多，佔將近六成，其次為基層特考班與警察大學（研究所、大學部四年制、二年技術班），分別為16.2%與15.3%；教育程度為專科者最多，其次為大學，分別為51.4%與33.0%；婚姻狀況已婚者約佔六成，未婚者則稍多於四成；職稱則為警員者為最多，約佔65%，其次為巡佐或小隊長，約佔16%；在職務上，非主管者超過九成；服務單位類別則以派出所為大宗，佔比超過六成，其次為分局督察組，約占一成；從警年資為6至10年與21年以上者較多，皆佔比近三成，其次則為5年（含）以下者，佔約24%；最後，單位別的分布狀況上則十分平均，總共17個不同單位之中，每個單位佔比分布於4.8%至6.5%。

　　經查本研究的母體台北市政府警察局統計至2015年八月底止，警職人員總額為7,249人，其中警員4,179人，佔總人數的57.65%，巡佐、小隊長、警務佐及偵查佐合計為1,542人，佔總人數的21.27%；男性警職人員計6,338人，佔總人數的87.43%，女性警職人員911人，佔總人數的12.57%。對照本研究樣本特徵中的男警與女警的比例分別為87.6%與12.4%，及警員佔比65.3%，巡佐或小隊長佔比16.3%，可見本研究樣本相當具有代表性。

表9-1：警察問卷有效樣本之特徵

變項	特徵	次數	有效百分比
性別	男	383	87.6%
	女	54	12.4%
	遺漏值	23	

年齡	30（含）歲以下	131	28.6%
	31-40歲	158	34.5%
	41-50歲	147	32.1%
	51（含）歲以上	22	4.8%
	遺漏值	2	
警察最高學歷	專科警員班	263	58.2%
	基層特考班	73	16.2%
	年度四等特考班	30	6.6%
	年度三等特考班	7	1.5%
	警察大學（研究所、大學部四年制、二年技術班）	69	15.3%
	警察大學（警佐班）	10	2.2%
	遺漏值	8	
教育程度	高中（職）	54	11.9%
	專科	234	51.4%
	大學	150	33.0%
	研究所（含）以上	17	3.7%
	遺漏值	5	
婚姻狀況	已婚	247	57.6%
	未婚	182	42.4%
	遺漏值	31	
職稱	分局組長或隊長	6	1.3%
	中隊長	13	2.9%
	警務員或組員	36	8.1%
	偵查員	3	0.7%
	巡官或分隊長	24	5.4%
	巡佐或小隊長	73	16.3%
	警員	292	65.3%
	遺漏值	13	
職務	主管	36	9.7%
	非主管	334	90.3%
	遺漏值	90	
服務單位類別	派出所	293	64.8%
	分局行政組	36	8.0%
	分局偵查隊	24	5.3%
	分局督察組	45	10.0%
	保安警察大隊	22	4.9%
	刑事警察大隊	2	0.4%
	交通警察大隊	30	6.6%
	遺漏值	8	
從警年資	5年（含）以下	111	24.2%
	6-10年	135	29.4%
	11-15年	21	4.6%
	16-20年	56	12.2%
	21年（含）以上	136	29.6%
	遺漏值	1	

單位別			
	中山分局	28	6.1%
	中正第一分局	29	6.2%
	中正第二分局	24	5.3%
	信義分局	27	5.9%
	大安分局	25	5.4%
	大同分局	30	6.5%
	萬華分局	30	6.5%
	松山分局	30	6.5%
	士林分局	26	5.7%
	北投分局	27	5.9%
	文山第一分局	30	6.5%
	文山第二分局	25	5.4%
	刑警大隊	27	5.9%
	保安大隊	23	5.0%
	交通大隊	26	5.7%
	南港分局	22	4.8%
	內湖分局	30	6.5%
	遺漏值	1	

資料來源：本研究彙整

三、調查結果之描述性統計分析

（一）表9-2呈現警察人員「對警察操守和信任的看法」、「對警察處
理聚眾活動的看法」，以及「對台北市警察處理聚眾活動的滿意
度」等三個構面題目之描述性統計的結果。

1. 在「對警察操守和信任的看法」構面中，警察普遍對題號1「整
體而言，警察的品德操守良好」的敘述認同度最高，1-5點量表[27]
平均為3.95分，偏向同意。

2. 在「對警察處理聚眾活動的看法」構面中，警察普遍對題號7
「警察應提升處理聚眾活動的法律素養」的敘述認同度最高，
1-5點量表平均為3.83分，偏向同意；對題號3「警察在處理聚眾
活動（像去年的太陽花學運）的執法態度強勢」的敘述認同度則
最低，1-5點量表平均為3.23分，偏向普通。

3. 在「對台北市警察處理聚眾活動的滿意度」構面中，警察普遍對
題號20「我對台北市警察在處理聚眾活動的蒐證作為感到……」

---

[27] 本研究對1-5點量表的編碼是：5代表非常同意、4代表同意、3代表普通、2代表不同意、1
代表非常不同意。

的敘述認同度最高，1-5點量表平均為3.45分，偏向普通；對題號
15「我對台北市警察移送法辦的集會遊行案件經法院判決的結果
感到……」的敘述認同度則最低，1-5點量表平均為2.56分，偏向
普通。

**表9-2：對警察操守和信任的看法、對警察處理聚眾活動的看法與
對台北市警察處理聚眾活動的滿意度三構面之描述性統計**

構面	題目	尺度	平均值	標準差
一、對警察操守和信任的看法	1.整體而言，警察的品德操守良好	1-5	3.95	.735
	2.台北市市民對警察的信任程度高	1-5	3.40	.934
二、對警察處理聚眾活動的看法	3.警察在處理聚眾活動（像去年的太陽花學運）的執法態度強勢	1-5	3.23	1.270
	4.警察在處理聚眾活動（像去年的太陽花學運）的執法態度公正	1-5	3.72	.997
	5.整體上，警察處理聚眾活動的專業能力良好	1-5	3.63	.880
	6.警察應提升處理聚眾活動的專業技能	1-5	3.80	.808
	7.警察應提升處理聚眾活動的法律素養	1-5	3.83	.823
三、對台北市警察處理聚眾活動的滿意度	8.我對台北市警察在處理聚眾活動的情報蒐集作業感到：	1-5	3.42	.795
	9.我對台北市警察在處理聚眾活動的溝通疏處作為感到：	1-5	3.39	.856
	10.我對台北市警察在處理聚眾活動的計畫作為感到：	1-5	3.31	.906
	11.我對台北市警察在處理聚眾活動的警力部署作為感到：	1-5	3.21	.994
	12.我對台北市警察在處理聚眾活動的裝備整備作為感到：	1-5	3.06	.967
	13.我對我國警察在處理聚眾活動的集遊法制相關規定感到：	1-5	2.82	1.019
	14.我對台北市警察移送地檢署的集會遊行案件經檢察官起訴的結果感到：	1-5	2.70	1.106
	15.我對台北市警察移送法辦的集會遊行案件經法院判決的結果感到：	1-5	2.56	1.072
	16.我對台北市警察分區指揮官在處理聚眾活動的現場指揮作為感到：	1-5	3.13	.986
	17.我對台北市警察總指揮官在處理聚眾活動的現場指揮作為感到：	1-5	3.09	.946

	1-5	3.20	.918
18.我對台北市警察在處理聚眾活動的溝通談判作為感到：	1-5	3.20	.918
19.我對台北市警察在處理聚眾活動的新聞處理作為感到：	1-5	3.08	.943
20.我對台北市警察在處理聚眾活動的蒐證作為感到：	1-5	3.45	.835
21.我對台北市警察在處理聚眾活動的逮捕作為感到：	1-5	3.28	.984
22.我對台北市警察在處理聚眾活動的整體表現感到：	1-5	3.34	.875

資料來源：本研究彙整

（二）對台北市警察整體表現的評分分析

如表9-3，訪問填答者「**如果請您為台北市警察的整體表現打個分數，您會打幾分**」，其中有效問卷中有4.6%的填答者填答打60分以下，有91.9%則填答打61分以上。

表9-3：如果請您為台北市警察的整體表現打個分數，您會打幾分（題號23）

選項 \ 分配情形	分配情形		
	次數	有效百分比	累積百分比
0-20分	3	0.7%	0.7%
21-40分	1	0.2%	0.9%
41-60分	17	3.7%	4.6%
61-80分	151	33.3%	37.9%
81-100分	266	58.6%	96.5%
沒有意見	16	3.5%	100.0%
遺漏值	6		
總和	460	100.0%	

資料來源：本研究彙整

（三）對「集會遊行自由權利」與「維持社會秩序」的重要性之看法
　　　分析

1. 如表9-4，填答者填寫對「**假如『人民集會遊行的自由權利』和
『維持社會秩序』相衝突的話，您認為哪一個比較重要**」，其
中有效問卷中有5.1%的填答者認為集會遊行自由權利較重要，有
85.7%則認為維持社會秩序較重要。

表9-4：假如「人民集會遊行的自由權利」和「維持社會秩序」相衝突
　　　　的話，您認為哪一個比較重要（題號24）

分配情形 選項	分配情形		
	次數	有效百分比	累積百分比
集會遊行自由權利	23	5.1%	5.1%
維持社會秩序	389	85.7%	90.8%
沒有意見	42	9.3%	100.0%
遺漏值	6		
總和	460	100.0%	

資料來源：本研究彙整

2. 如表9-5，填答者填寫對「**警察實際上在處理聚眾活動（像去年
的太陽花學運）時，比較強調『人民集會遊行的自由權利』，還
是『維持社會秩序』**」，其中有效問卷中有25.5%的填答者比較
強調集會遊行自由權利，有65.3%則比較強調維持社會秩序。

表9-5：警察實際上在處理聚眾活動（像去年的太陽花學運）時，比較強調「人民集會遊行的自由權利」，還是「維持社會秩序」（題號25）

選項 \ 分配情形	分配情形		
	次數	有效百分比	累積百分比
集會遊行自由權利	116	25.5%	25.5%
維持社會秩序	297	65.3%	90.8%
沒有意見	42	9.2%	100.0%
遺漏值	5		
總和	460	100.0%	

資料來源：本研究彙整

（四）對警察處理聚眾活動的典範看法分析

如表9-6，填答者填寫「您認為警察處理聚眾活動的下列二種不同作法，應優先採取何者」題項，其中有27.7%的填答者認為應優先採取以強制力控制群眾措施，有63.3%則認為應修先採取以溝通協調疏處群眾措施。

表9-6：您認為警察處理聚眾活動的下列二種不同作法，
應優先採取何者（題號26）

選項 \ 分配情形	分配情形		
	次數	有效百分比	累積百分比
以強制力控制群眾	126	27.7%	27.7%
以溝通協調疏處群眾	288	63.3%	91.0%
沒有意見	41	9.0%	100.0%
遺漏值	5		
總和	460	100.0%	

資料來源：本研究彙整

（五）對聚眾活動形成因素的看法分析

表9-7為填答者對題號27「您認為形成大型聚眾活動的主要因素有下列何者？（請依重要性由高而低選取五種，分別在□內填上1至5的數字。1表示重要性最高，2表示其次，餘此類推。）」所認為的重要性結果。

　　本題計算方式為：答1者得5分、答2者得4分，以此類推，答5者得1分，未填答者得0分。各選項得分乘以給該分的人數，加總後計算出一分數，此分數可有效代表填答者認為之重要性。

　　依據表9-7我們可發現形成大型聚眾活動的五個主要因素分別為：抗爭民眾不滿政府對個案的處理、網路社群媒體（如臉書）動員參與、大眾媒體擴大渲染、政治人物操控動員以及經濟不景氣造成的民生問題。

表9-7：您認為形成大型聚眾活動的主要因素有下列何者（題號27）

選項 ＼ 分配情形	加總得分	得分排序
抗爭民眾不滿政府對個案的處理	952	1
網路社群媒體（如臉書）動員參與	919	2
大眾媒體擴大渲染	899	3
政治人物操控動員	788	4
經濟不景氣造成的民生問題	731	5
抗爭民眾積極表達理想的訴求	699	6
抗爭者切身的權利受損	656	7
行政機關政策失當	546	8
政治不夠民主、自由	155	9
警察執法不當	123	10

資料來源：本研究彙整

四、調查結果之交叉分析

　　依據樣本的各個變項進行不同題項的交叉分析，經卡方檢定分析，多數結果皆呈現變項與題項間彼此獨立，因此不予以詳列於此，其中較具解釋意義之交叉分析為「職稱」與「您認為警察處理聚眾活動的下列二種不同作法，應優先採取何者」的看法。

　　表9-8呈現了不同職稱者對「您認為警察處理聚眾活動的下列二種不同作法，應優先採取何者」的看法。**經卡方檢定分析得知，$\chi^2=$**

39.555，p=.002，達顯著差異水準（p< .05），因此「職稱」與「您認為警察處理聚眾活動的下列二種不同作法，應優先採取何者」的看法之間不具有獨立性，表示在本研究所搜集的樣本之中，**職稱的不同會影響對「您認為警察處理聚眾活動的下列二種不同作法，應優先採取何者」的選擇**。其中不論職稱為何，皆認為以溝通協調疏處群眾較以強制力控制群眾優先，然其中又以「巡佐或小隊長」群體內認為「以強制力控制群眾」較其他群體來的稍多，佔比31.5%。

表9-8：「職稱」與「您認為警察處理聚眾活動的下列二種
不同作法，應優先採取何者」之列聯表分析

| | 您認為警察處理聚眾活動的下列二種不同作法，應優先採取何者 | | | |
	以強制力控制群眾	以溝通協調疏處群眾	沒有意見	總和
巡官或分隊長以上	13 15.9%	67 81.7%	2 2.4%	82 100.0%
巡佐或小隊長	23 31.5%	45 61.6%	5 6.8%	73 100.0%
警員	87 29.9%	170 58.4%	34 11.7%	291 100.0%
總和	123 27.6%	282 63.2%	40 9.0%	446 100.0%

註： $\chi 2$ =39.556, p=.002
資料來源：本研究彙整

第二節　台北市市民對聚眾活動處理的看法分析

一、問卷設計

（一）筆者根據聚眾活動處理的研究架構，設計電話訪問問卷的題目共有7題，以及4題基本資料共11題如下：

　　1. 您認為警察在處理聚眾活動（像去年的太陽花學運）的執法態度是否很強勢？

（1）非常強勢（2）強勢（3）普通（4）不強勢（5）非常不強勢（6）不知道／拒答

2. 您認為警察在處理聚眾活動（像去年的太陽花學運）的執法態度是公正的嗎？

（1）非常同意（2）同意（3）普通（4）不同意（5）非常不同意（98）不知道／拒答

3. 人民集會遊行的自由權利和維持社會秩序相衝突的話，您認為哪一個比較重要？

（1）集會遊行自由（2）維持社會秩序（98）不知道／拒答

4. 您覺得警察在處理聚眾活動（像去年的太陽花學運）時，比較強調人民集會遊行的自由權利，還是維持社會秩序？

（1）集會遊行自由（2）維持社會秩序（98）不知道／拒答

5. 您認為警察在處理聚眾活動的專業能力是否良好？

（1）非常良好（2）良好（3）普通（4）不好（5）非常不好（6）不知道／拒答

6. 整體而言，請問您對警察的信任程度為何？

（1）非常高（2）高（3）普通（4）不高（5）非常不高（6）不知道／拒答

7. 如果請您為台北市警察的整體表現打個分數，您會打幾分？（由0至100分，及格分數是60分）

（1）0-20分（2）21-40分（3）41-60分（4）61-80分（5）81-100分（98）拒答

8. 請問您的年齡大約是？

（1）未滿20歲（2）20～29歲（3）30～39歲（4）40～49歲（5）50～59歲（6）60歲以上（98）拒答

9. 請問您的教育程度是什麼？

（1）國中以下（2）高中、職畢（肄）業（3）專科、大學畢

（肄）業（4）研究所畢（肄）業或以上（98）拒答

10. 請問您目前從事什麼職業？

（1）工（2）商（3）農（4）公（5）服務業（6）家管（7）無業
／退休（8）學生（9）其他（98）拒答

11. 請問您的性別是？

（1）男（2）女

（二）為提高本調查研究問卷的效度，在問卷設計過程中，請學者專家
二人對問卷題目參與討論，並依學者專家意見，修改本研究問卷
後，始正式進行電話訪問調查。

二、調查地區、對象與抽樣方法

（一）調查地區、對象：本項民意調查之調查地區為台北市，並以年滿
18歲以上之台北市市民為調查對象。

（二）抽樣方法

本研究抽樣方法採分層隨機抽樣法，以台北市各行政區為分
層單位，各層依照層內年滿十八歲以上人口占台北市地區年滿十
八歲以上人口的比例分配樣本數（如表9-9所示）。

在抽樣母體方面，台北市各行政區皆以住宅電話號碼簿為抽
樣母體清冊，對各行政區採簡單隨機抽樣法，抽出樣本電話號
碼，為了使未登錄在電話號碼簿上的電話號碼也有機會被抽為樣
本，因此將樣本電話號碼末三位數以隨機號碼取代。

表9-9：台北市各行政區預計有效樣本分配數與實際有效樣本分配數

行政區	人口數（百分比）	預定樣本數	實際樣本數
大同區	130,973（4.85%）	20	20
萬華區	194,715（7.21%）	29	31
中山區	230,496（8.53%）	34	36
大安區	313,693（1.16%）	46	47

中正區	163,388（6.05%）	24	24
松山區	210,473（7.79%）	31	32
信義區	229,657（8.50%）	34	35
士林區	290,455（10.75%）	43	45
北投區	257,520（9.53%）	38	39
文山區	273,921（10.14%）	41	41
南港區	121,257（4.49%）	18	19
內湖區	285,767（10.57%）	42	45
合計	2702,315（100%）	400	414

資料來源：台北市各行政區人口數資料檢索自台北市政府警察局網站「臺北市現住人口、性比例、人口密度」表（2015年7月5日檢索）

三、調查方法

　　本研究在調查方式上，係採用中央警察大學警政民意調查中心之電腦輔助電話訪問系統（Computer Assisted Telephone Interview，CATI），進行電話訪問調查。該CATI系統設有監看系統，品質控制十分嚴格。期望透過嚴謹的調查過程俾以獲取具有代表性的樣本資料，降低樣本偏差並提高統計估計值的可信度。而在進行調查之訪員來源方面，皆係招募中央警察大學研究所之研究生，以及大學部的學生擔任訪員工作。在本次調查實施前，均施以訪員之訓練。除讓其了解系統之操作外，亦逐一檢討、說明問卷之內容，以提升調查之信度[28]。

四、調查日期與時間

　　本次調查期間為2015年7月4日至7月15日，每日自上午10時至下午17時，晚上自18時30分至21時30分止，進行電話訪問調查工作。

---

[28]　影響電話訪問調查的信度主要有以下因素：1.受訪者回答不真實；2.調查單位不中立；3.問卷設計不客觀；4.調查動機有問題（黃翠紋，2014）。本研究為避免受到上述因素的影響，一方面在問卷的編製上，除廣泛蒐集相關研究，以客觀中立的態度設計問卷外，並強化訪員的素質，透過訓練強化訪員的調查能力，以及強化對訪員的監督，以增加本研究的信度。

五、調查結果

本次調查共抽取847個電話號碼，訪問結果共分為六大類，詳細接觸情形，如表9-10所示。

（一）成功訪問：共414位受訪者成功完成問卷。

（二）表示約訪：共有9位受訪者表示「無年滿十八歲的成人在家，另約時間訪談」，或「訪問中途受訪者因故無法作答，另約時間繼續作答」等情形。

（三）放棄受訪：共有21位受訪者訪談至一半時放棄受訪，例如表示「正在煮菜，無暇繼續接受訪問」、「要出去了，無法繼續接受訪問」、「心情不好，不想繼接受訪問」，……等。

（四）空號：共有198通電話號碼是空號，因為本調查抽出樣本之電話號碼末三碼係以隨機號碼取代，故所抽取之號碼可能是空號。

（五）無人接聽：共有45通電話鈴響八次，仍無人接聽。

（六）拒訪：共有160位受訪者一接聽時即拒訪，例如表示「正在忙，無暇接受訪問」、「正要出去，無法接受訪問」、「心情不好，不想接受訪問」，……等。

表9-10：電話訪問接觸情形整理

撥號結果	次數	百分比
完成訪問數	414	48.88%
表示約訪	9	1.06%
放棄受訪	21	23.48%
空號	198	2.34%
無人接聽	45	5.31%
拒訪	160	18.89%
合計	847	100%

資料來源：本研究彙整

六、抽樣誤差

本次調查結果，成功樣本為414份，在95%的信賴水準下，最大抽樣誤差約在正負5%之間。

七、調查結果之次數分配分析

本研究根據調查結果進行後續分析，首先針對各個題項的調查結果進行描述性統計分析，其次再依據受訪者之不同年齡，進一步作交叉的分析。

（一）民眾問卷有效樣本特徵分析

表9-11呈現了回覆樣本之特徵，表9-11可知在這些填答者中，女性比例高於男性，女性佔比約六成，男性約四成；年齡分布在20歲以上，且各年齡層分布平均；教育程度為專科、大學畢（肄）業者最多，佔將近六成，其次為高中、職畢（肄）業；從事職業則為服務業最多，佔比約34.5%，其次為無業／退休者，佔比約19.6%。

表9-11：民眾問卷有效樣本特徵

變項	特徵	次數	有效百分比
性別	男	158	39.2%
	女	245	60.8%
年齡	未滿20歲	0	00.0%
	20-29歲	58	14.4%
	30-39歲	60	14.9%
	40-49歲	92	22.8%
	50-59歲	103	25.6%
	60歲以上	90	22.3%
教育程度	國中以下	17	4.2
	高中、職畢（肄）業	95	23.6
	專科、大學畢（肄）業	247	61.3
	研究所畢（肄）業或以上	37	9.2
	拒答	7	1.7

	工	17	4.2%
	商	72	17.9%
	農	3	0.7%
	公	28	6.9%
從事職業	服務業	139	34.5%
	家管	36	8.9%
	無業／退休	79	19.6%
	學生	23	5.7%
	拒答	6	1.5%

資料來源：本研究彙整

（二）民眾對警察處理聚眾活動相關題項的看法分析

如表9-12，填答者填寫對警察處理聚眾活動相關題項之同意程度，其中除了整體而言對警察的信任程度平均分數趨近於「同意」以外，其餘三個題項的平均分數皆趨近於「普通」。

表9-12：對警察處理聚眾活動相關題項的看法

題目	尺度	平均值	標準差
1.您認為警察在處理聚眾活動（像去年的太陽花學運）的執法態度是否很強勢？	1-5	3.18	.878
2.您認為警察在處理聚眾活動（像去年的太陽花學運）的執法態度是公正的嗎？	1-5	3.46	.773
5.您認為警察在處理聚眾活動的專業能力是否良好？	1-5	3.20	.824
6.整體而言，請問您對警察的信任程度為何？	1-5	3.67	.672

資料來源：本研究彙整

（三）民眾對「集會遊行自由權利」與「維持社會秩序」的重要性之看法分析

1. 如表9-13，填答者填寫對「**人民集會遊行的自由權利和維持社會秩序相衝突的話，您認為哪一個比較重要**」之看法，其中有12.4%認為「集會遊行自由」較重要，有73.7%則「維持社會秩序」較重要。

表9-13：人民集會遊行的自由權利和維持社會秩序相衝突的話，
您認為哪一個比較重要（題號3）

選項＼分配情形	分配情形		
	次數	有效百分比	累積百分比
集會遊行自由	50	12.4%	12.4%
維持社會秩序	297	73.7%	86.1%
不知道／拒答	56	13.9%	100.0%
總和	403	100.0%	

資料來源：本研究彙整

2. 如表9-14，填答者填寫對「**您覺得警察在處理聚眾活動（像去年的太陽花學運）時，比較強調人民集會遊行的自由權利，還是維持社會秩序**」之看法，其中有6.2%認為警察較強調「集會遊行自由」，有88.8%則認為警察較強調「維持社會秩序」。

表9-14：您覺得警察在處理聚眾活動（像去年的太陽花學運）時，
比較強調人民集會遊行的自由權利，還是維持社會秩序（題號4）

選項＼分配情形	分配情形		
	次數	有效百分比	累積百分比
集會遊行自由	25	6.2%	6.2%
維持社會秩序	358	88.8%	95.0%
不知道／拒答	20	5.0%	100.0%
總和	403	100.0%	

資料來源：本研究彙整

（四）民眾對台北市警察整體表現的評分分析

如表9-15，填答者填寫對「**如果請您為台北市警察的整體表現打個分數，您會打幾分**」之結果，其中有4.8%的填答者認為會打60分以下，有91.9%則認為會打60分以上。

表9-15：如果請您為台北市警察的整體表現打個分數，您會打幾分
（題號7）

選項 \ 分配情形	分配情形		
	次數	有效百分比	累積百分比
0-20分	1	0.2%	0.2%
21-40分	0	0.0%	0.2%
41-60分	8	2.0%	2.2%
61-80分	158	39.2%	41.4%
81-100分	227	56.3%	97.8%
不知道／拒答	9	2.2%	100.0%
總和	403	100.0%	

資料來源：本研究彙整

八、調查結果之交叉分析

依據樣本的各個變項進行不同題項的交叉分析，經卡方檢定分析，多數結果皆呈現變項與題項間彼此獨立，因此不予以詳列於此，其中較具解釋意義之交叉分析為「年齡」與「人民集會遊行的自由權利和維持社會秩序相衝突的話，您認為哪一個比較重要」與「整體而言，請問您對警察的信任程度為何」的看法。

表9-16呈現了不同年齡者對「人民集會遊行的自由權利和維持社會秩序相衝突的話，您認為哪一個比較重要」的看法。**經卡方檢定分析得知，$\chi 2 =27.671$，p=.001，達顯著差異水準（p< .01），此表示年齡的不同會影響對「人民集會遊行的自由權利和維持社會秩序相衝突的話，您認為哪一個比較重要」的選擇**。結果顯示，每個群體都認為「維持社會秩序」較重要，而其中「20-29歲」及「30-39歲」兩個群體中認為「集會遊行自由權利」較重要的比例稍微高，分別佔比25.9%與21.7%。

表9-16：「年齡」與「人民集會遊行的自由權利和維持社會秩序相衝突的話，您認為哪一個比較重要」之列聯表分析

	人民集會遊行的自由權利和維持社會秩序相衝突的話，您認為哪一個比較重要			
	集會遊行自由權利	維持社會秩序	不知道／拒答	總和
20-29歲	15 25.9%	31 53.4%	12 20.7%	58 100.0%
30-39歲	13 21.7%	41 68.3%	6 10.0%	60 100.0%
40-49歲	5 5.4%	78 84.8%	9 9.8%	92 100.0%
50-59歲	9 8.7%	77 74.8%	17 16.5%	103 100.0%
60歲以上	8 8.9%	70 77.8%	12 13.3%	90 100.0%
總和	50 12.4%	297 73.7%	56 13.9%	403 100.0%

註：$\chi 2 =27.671$, p=.001
資料來源：本研究彙整

　　表9-17呈現了依據年齡不同對「整體而言，請問您對警察的信任程度為何」的滿意程度。**經卡方檢定分析得知，$\chi 2 =36.530$，p=.013，達顯著差異水準（p< .05），此表示，年齡的不同會影響對「整體而言，請問您對警察的信任程度為何」的滿意程度**。結果顯示，除了「30-39歲」群體認為對警察信任程度為普通（佔比45.0%）以外，其餘每個群體都認為對警察信任程度為「高」（佔比自55.2%至69.6%）。

表9-17：「年齡」與「整體而言，請問您對警察的信任程度為何」之列聯表分析

| | 整體而言，請問您對警察的信任程度為何 | | | | | | |
	非常高	高	普通	不高	非常不高	不知道／拒答	總和
20-29歲	5 8.6%	32 55.2%	15 25.9%	5 8.6%	0 0.0%	1 1.7%	58 100.0%
30-39歲	2 3.3%	26 43.3%	27 45.0%	4 6.7%	1 1.7%	0 0.0%	60 100.0%
40-49歲	0 0.0%	64 69.6%	24 26.1%	3 3.3%	0 0.0%	1 1.1%	92 100.0%
50-59歲	7 6.8%	62 60.2%	29 28.2%	4 3.9%	0 0.0%	1 1.0%	103 100.0%
60歲以上	9 10.0%	55 61.1%	19 21.1%	3 3.3%	0 0.0%	4 4.4%	90 100.0%
總和	23 5.7%	239 59.3%	114 28.3%	19 4.7%	1 0.2%	7 1.7%	403 100.0%

註：χ^2=36.530, p=.013
資料來源：本研究彙整

第三節　台北市員警和市民對聚眾活動處理看法之差異分析

　　本研究針對警察問卷和民眾問卷中相同的7個題目，統計警察給分的平均值和民眾的給分平均值，並以T檢定看兩組是否有顯著差異存在。

　　表9-18及圖9-1、9-2、9-3、9-4呈現了警察問卷與民眾問卷的相同題項，兩者得分平均值之T檢定結果。其中平均值代表的是同意、滿意的程度，平均值越高代表該項目同意或滿意度越高；在給分的題項中，給分越高，則代表滿意度越高。

　　結果顯示在項目「警察處理聚眾活動的執法態度是否強勢」項目上，警察給分的平均值和民眾的給分平均值無存在顯著差異。因此我

們推論台北市市民與警察對此題項的想法相近，平均分數分別為3.23與3.18，皆偏向同意。

　　而在「台北市市民對警察的信任程度」、「警察處理聚眾活動的執法態度是否公正」以及「警察處理聚眾活動的專業能力是否良好」三個項目上，警察給分的平均值和民眾給分的平均值存在顯著差異。

　　在「台北市市民對警察的信任程度」的項目上，民眾的認知較警察來的高，顯示民眾對警察的信任程度超越警察預期的程度，分別為3.67與3.40，且民眾給分偏向同意，警察給分的平均值則偏向普通；在「警察處理聚眾活動的執法態度是否公正」與「警察處理聚眾活動的專業能力是否良好」兩個項目上，警察給分的平均值皆較民眾給分的平均值來的高，且警察給分普遍偏向同意，民眾給分則偏向普通。

表9-18：警察問卷與民眾問卷相同題項之獨立樣本T檢定結果

	問卷對象	N	Mean（SD）	t-value
台北市市民對警察的信任程度	警察	453	3.40（.934）	4.906***
	民眾	396	3.67（.671）	
警察處理聚眾活動的執法態度是否強勢	警察	446	3.23（1.270）	-.634
	民眾	375	3.18（.879）	
警察處理聚眾活動的執法態度是否公正	警察	448	3.72（.997）	-4.173***
	民眾	346	3.46（.772）	
警察處理聚眾活動的專業能力是否良好	警察	451	3.63（.880）	-7.147***
	民眾	370	3.21（.824）	

Note: *$p < 0.05$, ** $p < 0.01$, *** $p < 0.001$
資料來源：本研究彙整

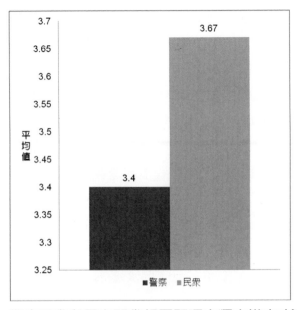

圖9-1：警察問卷與民眾問卷相同題項之獨立樣本T檢定結果
（台北市市民對警察的信任程度）

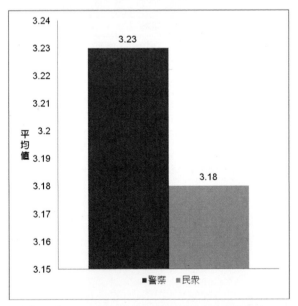

圖9-2：警察問卷與民眾問卷相同題項之獨立樣本T檢定結果
（警察處理聚眾活動的執法態度是否強勢）

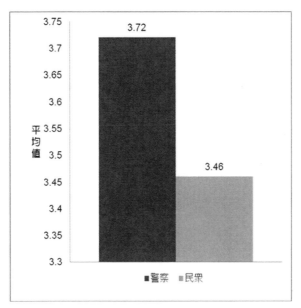

圖9-3：警察問卷與民眾問卷相同題項之獨立樣本T檢定結果
（警察處理聚眾活動的執法態度是否公正）

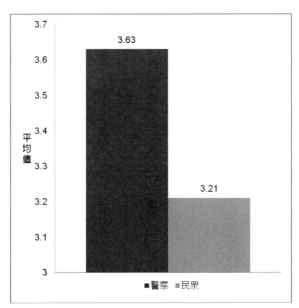

圖9-4：警察問卷與民眾問卷相同題項之獨立樣本T檢定結果
（警察處理聚眾活動的專業能力是否良好）

　　表9-19至9-21呈現了警察問卷與民眾問卷相同題項，兩者之卡方檢定結果。其中平均值代表的是同意、滿意的程度，平均數越高代表該項目同意或滿意度愈高；在給分的題項中，給分愈高，則代表滿意度越高。

　　表9-19代表了警察與市民對「為警察的整體表現打分數」想法未達顯著相異。**經卡方檢定分析得知，$\chi 2$=6.174，p=.187，未達顯著差異水準（p< .05），因此警察或市民對於「為警察的整體表現打分數」題項之間具有獨立性**，表示在本研究所搜集的樣本之中，身分的不同並不會影響「為警察的整體表現打分數」的結果（如圖9-5所示）。

表9-19：「警察與市民」身分與「為警察的整體表現打分數」之
列聯表分析

	為警察的整體表現打分數					
	0-20	21-40	41-60	61-80	81-100	總和
警察	3 0.7%	1 0.2%	17 3.9%	151 34.5%	266 60.7%	438 100.0%
市民	1 0.3%	0 0.0%	8 2.0%	158 40.1%	227 57.6%	394 100.0%
總和	4 0.5%	1 0.1%	25 3.0%	309 37.1%	493 59.3%	832 100.0%

註：χ^2=6.174, p=.187
資料來源：本研究彙整

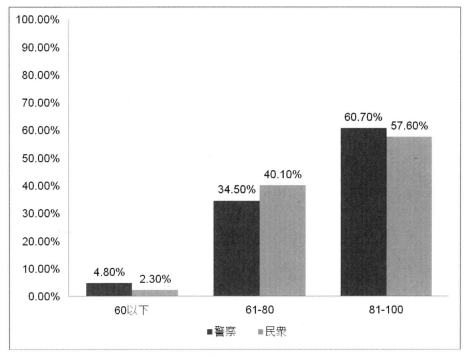

圖9-5：「警察與市民」身分填答「為警察的整體表現打分數」之結果比較

　　表9-20及圖9-6代表了警察與市民對「人民集會遊行的自由權利和維持社會秩序相衝突的話，哪一個比較重要」想法是否有顯著相異。**經卡方檢定分析得知，$\chi 2 =19.411$，p=.000，達顯著差異水準（p< .05），因此警察或市民對於「人民集會遊行的自由權利和維持社會秩序相衝突的話，哪一個比較重要」題項之間不具有獨立性**，表示在本研究所搜集的樣本之中，**身分的不同會影響「人民集會遊行的自由權利和維持社會秩序相衝突的話，哪一個比較重要」的結果。**

表9-20：「警察與市民」身分與「人民集會遊行的自由權利和維持社會秩序相衝突的話，哪一個比較重要」之列聯表分析

	人民集會遊行的自由權利和維持社會秩序相衝突的話，哪一個比較重要			
	人民集會遊行的自由權利	維持社會秩序	無意見	總和
警察	23 5.5%	389 93.7%	3 0.7%	415 100.0%
市民	50 14.4%	297 85.6%	0 0.0%	347 100.0%
總和	73 9.6%	686 90.0%	3 0.4%	762 100.0%

註：$\chi^2 = 19.411, p=.000$
資料來源：本研究彙整

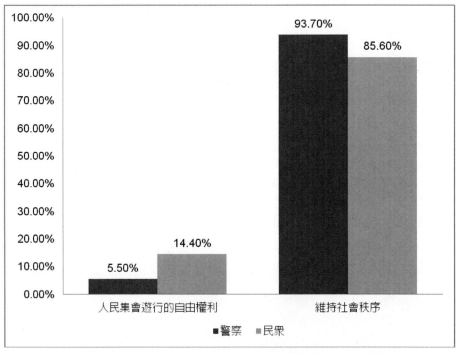

圖9-6：「警察與市民」身分填答「人民集會遊行的自由權利和維持社會秩序相衝突的話，哪一個比較重要」之結果比較

　　表9-21及圖9-7代表了警察與市民對「警察實際上在處理聚眾活動時，比較強調『人民集會遊行的自由權利』，還是『維持社會秩序』」想法是否有顯著相異。**經卡方檢定分析得知，$\chi2 =65.233$，p=.000，達顯著差異水準（p< .05），因此警察或市民對於「警察實際上在處理聚眾活動時，比較強調『人民集會遊行的自由權利』，還是『維持社會秩序』」題項之間不具有獨立性**，表示在本研究所搜集的樣本之中，**身分的不同會影響「警察實際上在處理聚眾活動時，比較強調『人民集會遊行的自由權利』，還是『維持社會秩序』」的結果。**

表9-21：「警察與市民」身分與「警察實際上在處理聚眾活動時，比較強調『人民集會遊行的自由權利』，還是『維持社會秩序』」之列聯表分析

| | 警察實際上在處理聚眾活動時，比較強調『人民集會遊行的自由權利』，還是『維持社會秩序』 | | | |
	人民集會遊行的自由權利	維持社會秩序	無意見	總和
警察	116 28.0%	297 71.6%	2 0.5%	415 100.0%
市民	25 6.5%	358 93.5%	0 0.0%	383 100.0%
總和	141 17.7%	655 82.1%	2 0.3%	798 100.0%

註：$\chi^2 =65.233$, p=.000
資料來源：本研究彙整

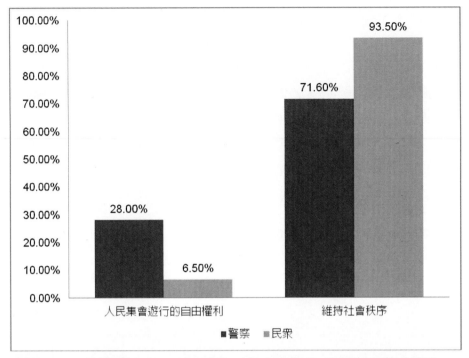

圖9-7：「警察與市民」身分填答「警察實際上在處理聚眾活動時，比較強調『人民集會遊行的自由權利』，還是『維持社會秩序』」之結果比較

第十章　聚眾活動處理的質化評估

本書對我國處理聚眾活動的評估，採取量化評估與質化評估兩種方法。前一章已就量化評估方面，分析討論問卷調查及民意調查的結果。本章就質化評估方面，採取深度訪談法，設計研究工具（如表10-1訪談大綱），訪談八位對我國警察處理聚眾活動有深入研究或利害關係人（如表10-2受訪者資料）的看法，並將訪談的結果，依據訪談大綱題次與欲探討之議題進行分析。

第一節　聚眾活動處理的質化評估研究設計

一、研究工具

筆者依據本研究之研究架構，擬好訪談大綱初稿，並經專家學者參與討論後確定訪談大綱（如表10-1），作為聚眾活動處理質化評估的工具。

表10-1：「聚眾活動處理的政策管理」研究訪談大綱

第1題、您認為形成聚眾活動的主要因素為何？您認為台灣地區的聚眾活動事件有那些特色？
第2題、您對台灣地區過去處理聚眾活動的政策有何看法？請問您對於警察使用強制力控制群眾和使用溝通協調管理群眾的二種不同模式，有何看法？
第3題、請問您警察在聚眾活動處理的規劃上（含情報蒐集、溝通疏處、計畫作為、警力部署及裝備整備等）有何看法？
第4題、請問您對目前台灣地區有關聚眾活動處理的法制，有何看法？
第5題、請問您對警察在聚眾活動處理的執行上（含現場處理、溝通談判、新聞處理、蒐證、逮捕與移送）有何看法？

第6題、您認為台灣地區警察處理聚眾活動的整體表現上，有何重大的優、缺點？
第7題、請問您對台灣地區未來聚眾活動的發展趨勢有何看法？又您對警察未來處理聚眾活動的政策或作法有何具體建議？

二、樣本選取與訪談實施

（一）樣本選取

　　本研究依筆者長期觀察結果，分層選取對本研究議題有深入瞭解或豐富經驗之受訪者共八位（如表10-2）進行訪談，其中三位係負責規劃與執行聚眾活動的資深警察幹部，三位係曾參與及領導大型聚眾活動的社運領袖，另二位則是致力研究相關學術領域的專家學者。

表10-2：受訪者資料

受訪者類別	編號	受訪者經歷	訪談日期、時間
一、警察幹部	A	曾任刑事警察局偵查大隊長、縣警察局局長、內政部警政署警政委員	2015年7月14日1000-1130時
	B	曾任台北市政府警察局分局長、警察局局長、保安警察總隊長	2015年7月14日1520-1800時
	C	曾任台北市政府警察分局二組組長（主辦聚眾活動業務）、副分局長	2015年7月14日1900-2110時
二、社運領袖	D	曾任立法委員、紅衫軍運動之領導幹部	2015年7月11日1400-1550時
	E	退休教授、資深社運領導者	2015年7月15日1910-2120時
	F	社運團體副召集人、太陽花學運幹部	2015年7月28日1900-2100時
三、專家學者	G	研究政治性社運之中國大陸學者	2015年5月22日1700-1910時
	H	研究法學之台灣地區學者、曾任大法官	2015年2月4日1500-1700時

（二）訪談實施

　　筆者選定受訪者後，即親自聯繫或透過友人介紹與安排訪談之日期與時間，並於訪談前均先寄達本研究之訪談大綱，讓受訪者事先有心理準備。當筆者與受訪者見面時，先與受訪者閒話家常，並告知本研究之目的純係供作學術性研究之用，且採匿名方式處理訪談資料，俾讓受訪者能放心受訪。正式進行訪談前，筆者均遵守學術研究倫理規定，先徵

求受訪者是否同意錄音，以利整理訪談紀錄，結果八位受訪者均同意錄音。

　　當正式進行訪談時，筆者按訪談大綱之題次詢問受訪者之看法，大部分受訪者依照題次回答，但亦有少部分受訪者未照題次回答，甚至長談其個人參與或處理聚眾活動之經歷情事，此時筆者並未打斷其談話，且順著其話語轉至本研究之訪綱內容進行訪談。由於本研究選取之受訪者均對本研究題目瞭解甚深，訪談時間大都在二小時左右，訪談內容非常詳盡。

三、資料分析方法

　　筆者除於訪談現場摘要筆記重點外，均依訪談錄音檔作成訪談紀錄。接著，逐一看過訪談紀錄後，綜合歸納各受訪人共同使用之詞彙，作為訪談資料分析之重點。最後，再將各受訪人對同一個話語重點之談話，整理成一個段落，且分節次、分段落地作質化的分析和討論，來評估聚眾活動的處理情形。

　　為保障受訪者隱私，因此將訪談紀錄中人名隱匿而以代號顯示之，將受訪者依序分別賦予其英文代號，即以「A」、「B」、「C」、「D」……「H」之英文字母依序代表第1位至第8位受訪者（如表10-2所示）。

　　關於本章之深度訪談內容引用之編號方式，係採受訪者A於訪談問題第1題回答之內容，註記為A-1的方式，又於第2題回答之內容則註記A-2，並以此類推，以利讀者瞭解各談話內容是由何種經歷背景之受訪者所提，且讓讀者瞭解不同經歷背景之受訪者之間的意見有何差異之處。

第二節　聚眾活動處理的問題成因與問題認定

欲了解聚眾活動，必須先由其問題成因及問題認定探討之，筆者藉由深度訪談的資料蒐集，歸納出形成聚眾活動的成因、聚眾活動的性質以及警察執法的困境等面向，探討如下：

一、聚眾活動的成因

（一）政治角力介入

我國現行聚眾活動主要係不同政黨間政治角力下之產物，無論聚眾活動議題及陳抗訴求為何，都與政黨間政治動員有相當程度之緊密連結。

> 形成聚眾活動的主要因素是政治性的對立（A-1）。
>
> 不論環保議題或公共政策議題，都是政黨背後操作重複、報復性的大小規模群眾運動（B-1）。
>
> 未來聚眾活動的發展趨勢，只要政黨繼續惡鬥下去，群眾事件只會越演越烈（B-7）。
>
> 大部分是政黨動員，像統獨議題族群間的操弄，族群的操弄選舉到了動員的規模都比較大，是有組織有系統的動員（D-1）。

（二）學術教育薰陶

學術自由在各大專院校受到高度推崇，隨著教授者個人理念與價值的迥異，以致校園出現諸多政治色彩濃郁的課程，甚至連攻占政府機關之行動話劇亦出現其中。

　　　　　　台北藝術大學在課堂上佈置立法院被佔之情況劇，現場
　　　　還有標語示牌，究竟是在上課？誤導學生？還是傳播抗爭思維
　　　　（B-1）？

　　　　　　台大整個管理學院，商、法、醫學院，包括各公立大學學
　　　　院都已經綠化了。民進黨運用學生之名發動這社會運動，引發
　　　　共鳴，城市游擊戰現在是社科院教授主導，背後有教授在傳授
　　　　（C-1）。

（三）對公共政策議題反動

　　對社會大眾而言，公共政策議題可能影響其生活重大，因此也引發
更多關注，為表達對政府部門所提出公共政策的意見或不滿意之處，進
而發起或參與不同議題的陳抗活動，以捍衛自身權益。

　　　　　　反核四或是勞工週休二日權益、修法，社運的勞工問題，
　　　　而環保的議題大多是屬倡議性的，抗議者本身必須是用抗爭的行
　　　　為，例如最近的樹黨，為保護路樹連路邊的路樹都可以抗爭，也
　　　　真的得到很多媒體的關注（D-1）。

　　　　　　臺灣的社會運動改變非常多，主因當然是對政府跟體制的不
　　　　滿（F-1）。

（四）價值性需求探尋

　　聚眾活動之成因未必有明確指向，並無有涉及特定議題亦無強烈訴
求，而係為追尋探索抽象理想思潮之產物，有時甚或僅為否定或阻撓某
種價值觀或論點而生。

　　　　　　新社會運動是價值走向的，主張這個社會應該具備什麼價
　　　　值，沒有地區鄉親作為主體，像是阻擋某種價值但沒有非常明確

指向，這些比較偏向價值性與理想性的想像（F-1）。

　　香港青年人參與抗爭原因並非因為其自身的某項利益受到了政府與公權力的直接損害，而確實有更多價值性的追求（G-1）。

二、聚眾活動的性質

（一）群眾盲從且情緒渲染性強

　　當民眾群聚時，情緒極易受到周遭環境之影響，尤其是一同參與聚眾活動的民眾，當身旁他人持極端思想、懷有高亢情緒時，同處那樣情境，因而也容易隨他人起舞、喪失自我行為判斷的能力。

　　　　民眾如果認為抗爭有效的話，那麼大家都會上街頭了。
　　（A-1）
　　　　群眾間情緒容易互相感染（B-1）。
　　　　施明德是美麗島政治受難者，可以引起社會共鳴，社會不滿因此被號召爆發（D-1）。
　　　　群眾是盲目的，是容易受人挑撥的，所以有時候劇烈衝突是無法避免的，所以要注意群眾的情緒（A-5-1）

（二）經過縝密的計畫

　　現行的聚眾活動不再僅是昔往偶發性臨時的陳抗集會，而係透過縝密的事前討論、規劃及部署，並有詳實妥適的整備及模擬現場即時狀況而採取迅速回應之作為。

　　　　現在每個抗爭都經過縝密的計畫包括：如何動員和研究警方佈署去突破，成為社會矚目之議題（C-1）。

（三）以非暴力抗爭為主軸

　　為避免遭警察機關逮捕移送，現已由傳統非理性的暴力抗爭轉向為非暴力抗爭，主要訴求在於捍衛「表意自由」，而在非暴力性抗爭的思想中，也隱含了近幾年法院對違反集會遊行法判決有罪率低對他們的支持。

　　　　城市游擊戰和非暴力抗爭已經結合了，城市游擊戰的精神聲東擊西在研究警察策略，為避免被法辦採取所謂非暴力抗爭（C-1）。

　　　　非暴力抗爭是沒有很大的動作，把表意自由發揮到了極致，所謂的表意自由牽涉到這些年，法院給他們的判例導引和支持（C-2）。

　　　　非暴力抗爭就是不使用武力，比如說游擊戰就是武力抗爭，非暴力抗爭講的勇氣就是我們的武器（E-1）。

（四）整合多方面社會能量

　　早先的318學運之所以受到社會大眾關注，除因發起對象為學生外，更重要的是來自社會多元能量的支持，舉凡新聞媒體報導的偏頗、法界人士提供的協助、大專院校教授的鼓舞等等，並藉由學運領導團隊整合運作發展成具偌大影響力的聚眾活動模式。

　　　　318學運的社會氛圍，輿論是支持他們的，就足以壓迫政府對自己的政策做出重大改變。主要是現在的社運團體，從大學一直到高中社團活動，都在教授城市游擊戰，並有法律顧問的支持，他們是很有組織在運作，用宣傳、動員等模式（C-1）。

三、警察執法的困境

(一)事前情資蒐報不足

警察機關在聚眾活動現場時,缺乏事前陳情抗爭的情資蒐報,以致於對即時情況難以在第一時間監控,復因未能掌握機先在前,即使再優勢的警力也僅能被動消極回應。

> 因為沒有治安情報、事先的情資,也沒人去即時掌握現場狀況,警察之間的分工不明確,沒有人下達指示,警力顯得十分被動(B-1)。

(二)政治人物介入庇護

許多聚眾活動因有民意代表或政治人物背後的支持與推動,而更能達到預期的效益與目標,如2014年台灣地區的318學運事件,學生能在短時間內成功占據立法院數日,即係因有立法委員或其助理協助,促使警方無法在第一時間排除淨空。

> 立法院內議事廳的門,應該是立委或立委助理協助開啟,一般大眾並不會知曉,卻能由此進入,行政院內的配置都被聚眾者了解,並已進行多次預演(B-1)。

> 學生利用並拆毀裡面的設施且堵住所有的門口,立委24小時排班守護著,不讓警察進來排除他們佔領國會之行為(C-1)。

(三)警力調配機制失靈

在聚眾活動的現場,警力部署與派遣顯得格外重要,如何能因應即時突發狀況,迅速擬訂警力調配的程序與機制,並將現場危急或衝突場

面弭平，係警察機關長久以來處理聚眾活動面臨的難題之一。

> 行政院內有80-90人的警力，卻來不急反應現場狀況，顯示我們不太會運用警力，沒有一套體制分「層次」、「等級」來調配警力，只能立即關上行政院的門，太陽花學運有一套策略作為，然而警察並無跟進（B-1）。

（四）民粹氛圍凌駕法制

現行社會氛圍主要係以捍衛民主精神優先於法令制度，民眾可以為追求公平正義而選擇不遵守或質疑法令的正當性，民粹力量能輕易將警察機關依法執行公權力曲解或暴力化，而夾雜在民眾與政府體制間的警察人員則深陷兩難。

> 以前警察的行為叫「鎮暴」，但現在連「驅離」都不能用，現在稱「清場」，在講民主、法治、人權的氛圍下，如何下達「清場」命令？如何「清場」（B-1）？
>
> 依法使用警械都不敢說，行政院長說沒叫警察使用暴力，等於在譴責警察使用暴力，怎麼不講警察使用警械讓國家正常的運作，是誰逼著天亮之前把行政院攻回來（C-1）。
>
> 群眾圍著中正一就像是大幫派，我們面對的這些群眾已經不再是烏合之眾，我們面對的一群是有組織非常有高智慧的團體，他們利用科技再加上律師和法院的支持，肆無忌憚的攻擊包圍政府機關，如果不順著他們的意就說警察暴力，這就是我們目前的困境（C-6）。
>
> 人民可以不守法，用法律恐嚇民眾是無效的，做正確的事比守法更重要，因為法律是強者制定，弱勢者為公平正義要超越法律，戒嚴時有國安法、集會遊行法，你要違反戒嚴法令，動員民

眾對抗，不要怕警方移送（D-2-1）。

（五）新聞媒體報導的失衡

新聞媒體報導的內容往往容易影響或引導民眾對事件的認知與觀感，在聚眾活動中，聚眾者透過在媒體面前發聲，塑造出弱勢者對抗強者的劣境，以爭取社會大眾對該活動的支持，而這也常是警察機關或政府部門最忽視或較弱化的環節。

> 香港的學運行為遊走法律邊緣並利用媒體報導宣傳，執法者、政府為澄清偏離事實的報導，使得執法者、政府人員應對慢半拍（B-1）。
>
> 弱勢者所面臨不得已的對抗強者只能把社會輿論與中間力量拉進來（D-1）。
>
> 爭取社會大眾支持好像變成必要元素，運動漸漸變得進入大眾的認知與生活，成為社會常態以爭取認同好感，你是要妥協還是要邊緣化但高強度有明確目標的方式，這是台灣社會運動面臨的一個狀況（F-1）。

（六）警察執勤裝備器材不足

所謂「工欲善其事必先利其器」，警察人員在處理聚眾活動的過程中，其執勤裝備良窳攸關聚眾活動處理的效能，舉凡執行驅離、安全維護及現場蒐證等勤務，均需要透過足夠的警用裝備始能執行；惟相較於國外，我國現行法制仍對警察執勤得合法使用器械之範圍有大幅限縮。

> 驅離需要大量的警力、裝備、器材及設施，而現在只有警力跟噴水車。香港可使用辣椒水與催淚彈，美國甚至能使用塑膠子彈，反觀臺灣不可能通過立法來使用這些裝備、器具（B-1）。

　　本節係探討聚眾活動處理的問題成因與問題認定，藉由深度訪談得知，形成聚眾活動主要成因，除因有來自政治角力介入外，學校教育薰陶也有顯著影響；此外，對於公共政策議題之反動、以及為探尋價值性需求等因素，均可能促進聚眾活動之產生；而聚眾活動的群眾，無論是聚眾者或參與者則有盲從、情緒渲染性強之特質，且相較過往，現行聚眾活動幾係透過縝密計畫所形成，並已漸漸轉型成理性、非暴力抗爭之形式，進而整合多方面社會能量，獲取社會對該聚眾活動的正向觀感與支持。

　　另警察機關在處理聚眾活動的過程中，面臨到事前對聚眾活動之情資蒐報不足、政治人物介入庇護以阻撓警方淨空與排除、警力調配派遣之機制失靈、民粹氛圍凌駕法制、新聞媒體報導的失衡及警察執勤裝備器材不足等困境。

第三節　聚眾活動處理的情報蒐集與計畫作為

　　警察處理聚眾活動首重事前的預防整備，即係指聚眾活動的情報蒐集與計畫作為，其中可包括聚眾活動的期前整備、處理的原則等，茲論述如下：

一、聚眾活動的期前整備

（一）情報蒐集之正確性與來源之多元化

　　聚眾活動事前重點工作之一即為情報蒐集，除了對抗爭議題與其關鍵人物之掌握外，更可藉由網路社群平台或新聞媒體報導來蒐報，倘若在事前已先建立起完整綿密的情資蒐報系統網絡，提前部署調配警力甚或研擬現場處置作為，可以防範聚眾活動現場突發的即時狀況。

情報收集，第一，議題與關鍵人物的掌握，第二，觀察社群媒體，因為現今的抗爭聚集，有別於過去傳統的方式，第三，大眾媒體，就是電視，抗爭一定有報導（A-3）。

情蒐還是必要，有些人不像非暴力抗爭會欺騙之類，但像318、323學運警方不知道但他們核心也不知道，如果有更周延的情資系統，一定有首謀，可以有早先的預防，情蒐是能防止群眾暴力行為（D-3）。

（二）研擬計畫並即時因應狀況修正

為能妥適處理聚眾活動，根據事前所蒐報的情資，警察機關擬訂防制勤務計畫，除了掌握聚眾者的訴求與活動流程外，更需針對現場可能發生之狀況進行分析，確保期前整備工作已完備到位，並隨時依現在狀況因應修正。

活動一定要訂計畫，首先計畫的目標是甚麼，再來是狀況及維安的分析，再來是警力的部署，再來是期前準備，如應勤裝備，再來是地點的部署，這些都是計畫的內容（A-3）。

（三）優勢警力部署及足夠的應勤裝備

聚眾活動現場狀況瞬息萬變，暴力衝突場面可能一觸即發，為有效控制現場，警察機關應預先控制優勢警力，除可應現場狀況部署派遣外，更能即時待命到場支援，並攜帶足夠處理聚眾活動的警用狀備，舉凡現場需架設之鐵拒馬、執勤員警蒐證的攝錄器材、個人防護裝備等等。

對於警力的佈署及裝備的整備，如果是暴力抗爭，要有優勢警力，臨時調人絕對來不及，現場警察人力太少，面對暴力型抗爭，絕對是失敗的，再來就是要有足夠的裝備，例如鐵拒馬、

防護衣等，如果有優勢警力而且裝備足夠，警方是佔優勢的
（A-3）。

（四）勘查聚眾活動現場

聚眾活動處理除了需有縝密的勤務規劃與事前整備外，對於抗爭現場的掌握亦為防制勤務成敗之關鍵，聚眾活動的現場指揮官、各分組幹部必須預先進行場地勘查，進而估算警力部署、所需人數、動線、安全維護及指揮所設立之位置。

指揮官與相關幹部一定要勘查現場，不能紙上談兵，要現場去丈量去看範圍，計算所需裝備及人力，這個是關鍵（A-3-1）。

（五）事前召開協調聯繫會

聚眾活動現場處理應有明確分工，事前應召開工作協調聯繫會議，指揮官與各分區（組）或支援警力領導幹部進行協調，會議中應重申與確定聚眾活動處理之計畫、流程、通訊聯絡及其他應有作為，分層負責並各司其職。

召開協調會，所以計畫的成功貴在期前的整備（A-3-1）。

二、聚眾活動的處理原則

（一）保障合法、取締非法、防制暴力

無論是過去、現在或未來，處理聚眾活動的最高指導原則即為：保障合法、取締非法，在合乎法令的範圍內，警察人員對聚眾者提供協助並確保安全，反之就違反法令的前提下，警察人員應依法行政，嚴正執行法令並對聚眾者的違序行為予以取締，貫徹公權力。

合法的集會給予保障，取締非法再來是防制暴力，所以就是嚴正執法，貫徹公權力（A-2）。

（二）強制驅離為最後手段

處理聚眾活動的過程中，警察機關會依據現場狀況先後採取不同作為，而強制力驅離或逮捕往往是最後手段，當聚眾者違反法令在先時，先採以柔性勸導或溝通之方式，讓聚眾者或參與者得知其行為違序或是已表達完訴求，群眾仍不願離去時，始採取強制驅離之作為，較不易引發群眾高昂的情緒，甚至與警方拉扯衝突的舉措。

警察使用強制力控制群眾，是最容易發生警民衝突的（A-2）。

前半段都是用柔性處理，最後才是硬碰硬，採取驅離的手段，這樣的方式是比較好（A-2-1）。

（三）溝通協調先行

聚眾活動的處理，原則上是溝通協調先行，了解並掌握聚眾者特性及其抗爭的主要訴求，再就聚眾活動群眾中，確認關鍵或核心的領導人物，於聚眾活動的過程中，與其保持密切聯繫，即時就現場狀況進行溝通協調，避免將聚眾活動擴大渲染。

溝通協調來管理群眾，溝通前要先掌握群眾屬性，再去找群眾的關鍵人物並熱線疏導約制（A-2）。

溝通協調管理成本是高的，警方如果繼續使用強力控制，我不覺得有任何嚇阻效用，甚至會幫助累積更多社會動能（F-2）。

本節有關聚眾活動處理的情報蒐集與計畫作為方面，經彙整訪談所得，先探討聚眾活動的期前整備，其中包括確保聚眾活動情報蒐集之正

確性與蒐報來源之多元化，進而根據所掌握之情資狀況，研擬妥善之防處計畫並即時因應現場狀況調整修正，輔以優勢警力佈署及足夠排除狀況之應勤裝備、提前勘查聚眾活動現場動線等作為；另有受訪者認為，倘能於聚眾活動前事先召開協調聯繫會，將能發揮期前整備之功效。

另聚眾活動的處理原則，部分受訪者認為係以保障合法、取締非法、防制暴力為前提，警察現場執行強制驅離或逮捕為最後手段；此外，並有受訪者進一步指述，聚眾活動處理應以溝通協調先行為原則，避免為撫平紛爭而耗費過量的社會成本。

第四節　聚眾活動處理的職權法制與現場處置

為深度了解聚眾活動處理的過程中，警察依法執行公權力的相關規定與現場應有的作為，筆者就深度訪談所得，彙整現行聚眾處理法制規定之特色、警察機關或警察人員於聚眾活動現場的處置作為等意見，討論如下：

一、聚眾活動處理的法制規定

（一）國際兩公約促進集會遊行權利更加保障

「國際兩公約」係指「公民與政治權利國際公約」、「經濟社會文化權利國際公約」，自該兩公約生效後，成為全球所遵循之人權規範，台灣地區更加保障民眾集會遊行的權利，其中亦間接影響各法院對違反集會遊行法之判決。

> 通過國際兩公約後，我國更加保障民眾和平集會的權利（B-4）。

民眾主觀認知他是國家政策的不利益者，希望透過抗爭跟國家對話，如果你有能力直接打電話給總統或院長，你不會甘冒大熱天大太陽跟警察推擠，除非是某個政黨之政治操作，面對這些國家政策的不利益者，我們必須寬容他們的集會，無論是集遊法的精神、兩公約的精神，政府要確保人民和平集會的權利（C-2）。

公民與政治權利國際公約施行後，集會遊行判決到目前為止好像沒有判決有罪，引用集會遊行法第31條施強暴脅迫跟警察推擠，都被合理化為表意自由（C-4）。

（二）現行法律制度完備

現行處理聚眾活動的法令計有「中華民國刑法」、「集會遊行法」、「警察職權行使法」、「警械使用條例」及「社會秩序維護法」等相關法規命令，其所規範之內容及範圍，尚能因應警察人員於聚眾活動過程中據以依法執行公權力。

現在法制算是很完備，要處理聚眾活動也是有辦法處理，執勤在用這些法制應該是可以的（A-4）。

（三）警察執法受外在環境影響

警察人員職權之行使必須依據法律規範始得為之，惟相關法規命令雖已有明訂警察之職權內容，但在聚眾活動現場之處理，所需考量之因素不單僅是依法行政，而必須顧及聚眾者之身分背景、政治人物於現場的鼓吹與阻撓等因素，並深深影響了警察執法的態度及程度。

反課綱的學生衝進教育部國教署，衝進去的群眾沒有將其以現行犯逮捕，警察沒有立即以社維法來執行司法作為，反而助長人民聚眾之行為（B-2）。

警察在動用公權力處理時，沒有利用警執法上之措施，執法不夠強勢。中正一分局在太陽花學運時，不夠積極處理狀況，結果間接助長學運（B-4）。

（四）集會遊行法遭宣告違憲

司法院大法官分別於1998年、2014年就集會遊行法作出釋字第445、718號解釋，其中第445號解釋係針對集會遊行法部分條文宣告違憲，即許可制於偶發性集會、遊行殊無適用之餘地；另第718號解釋除重申第445號解釋意旨外，復強調緊急性集會、遊行實難期待俟取得許可後舉行；另就群眾因特殊原因未經召集自發聚集，事實上無所謂發起人或負責人之偶發性集會、遊行，自無法事先申請許可或報備。

集會遊行法現已違憲，在戒嚴時期警察權的膨脹，違反兩公約，公民與政治權利公約21、22條維護人民和平集會的自由，和平即不須申請（D-4）。

二、聚眾活動現場的處置作為

（一）設立指揮所

聚眾活動現場必須設立臨時的「前進指揮所」，並由指揮官、各單位領導幹部、支援警力帶班幹部等成員進駐，並得成為聚眾活動處理訊息傳遞之中樞，除可透過無線電或通信軟體收受各分區回報之現場狀況外，更能藉由指揮所有效傳達指揮官下達之命令；此外，為因應緊急突發之即時狀況，通報、紀錄並迅速作出回應作為。

在勤務執行的時候，當然要設立指揮所，相關單位要進駐，如市府、消防等等，做為緊急應變所需；活動當中緊急事件的通報與

紀錄是很重要，要即時（A-3-1）。

（二）現場勤前教育

處理聚眾活動現場應舉行勤前教育，尤其大型聚眾活動支援警力眾多，於勤務開始前，指揮官或指派副指揮官等重要幹部召集擔服該時段或勤務之警察人員，除將聚眾活動勤務之現場狀況、任務、重要注意事項宣達週知外，更需檢查參與此項勤務人員之服裝儀容、應勤器械是否符合，並適時鼓舞同仁工作士氣。

> 要有現場勤前教育，以免支援警力不知現場狀況，檢查服裝儀容，告知任務指示及可能會發生的狀況，交代會有反蒐證，最後就是要有信心喊話（A-5）。

（三）即時新聞澄清

聚眾活動的過程中，可能引發新聞媒體之關注與報導，如有過度渲染誇大或嚴重與事實有違之狀況，應即時對外澄清，進以爭取社會大眾對警察處理聚眾活動執法之支持。

> 活動當中如果有報導不公的，要即時澄清，所以警方要指定發言人，最後，就是檢討，這個是計畫要注意的事情（A-3-1）。

（四）蒐證與逮捕

在聚眾活動的處置作為中，蒐證與逮捕往往是環環相扣的勤務作為，先有完備的現場蒐證，再根據所蒐集違法之事證依法逮捕，並可收強化警察執法合法性與正當性之效。

> 執行現場要有足夠的蒐證器材，落實執行，當然要有逮捕

組，因為蒐證跟逮捕要結合在一起，以後才會被起訴，還有一個
狀況是蒐證不完備導致日後訴訟失敗，所以要確保後續的訴訟程
序順利進行，所以蒐證很重要，與逮捕搭配起來，才不會事後被
推翻（A-5）。

警察現在只能加強蒐證，但因裝備器材不足，例如密錄
器，如果音質或畫質不夠清晰，證據也不會被法官採用。實質效
能，警力運用上要逮捕人犯，又要及時蒐證，常常會事倍功半
（B-5）。

現場逮捕會刺激民眾，不要在群眾前抓人，容易被煽動說警
察打人，拿麥克風的指揮者會操縱民眾攻擊警察，現行犯逮捕有
正當性，但更多用蒐證影帶觸法的行為當成供堂證據（D-5）。

（五）指揮官與聚眾者之熱線接觸

在聚眾活動開始前，為有效掌握了解聚眾者之集會訴求及欲達成目
標，現場指揮官與該聚眾活動之領導或重要核心幹部進行溝通聯繫；而
聚眾活動的過程中，現場指揮官更應持續與其協調，於符合法令規定之
範圍內，適當給予聚眾者表達意見之空間，以避免可能衍生暴力或不理
性抗爭之衝突場景。

現場指揮官熱線接觸的時機是很重要，熱線接觸是在事前，但有
些狀況一直在演變，所以指揮官要掌握現場狀況的話，必要時熱
線第一時間接觸，簡單承諾，在執法尺度內視狀況滿足民眾的需
求，以達到某種協定（A-5）。

（六）指揮官領導統御

現場指揮官在聚眾活動處理扮演著關鍵的角色，可謂肩負聚眾活動
現場處理成敗之重責大任，舉凡其事前如何蒐報有效且正確之情資、勤

務規劃與警力部署、對即時狀況的研判與下達明確之指令、面對情緒激動的群眾作出回應、並時時注意留意部隊同仁之情緒與工作士氣、是否得以順利完成任務排除民眾等。

> 現場處理指揮官指令的下達，就是使命必達，所以信心喊話很重要；當指揮官除了要面對群眾，也要注意部隊的情緒，不要因為情緒上的激動，而有執法過當的情形；另部隊亂中要有序，部隊不能散掉，散掉會被衝破防線，指揮官要隨時整隊列陣，讓民眾無法突破防線，否則會導致驅離行動失敗；再來注意群眾抗爭的動作，群眾是盲目容易受人挑撥的，所以有時候劇烈衝突是無法避免的，所以要注意群眾的情緒（A-5-1）。

（七）現場下達驅離指令

警察機關處理聚眾活動，如民眾經警方舉牌制止仍不願散去，現場指揮官往往會考量是否下令驅離，除運用鐵拒馬架設及警力當作人牆，以驅擋群眾外；另藉由周邊管制出入，再調派警力開始執行驅離，並確保接逮捕民眾之接駁警備車輛在旁待命，以及全程錄影蒐證之程序完備。

> 聚眾活動的策略戰術應彈性地交互運用鐵拒馬及警力來做外圍驅離（B-1）。
> 民眾佔領行政院時，派遣警力將他們驅離後，應派警備車接送至各分局協助辦理，避免去而復返的情形發生，在車上應全程錄影、蒐證，要依循合法程序來執行（B-2）。
> 抬離群眾時，第一是管制，等到人數降到相當的時候就開始抬離，剛開始這些人用抬離被車子載走，但人太多同仁的手腳已經抬到發抖，後來群眾手扣著手全部坐在行政院的大門，先噴水再來是中山和大安的部隊也是一個一個拉出去門外面，淨空之後忠孝

東路、中山南路還有群眾分成兩邊，部隊在前面噴水車在部隊的
後方，噴了以後推進，把忠孝東路群眾往中山南路推，再從北平
東路的部隊出來往南推，後來把這些群眾推回去立法院（C-5）。

　　本節在探討聚眾活動處理的職權法制與現場處置，經由筆者透過
深度訪談發現，我國自國際兩公約公布實施後，在相關法制規定的適用
上，對集會遊行權利更加予以保障；其中有受訪者表示，現行處理聚眾
活動的法規命令尚稱完備；此外，警察執法易受外在之環境所影響，集
會遊行法日前更曾遭司法院大法官宣告部分條文違反憲法保障的範圍。

　　在聚眾活動現場，警察應採行的處置作為包括先行設立指揮所，並
於聚眾活動現場舉行勤前教育，更應對新聞媒體偏頗報導作即時更正澄
清，並調派專責員警負責現場蒐證與執行逮捕；另有受訪者指出指揮官
除自身領導統御肩負重責大任外，其與聚眾者之熱線接觸與現場下達驅
離指令之時機拿捏等，均為聚眾活動處理成敗之重要關鍵。

第五節　聚眾活動處理的檢討與策進

　　欲對聚眾活動處理進行檢討與策進，首先必須分就現行與過往之聚
眾活動處理進行比較，進而對聚眾活動處理提出檢討與策進作為，筆者
經透過深度訪談資料加以整理分析如下：

一、聚眾活動處理方式之演進

（一）警方處理聚眾活動技巧提升

　　警察機關處理聚眾活動之執勤技巧已有相當程度之提升，無論是與
過往甚或與世界各國相較，幾以柔和處理方式為之，其中包括與聚眾者

協調溝通、新聞媒體報導處理、降低執勤員警與群眾於抗爭現場拉扯受傷之情形等等。

早期的聚眾活動，看起來比較暴力，衝突性比較高，如先前的519、520等事件，流血事件比較多，最近幾年的話，因為警察處理聚眾活動的技巧進步，溝通能力也有進步，所以大多安然度過，沒有出現很負面的（A-6）。

其他各國在攻擊政府機關，整個過程到收復，全世界找不到這麼柔和的處理方式，這是難得的，可將受傷降到最低了。世界各國在收復他們的中樞時，哪一場不是死多少人，我們323只有輕微的挫傷（C-5）。

（二）轉向為非暴力抗爭模式

隨著社會民粹氛圍盛行下，諸多聚眾活動發起者或參與者為爭取更多社會大眾支持，將傳統暴力抗爭轉向為非暴力抗爭；另現今參與聚眾活動已不再是包袱，甚至是常態且能被社會大眾接受的運動。

群眾運動者要對警察執法尊重，北市與警政署我跟他說這次路線我要怎麼走，完全能互信，他幫我開道路線，民眾如果要衝撞也很容易，但我們能控制群眾，用暴力的不會得到社會支持，不能夠採取暴力行為，非暴力是用不合作的方式讓權力不能行使（D-3-1）。

台灣其實很幸運，要求民主化的過程中很少出現暴力的方式，其實就是一種非暴力抗爭（E-1）。

社會大眾能接受的運動強度已經比較高了，尤其是在我們可以看到參與抗爭已不再是包袱，雖然目前還是和平非暴力走向，但未來這些運動會變成比較常態和被大眾接受的事情（F-5）。

（三）社運幹部普遍使用社群媒體動員群眾及傳播訊息

　　許多聚眾活動的發起人或重要核心幹部為擴大爭取社會支持，常藉由社群媒體即時且大量地有效動員號召群眾，除了使用通訊軟體互相聯絡外，更透過網絡媒體散播聚眾活動現場的實況，並能成功引發社會大眾的高度關注。

> 　　群眾使用通訊軟體聯絡，成功佔據現場後，開始拍攝微電影，紀錄事件訴求，再利用媒體網路散播這些訊息，令各地人支持響應，但我們警察不知道該如何因應；群眾還利用通訊媒體車開啟「強播器」等設備，方便他們媒體傳播，但警察卻沒有作為，沒有使用像是電信警察隊的「攔波器」因應，無法對付突發狀況，應學習中共成立「網軍」，控管資訊媒體之傳播散布（B-2）。

二、聚眾活動處理之檢討

（一）網路通訊軟體傳播速度快不易監控

　　網路通訊軟體無遠弗屆，民眾可透過LINE、微信、FACEBOOK等通訊軟體，迅速立即號召群眾前來參與聚眾活動，短時間內即可大量動員，而警察機關卻欠缺即時回應之機制，無法有效掌握社群媒體情資蒐報，亦無法短時間內調配警力因應；此外，當聚眾者在抗爭現場拍攝相關微電影紀錄事件，並藉由網路通訊軟體快速傳播，在當今公民處於公開透明參與政治的時代潮流下，而警察機關卻無法提出有效回應。

> 　　社群媒體發動對警方來講比較有困擾，調動警力沒那麼快，調動部隊不是那麼容易的事情，不像民眾發個訊息就可以號召，所以對未來聚眾活動，警察對於社群媒體情蒐方面要加強，網路

的號召要做處理，要特別注意（A-6-3）。

現在不論是民選首長，民意代表，行政機關還是人民都看FB，因為這些都是流動，加上網路會更快。我必須要說很多網路的地方其實是比較民粹跟不理性的，柯P現象就是公民公開透明參與政治時代的來臨（H-7）。

（二）聚眾活動現場狀況考驗指揮官

聚眾活動現場狀況瞬息萬變，每一環節都考驗著現場指揮官處理聚眾活動的能力，並能即時對群眾不同階段的抗爭迅速作出回應；而以太陽花學運為例，部分現場指揮官欠缺處理群眾抗爭之能力，顯見警察機關對處理聚眾活動之教育訓練仍有不足，且現場指揮所受限於資訊軟體、通訊設備，無法有效掌握現場即時狀況，警力部署未能妥適調派，更無法妥適處理大規模或高度社會關注之聚眾活動。

聚眾活動瞬息萬變，指揮官要有足夠的能力、膽識要夠、果斷力要有，如此應該都可以處理成功（A-6）。

我們沒有因應群眾架設阻絕器材的策略，有幾位分局長也沒有辦法去處理群眾事件，顯見我們的警察教育訓練仍不夠，沒有訓練指揮官調配警力的能力；立法院被占據當時，沒有派人去協調溝通，警察目前處理模式是「地方處理，中央支援」，但指揮所礙於資訊、通訊設備的不足，對於現場的狀況掌握不夠、應變不夠、指揮混亂、通訊失靈，當然無法將警力做最適當的調度安排（B-2）。

在太陽花學運中，警察沒有戰略，也沒有戰術，沒有對於大規模的聚眾活動做因應的調度與處理。政府的決策、策略指示也不明確，使得警察不知道怎麼訂定戰略，強制力的使用也明顯不足（B-6）。

（三）警察執法尊嚴蕩然無存

　　警察人員在處理聚眾活動的過程中，無論是與聚眾者對話或執行蒐證、驅離，警察執法往往容易造成在場群眾或新聞媒體報導的曲解，依法行政演變成警察對民眾施暴；而在聚眾活動抗爭的機制下，政治角力、民粹氛圍、社會變遷等因素環伺，警察執法尊嚴蕩然無存，除受到新聞媒體與社會大眾的責難質疑外，更嚴重打擊警察同仁士氣；據此，現場指揮官應即時對外正式澄清，並重申警察人員依法處理聚眾活動的正當性，以爭取社會大眾或新聞輿論的支持與肯定。

　　　　總統府前、立法院及行政院的防阻警力，沒有事先擺出來，長官又不太會應變、指導，如今警察之公權力已被分化、弱化甚至醜化，這樣的情況下，我們「不會」、「不能」也「不敢」有作為（B-2）。

　　　　群眾怒罵同仁甚至對盾牌動粗，驅散過程中造成民眾受傷，憑良心說他們抗拒同仁的柔性抬離動作，甚至對同仁辱罵、攻擊而反擊所造成的，可這沒有直接證據；警察也是人，當你羞辱、給他壓力超越他的極限了，即使受過訓練也沒有辦法控制自己的情緒，那是不可能的事情（C-5）。

　　　　整個司法和社會誰在乎了警察的尊嚴，警察尊嚴是來自於執法尊嚴，警察在街頭為政府築起保護層的時候，要知道警察同仁是受到怎樣的污辱；當國家賦予我們武器捍衛人家權益的時候，我們所面對的都是司法最嚴苛的苛責，我強調處理聚眾活動要面臨的政治和社會輿論的各種因素，這是警察的悲哀，沒有辦法（C-6）。

　　　　媒體比較站在民眾立場，民眾比警方有優勢，而且現在有網路，上面散播任何謠言污衊，對警方都不好（D-5）。

警察是這個制度的末段，算是收拾殘局的，上游的教育，檢察官的失能，社會不良等，最後都是由警察來處理，警察也沒有這樣能耐（H-2）。

（四）集會遊行法判決有罪率過低

警察機關以違反集會遊行法移送法院判決有罪或起訴率低，係現行聚眾活動處理所面臨困境之一，除打擊警察執法士氣外，更間接助長聚眾活動抗爭，促使聚眾者無視警察執法，甚至更有恃無恐地於抗爭現場辱罵或衝撞執勤員警。

很多判決不起訴或是無罪的，原因在舉牌，現在常看到派出所主管或督察組長在舉牌，這些都是被判不起訴的，主要就是沒有表示分局長授權（A-4）。

蒐證不完備導致日後訴訟失敗，所以要確保後續的訴訟程序順利進行，所以蒐證很重要，與逮捕搭配起來，才不會事後被推翻（A-5）。

通過國際兩公約後，我國更加保障民眾和平集會的權利，但民眾對於佔據立法院、行政院，則辯說他們是「進入」，而非「侵入」（B-4）。

法官願意支持警察維護公共秩序的執法作為，而不是用各種理由否定警察執法作為，調所有的判決書跟不起訴處分書真的會落淚，警察被法院踐踏得一文不值（C-2）。

司法判決永遠在導引我們的執法，法官見解對所有的群眾運動變成了開放，而且採取更嚴格的證據法則；正常犯罪定罪率是65%，但是集會遊行定罪率僅有8%，我研究的那25件判例為什麼有罪，是因為負責人坦承自己聚眾不解散，抗拒警察命令（C-4）。

法院現在判集遊移送有罪率愈來愈少，我個人被警方移送超過十次真的被判有罪兩次，兩次都被判很輕，是剛解嚴時我帶民眾去立法院抗爭，另一次是勞工的，都很輕，像紅衫軍是無罪，法律工具是愈來愈無用（D-2-1）。

警方每次都用集遊法，每次都移送，但檢察官不是每次都會起訴，法官也不一定判有罪，判有罪也很輕（D-4）。

三、聚眾活動處理之策進作為

（一）制定處理聚眾活動標準作業程序

為有效處理聚眾活動，警察機關或可思考制定標準作業程序，將處理聚眾活動的原則系統且規則化，使現場指揮官能有所依循，並視現場即時狀況彈性調整運用。

目前警察之指揮訓練系統仍未上軌道，像是消防的災害現場指揮體系（ICS），當災害擴大或大規模災害發生時能立即調度支援；而軍方也有「自動化指揮系統」，指揮自動化系統是指在軍事指揮體系中採用以電子電腦為核心的技術與指揮人員相結合、對部隊和武器實施指揮與控制的人機系統（B-3）。

政府的處理態度在第一線的衝突處理絕對是需要被加強，我覺得柯P訂sop的心意不錯，但實際是不太有用的，政府跟警察必須去思考要怎麼拿捏處理，而不是訂條法令存在就無敵，我不覺得在衝突現場法令是有用的，不是訴求警民對立而是要警察去了解要怎麼去處理這樣的問題（F-5）。

（二）有效掌握聚眾活動訴求

聚眾活動形成必有其核心價值或主要議題，聚眾者亦有其欲達成

之目標，在現場處理的過程中，應試圖掌握聚眾者主要之訴求並從中協調，促使聚眾活動能圓滿落幕；有時聚眾者可能僅是欲藉由抗爭取得新聞媒體關注，現場指揮官則可與該活動之核心或重要幹部溝通，重申警方執法之決心，並在合乎法治的範圍內，賦予其公開表達意見的自由與空間，而非一味採優勢警力、重裝備部署，反倒使現場抗爭群眾不滿氣燄更加喧囂，進而衍變警民衝突拉扯的紛爭。

現在應該教育我們的幹部要協助民眾去表達他們的言論（C-2）。

我們一定是先溝通協調，但現在社運團體都採城市游擊戰的方式，熱線的溝通協調為先，但必須要有強勢的警力管制做後盾，溝通協調才有用，要先溝通我們的執法立場和決心（C-7）。

非暴力抗爭作為社會文化，警察動武的正當性已經愈來愈低，因此警察使用強制力控制群眾比使用溝通協調管理群眾更不易成功，國家如果以暴力去制裁民眾的話反而是適得其反，國家的暴力是合法暴力，民眾的是非法暴力，但社會輿論觀感怎麼看，所以警察應該做中間的溝通協助解決者（D-2）。

警方知道我的目的是要媒體，所以也會給我時間也要我不要太久，也不會一個小時舉三次牌，這是互信，他來了並不是帶一大堆人去佔領，是要抗議、要媒體拍到，講他們的訴求，標語影像，製造影像與衝擊，但人不多也不會衝擊，他不是要來找警方衝撞，警方不用緊張，是要找出行動價值，所以就做到維持秩序，製造雙贏得到群眾信賴，民眾也找到警方可以溝通價值（D-6）。

警察的裝備越重，現場的氣氛就會越對立，因為民眾會緊張，會因為受到上級指示而攻擊，就容易發生意外，他們也慢慢知道民眾有遊行的自由（E-2）。

　　警察要去猜一下現場群眾的目的是什麼，比如427那天我站在第一排，當時很清楚警察就是要我們退，我覺得第一排是要向警察演一齣戲的感覺，跟警察說好好好我們退，警察說好我慢慢讓你們退你們不要受傷，警察想要快，運動者想要拖延時間，彼此知道要幹嘛但慢慢卡在那的狀況（F-3）。

（三）強化員警執勤技巧訓練

　　為因應聚眾活動對社會強大的撼動力，警察機關亦應與時俱進，強化員警執勤技巧之教育訓練，舉凡研擬更省力且不易使民眾受傷之靜坐架離，加強聚眾活動現場全程蒐證之技巧，以有效提升檢察官甚至法官對違反集會遊行法有罪之認定，在聚眾活動現場與抗爭者的對話與溝通技巧，社群媒體有關聚眾活動之情資蒐報，機動保安警力的基礎訓練，以及培養現場指揮官處理聚眾活動之能力等面向，均有賴警察機關加以深思或重視。

　　現在警方也有在訓練，保護靜坐民眾離開，架離的時候盡量不要讓民眾受傷（A-7-1）。

　　在逮捕移送這一方面，檢察官與法官不從事證、物證上去補強證據，只是要求警察要取得充分證據才將滋事者繩之以法，使得警察在處理這些案件時感到無力，在蒐證的時候要注意程序與各個環節，才能供法官判刑論罪（B-5）。

　　在太陽花事件過後，警政署針對機動警力的訓練已有重新檢討，除了基礎訓練之外，更要提升警察其他的訓練，如蒐證器材、科技的運用及現場資訊通訊、狀況掌握的聯繫（B-7）。

　　因為資訊獲取、指揮調度不夠立即，聚眾活動時間拖長，會動用到更大量的警力及時間，勞師動眾之下造成社會資源的浪費（B-7-1）。

我們並沒有因為隨著這些群眾轉換為城市游擊戰、智慧型作戰，還是沿用以前的方式，看看我們幾乎每件的司法傳喚案件，我們傳喚他們絕對不到，而警察單位就很輕忽的把當天的蒐證帶簡單的概述就移到了法院去，法院當然依舉證不足不起訴，他們反而等到證據明確之後才到法院調證據跑來跟我們溝通，變成說我們的移送程序要嚴謹地證據蒐集、移送，而且要把他們的犯罪嫌疑鉅細靡遺地去蒐證（C-2）。

警方對非暴力抗爭的方式也要受訓，其實警方對非暴力抗爭了解不多，不了解社會運動的訓練趨勢，你會採用非暴力抗爭的處理方式，那這樣警方得到的形象與社運者的互動是正面的（D-7）。

警察在處理這些群眾抗爭過程中遭遇的阻力將會增大，隨著群眾抗爭手段的升級，員警可能使用的處理這些抗爭行動的手段也可能跟著更加嚴厲（G-7）。

（四）捍衛警察執法尊嚴

處理聚眾活動的現場，除了依據集會遊行法相關法令執行外，更需要捍衛警察執法尊嚴，固守維持社會秩序之本職，強而有力且完備的現場蒐證，恪遵嚴格的證據法則，將違法在先的滋事者繩之以法，而非默許容忍聚眾者藉不滿情緒恣意對警察人員施暴。

警察在法治的理念下，要拿出應有的「形」、「勢」（氣勢），否則滋事者將更加肆無忌憚。總統府之所以不會被民眾侵入，就是因為府前憲兵有其氣勢，必要情況下，也有使用武力、開槍之可能，群眾當然不敢進入總統府內鬧事（B-7）。

警察意識、氣勢不夠，「警魂」不存，反而是我們警察被民眾心戰了。身為警察應具備的執法態度，要扛起維持秩序的責任，尊重人權，當秩序與人權衝突時，警察要做的就是「守

勢」，戰術上的運用顯得更重要（B-7-1）。

有些人實質惡意攻擊警方的執法，我們也要去守著嚴格的證據法則，把這些實質惡意鑽法律漏洞的僥倖者運用聰明才智來把他們繩之以法，唯有重塑法律和執法尊嚴，我們才能回到正常的處理模式，而法官也願意支持警察維護公共秩序的執法作為，而不是一味地否定警察的執法作為，找回我們同仁的執法尊嚴，唯有把同仁的個別權益給保障了，我才有辦法進一步維護國家的法律尊嚴（C-2）。

長官都說同仁受傷無所謂、被辱罵無所謂，只要事情能圓滿落幕就好，但我們在集會遊行執法上都兵敗如山倒，從現在的高中生開始，任意的衝撞、辱罵警察，為什麼整個社會打警察頻傳，這就是社會氛圍，我們先把自己的立場站穩了之後，才有辦法維護公共秩序，回到以往依法行政的正道（C-7）。

（五）與新聞媒體有良好互動

聚眾活動的抗爭現場中，聚眾者通常會利用新聞媒體報導，以強化該聚眾活動的正當性與社會的支持度，然而輿論對社會大眾的觀感影響深遠，如作出偏頗報導，則可能引發民眾對警察執法之撻伐，這也是警察機關長久以來忽視的重要關鍵，針對與事實有違且嚴重打擊警察士氣之報導，適時澄清並捍衛警察執法的決心，重新建構形塑出與新聞媒體良善互動的機制。

對網路新聞、公民記者可能的偏頗報導，我們在第一時間應派遣警力進入現場拍照、瞭解現場狀況，對外要「澄清」，對內要「查證」，提供正確資訊給指揮所做警力調度安排，才不會被不實新聞的錯誤資訊牽著鼻子走（B-7-2）。

我們不能再忽略媒體的力量，在攸關警察聲譽時主動說明，

讓社會知道實際的狀況，從以前到現在我們同仁沒有不被辱罵的，從來沒有被尊重、從來沒有客氣地對待過，每一個同仁在現場除了忍辱還是忍辱，但是這些畫面從來沒有見諸於媒體，媒體一直對警察都沒有公平的對待，這是我們必須要去改善的，不是要媒體來掩飾我們的瑕疵，也要想辦法主動協調媒體，讓社會知道我們警察是如何善待民眾（C-7）。

（六）透過案例教育分享

因聚眾活動個案差異性高，警察機關處理聚眾活動之作為亦有所差距，據此，如能將聚眾活動具特殊性之案例列為教材，除予以檢討策進外，亦能藉由討論分享的過程中，讓不同警察人員能體會到其他案例及作為，以收教育訓練之效；以臺北市政府警察局中正第一分局為例，因轄區特性即有諸多聚眾活動使然，在處理抗爭的技巧與回應作為亦較純熟，應可作為其他警察機關借鏡仿效之處。

處理聚眾活動應該列為教材，分享給其他縣市的警察，記得苗栗警察反風車事件發生衝突而受傷，這就表示抗爭不知道怎麼處理，用壓制的方法都會產生不必要的傷害，現在處理教育部反課綱運動的警察就比較柔性商量，也會幫忙傳遞訊息，這就是要透過對話機制而取得相互信任，這中正一分局就比較有經驗，這是很好的教材（E-3）。

本節先就聚眾活動處理之演進探討，相較於國外或過往，現行警察機關或警察人員處理聚眾活動技巧已日漸提升，且集會遊行模式已從昔往暴力抗爭轉型為非暴力抗爭的模式；然而有受訪者指出，諸多社運幹部現普遍使用社群媒體動員群眾及傳播訊息，而警察機關卻無法即時因應。

　　欲對聚眾活動處理進行有效的檢討，部分受訪者表示網路通訊軟體傳播速度快不易監控，復因聚眾活動現場狀況瞬息萬變，無不考驗及檢視指揮官處理聚眾活動與領導統御之能力；另多數受訪者更指出警察執法尊嚴已有蕩然無存之現象，其中也與集會遊行法判決有罪率過低有相當程度的關聯性。另筆者亦歸納出聚眾活動處理之策進作為，舉凡如制定處理聚眾活動標準作業程序、有效掌握聚眾活動訴求、強化員警執勤技巧訓練、捍衛警察執法尊嚴、與新聞媒體有良好互動及透過案例教育分享等。

　　綜上，本章係聚眾活動處理之質化評估，透過質化訪談的研究方法，訪談目前實務上警察執法的幹部、聚眾活動的領袖以及相關研究領域的專家學者，透過訪談資料分析與整理歸納，釐清聚眾活動處理的問題成因與問題認定，了解聚眾活動處理的情報蒐集與計畫作為，並接續分析聚眾活動處理的職權法制與現場處置，最後則是對聚眾活動處理提出檢討與策進。

第伍篇

個案分析

第十一章　台灣地區聚眾活動處理的個案分析

　　本章分析2006年「百萬人倒扁運動」（紅衫軍運動）及2014年臺灣太陽花學運兩個案例。

第一節　2006年「百萬人倒扁運動」（紅衫軍運動）

一、個案背景說明[29]

（一）前期（2006年8月至9月15日）

　　2006年8月爆發的「高雄捷運外勞弊案」後，時任總統陳水扁週遭人士也陸續傳出了多起貪污弊案，主要有總統女婿趙建銘涉及的內線交易案、總統夫人吳淑珍被控收受太平洋Sogo百貨禮券並介入該公司經營權之爭、炒作股票、總統府的國務機要費案等，有鑑於此，2006年6月，國民黨籍立法委員丁守中與親民黨籍立委呂學樟等人提出「對陳水扁總統提出罷免案」，並獲得國民黨與親民黨全部黨籍立法委員連署，超過提案門檻，交付立法院表決。

---

[29]　本個案背景說明係參考下列文獻彙整而成：

　　（1）維基百科，百萬倒扁活動，https://zh.wikipedia.org/wiki/%E7%99%BE%E8%90%AC%E4%BA%BA%E6%B0%91%E5%80%92%E6%89%81%E9%81%8B%E5%8B%95，最後瀏覽時間：2015年9月28日。

　　（2）李金田，〈群眾運動防處實務暨紅衫軍大事紀〉，2007年9月。

6月27日立院表決時，民進黨黨團限制黨籍立委不進場投票，台聯則動員集體投廢票，故即使中國國民黨、親民黨及無黨籍立委皆投贊成票，但仍未超過三分之二立法委員同意之法定門檻，該總統罷免案不成立，因此依法無法再舉行罷免總統之公民投票。

爰此，民進黨前主席施明德在8月7日，寫了一封《給總統陳水扁的信函》，希望總統陳水扁能主動辭職下台；對此，總統陳水扁未正面回應，於是於8月10日，施明德提出「百萬人民倒扁運動」，並於8月12日假台北市228和平紀念公園舉行記者會，宣布成立「百萬人民倒扁運動總部」，並於9月5日召開記者會宣布由總召集人施明德擔任總指揮，台灣促進和平基金會執行長簡錫堦擔任執行副總指揮，開始了一系列倒扁活動。

9月9日，反貪倒扁民眾集結於總統府前的凱達格蘭大道並開始靜坐。時任臺北市長馬英九破例核准其24小時的集會遊行，因此群聚民眾愈增愈多，首（9）日靜坐人數，臺北市警察局統計認為有9萬餘人，倒扁總部則宣稱有30萬人，而美國CNN及英國路透社報導稱3至5萬人。

9月10日至9月14日紅衫軍每日群眾高峰數均達上萬人，儘管本次群眾活動經主管機關中正第一分局許可，且尚未傳出嚴重暴力事件，惟「反貪總部」無法確實維持集會現場安寧秩序，因此中正第一分局於9月12日行文告誡若無法改善集會秩序，將廢止往後集會許可（李金田，2007）。

由於9月16日起凱達格蘭大道集會權，由他人取得，因此反貪總部另於臺北火車站前交七廣場申請集會遊行，紅衫軍需轉戰臺北車站。9月15日，紅衫軍動員約50萬人舉辦「螢光圍城」遊行，活動原定晚間7時登場，因為人潮太多，倒扁總部提前1小時，在傍晚6時正式出發，途中遊行隊伍雖有多起零星衝突，但均未釀成暴力事件。

（二）中期（2006年9月16日至10月11日）

自9月15日圍城之夜遊行過後，臺灣各地陸續發生零星衝突事件，群眾多人受傷，其中包含了9月16日民進黨所舉辦之「我們在向陽的地方」活動以反制倒扁，惟活動期間中天電視記者遭民眾拉扯電源及電訊線及9月27日發生倒扁活動紀律服務員被刺傷案件，即使發生許多突發狀況，惟仍未衍生後續嚴重爭議。9月30日至10月5日，施明德動員約500人展開環島「遍地開花」活動。

10月10日國慶日，反貪總部宣布展開「天下圍攻」活動，鼓動群眾於國慶典禮結束之後以步行方式展開，造成臺北市道路交通癱瘓，隨後總部號召群眾佔據臺北火車站前忠孝西路，由於此活動並未經合法申請，已違反集會遊行法遭臺北市政府警察局舉牌制止；當（10）日21時施明德表示聚集群眾會靜坐至10月13日立法院罷免陳水扁總統案為止，此時忠孝西路雙向車道已遭群眾完全佔據。

10月11日凌晨4時許，中正一分局廣播呼籲群眾儘速返回臺北火車站交七廣場靜坐區，以免影響忠孝西路交通通行，並於4時22分展開驅離行動，現場群眾經勸導、疏處後約剩500人仍盤據道路。直至5時10分忠孝西路恢復雙向通車，「天下圍攻」活動始告落幕。

（三）後期（2006年10月12日之後）

10月12日，反貪總部因10日「天下圍攻」活動違反集會遊行法，嚴重危害社會秩序、公共利益，警方廢止該團體往後於凱達格蘭大道申請核准之集會，僅保留該團體於臺北火車站之集會許可。

10月13日，反貪總部宣布自次（13）日起每日靜坐時間為18至22時，以晚會方式進行，不再舉行24小時靜坐抗議活動，因此人數銳減。

11月3日臺北地檢署對時任第一夫人吳淑珍、前總統府副秘書長、前總統府辦公室等總統周遭人士以貪汙罪、偽證罪及偽造文書等罪提

起公訴，反貪總部因此於16時決議動員紅衫軍於18時臺北火車站再次集結，並於22時由施明德率領群眾重返凱道，由於未依規定申請，違反集會遊行法，警方除舉牌警告、命令解散、制止外，開始部署警力準備驅離。

11月4日凌晨5時25分，中正第一分局開始執行驅離行動，經前段柔性勸導驅離民眾減至300人後，6時17分凱達格蘭大道已全數淨空，全程未發生暴力衝突事件，可說是和平結束。

11月12日因民進黨議員向中正第一分局申請11月30日至12月6日於臺北火車站前交七廣場集會，由此中斷反貪總部之集會權，故11月29日需淨空該廣場。至此，施明德自8月間所發起反貪腐活動，漸漸宣告結束。

二、個案處理分析

（一）政策規劃方面

1. 本個案之問題成因分析

前陳水扁總統在當選總統後，於2005年由立法委員陸續揭露出關於第一家庭的貪腐事件，2006年檢調更進一步將總統女婿趙建銘拘提審查，SOGO禮券案、台開案、國務機要費的流向；對此有關第一家庭陸續爆發的金錢問題，陸續成為國內的重大新聞，立委的爆料、媒體的報導，都將貪腐的罪名指向總統陳水扁以及第一家庭；民進黨前主席施明德於2006年8月首先由提出總統下台的「倒扁」活動，是為本次活動之成因。

2. 本個案聚眾活動的性質與類型分析

分析本案例的性質，顯示了聚眾活動的極化現象、衝動性與傳染性，但該事件的大部分群眾並無非理性的行為。第一、本案在台灣南部

地區發生倒○及挺○的群眾相互叫陣的場面，是屬一種極化現象，因而發生少數衝動性的暴力事件；第二、本事件持續進行41天，覆蓋全台灣地區，且參與集會遊行的群眾很多，表示本聚眾活動具有很強的傳染性，幸好這些群眾絕大多數都是理性的反貪訴求者，且帶領群眾的領導者亦無激化抗爭行動的意圖，是屬於理性的群眾事件。分析本事件的類型，可歸類為有組織且有直接訴求的政治類超大規模的聚眾活動。

3. 本個案處理之情報蒐集及風險評估

所謂「知己知彼，百戰不殆」，對於本次倒扁活動，未有激情狀況出現，本次情報蒐集及疏處、約制作為可謂相當成功。對於反貪總部所規畫遊行路線、群眾人數等相關資訊均能保持接觸，熱線聯絡。儘管本次活動多次未依規定申請而集會、遊行，警方均能有效勸導、驅離；雖有發生零星衝突，惟未造成重大暴力事件，實可說是完美落幕。

4. 本個案聚眾活動的處理策略分析

由於本個案屬政治類的聚眾活動，參與人數眾多，且發生在台北市玉山寓所、仁愛寓所、重要官署及官邸，故警方嚴陣以待，視為政府的一件危機在處理。但由於本個案事件在台北集會遊行的群眾一直保持理性的程度，故警察採取立場超然，依法執行，保障合法、取締非法，防制暴力之一貫作為，並與「倒扁運動總部」相互尊重、密取聯繫，一起研商處置聚眾活動的策略；此外，警方對不同政治主張的抗議者作區隔，並對於台灣地區南部有暴力衝突行為時，由警政署侯署長親上火線，申明嚴正執法的立場，經大眾傳播媒體強力報導下，樹立了警察執法的權威形象。因此，本個案事件的處理策略是可說是以談判管理、相互尊重的典範為主，且採「保障合法、取締非法、制裁暴力」的執法策略，剛柔並濟，是一個成功處理的案例。

（二）政策執行方面

1. 戰術運用

本次聚眾活動以「百萬人民反貪腐運動」為號召，開始之際即募集了上億元活動資金，擁有充沛的政治後援，反貪總部為維持反貪腐運動之合法性，非常忌諱違法行為，不斷強調「愛、和平、非暴力」之理念，因此，不管於9月15日圍城之夜、10月10日天下圍攻等活動儘管群聚人數眾多，但仍無重大暴力事件發生，對此，除上述主辦單位自律外主動配合外，警察引用集會遊行相關法規維持秩序也扮演了重要的角色；對此，警方戰術運用可說是相當得宜，於未依規定申請之集會、遊行執行驅離等強制手段外，其餘均為單純維持秩序、避免各種衝突情況發生之行動，故未發生較大型警民衝突之狀況，較能保持行政中立之角色。

另9月20日紅衫軍申請於火車站前集會，另申准自9月21日凱達格蘭大道集會，但施明德堅持於兩地之間之轉移，以集體行進方式行進行；對此為避免因警方須對違法遊行執法，可能造成的衝突，警方鑑於合法集會遊行，對社會之衝擊最低。在比例原則的考量下，同意紅衫軍提出之集會變更為集會遊行之申請案。此為在申准集會後，同意變更為集會遊行之行政先例（于增祥，2013）。

2. 現場處置

本次活動警察在面對聚眾活動時，均能適當的溝通，明確地在群眾前劃出執法紅線；紅線之前，警察均保持為民服務之態度，盡力協助民眾表達訴求；紅線之後，因其違法無論群眾身分為何，均須立即反應處置。

于增祥（2013）認為，政府處理群眾事件，能考量民意趨勢與抗爭之正當性，為避免流血衝突引發社會動盪，而採取柔性處理原則。因此本次倒扁活動亦以和平方式表達訴求，雖參與民眾以百萬計，惟均能以

和平方式進行，除10月10日發動天下圍攻非法集會活動，圍堵參與慶典貴賓進出，更癱瘓忠孝東西路交通，警方不得不採行強制執法措施。但為避免衝突加劇，遂捨棄強制驅離之方式，而以擡離民眾之柔性模式，於翌日凌晨淨空現場回復街頭秩序和平收場之手段，可以說警方面對理性群眾活動即進入柔性處理的時代。

（三）政策評估方面

1. 「公民與政治權利國際公約」第21條明揭和平集會之權利應予確認。除依法律之規定，且為民主社會維護國家安全或公共安寧、公共秩序、維持公共衛生或風化、或保障他人權利自由所必要者外，不得限制此種權利之行使；此外，司法院大法官釋字718號解釋亦揭櫫集會遊行法第8條第1項有關室外集會、遊行應向主管機關申請許可，未排除緊急性及偶發性集會、遊行部分，及緊急性集會、遊行之申請許可等規定，違反憲法比例原則，不符保障集會自由之意旨，已於2015年1月1日失其效力；對此，警察機關對聚眾活動處理模式勢將有所調整，未來對和平性、偶發性和緊急性的集會、遊行，警方將採以柔性的溝通談判的處理模式為主。

2. 本個案倒扁活動於10月10日所舉行之天下圍攻非法集會活動，臺北地方法院以96年度矚易字第1號刑事判決，審認施明德等人無罪，經檢方提起上訴，臺灣高等法院98年度矚上易字第一號刑事判決維持原判，由此可知人民和平之集會司法判例向除罪化傾斜，此對警察處理聚眾活動的執法模式有重要之影響。

第二節　2014年臺灣太陽花學運

一、個案背景說明[30]

（一）前期（2014年3月17日至3月22日）

　　「自己的國家自己救」一聲吶喊響破立法院原應寂靜的夜晚。2014年3月18日晚間6點於立法院外舉行「守護民主之夜」晚會，由黑色島國青年陣線[31]總召魏揚[32]、成員曾柏瑜擔任主持人，聚集了三、四百人於立法院群賢樓前，高喊「全面占領主席台，重啟談判」、「今天過服貿，明天拆政府」等口號策動反制政府，抗議輕率的立法審查程序。是（18）日晚間9時許，首先由長期於立院大門外紮營駐守的「公投盟」先行衝撞正門，10分鐘後聚集於濟南路的人群也全面進擊，且立法院康園餐廳旁正門半掩半開，初期數十人循此陸續抵達議場前廣場。晚間9時15分許，青島東路數十人群起越入院區；然而，留守院區警力雖試圖以人牆阻擋學生，但因勢單力薄，無濟於事，因此很快的數十人順勢衝入議場大廳。

　　首批進入議場大廳學生急忙尋找電源，並號召更多群眾近入，很快的，學生、律師、立委及各支持團體等各路人馬蜂擁而至，並將自製布

---

[30] 本個案背景說明係參考下列文獻彙整而成：
　　（1）晏山農、羅慧雯、梁秋虹、江浩崙，〈這不是太陽花學運－318運動全紀錄〉，允晨文化，2015年3月。
　　（2）劉定綱，〈318佔領立法院－看見希望未來〉，奇異果文創，2014年4月。
　　（3）葉柏祥，〈太陽花學生教我們的事－24堂街頭上的民主課〉，費邊社文創有限公司，2014年6月。

[31] 黑色島國青年陣線，簡稱黑島青，成立於2013年8月。由臺大、清大、中山、成大、政大、師大、輔大、東吳等跨校成立之學生社團，目的在於反〈服貿協議〉，清大社會所研究生魏揚為總召集人。

[32] 魏揚，清華大學社會所研究生，黑色島國青年陣線總召。

條「拒絕服貿闖關」、「七成五台灣人民要求逐條審查」掛於大廳前，宣稱佔領行動將持續至21日，讓該日院會無法開議，並開始分工協調進占事宜。

在成功進占立法院未久，主導團體之一黑色島國青年陣線約莫在晚間11時許透過臉書發表《318青年占領立法院反對黑箱服貿行動宣言》，並提出青年三大訴求：其代表人民奪回立法院、在野黨加入、馬英九立即至立院回應民意等。

3月19日，警方自學生進占立院當下起至19日清晨，發動了至少三次攻堅行動：第一波於3點30分，警方企圖於議場三號及六號門攻堅，但遭民眾激烈抵抗，此時於院外之民眾達數千人，並以反包圍方式致警方無功而返；第二波於5點20分許，警方再度攻入議場，對峙數十分鐘後撤退；第三波於6時10分許，警方改變策略，於濟南路福利社側門準備帶離學生，但因立委介入，攻堅行動告敗。

警方多次協調、攻堅不成，情勢緊繃，場內學生於3月19日上午8時30分召開記者會，提出「警方立即退出立法院、中華民國總統馬英九道歉、行政院長江宜樺下台」等三項訴求。是（19）日晚間，官方由當時警政署署長王卓鈞回應「學生違法，但警力不宜直接進入國會」聲明，自此開始進入心理、媒體及外交之總體戰。

進占立法院進入第三天，3月20日上午10時許，陳為廷[33]召開記者會表示：一，要求院長王金平立即採取必要程序確定17日張慶忠所宣示「服貿因逾三個月期限，依法規視為已審查，送院會存查」無效；二，要求總統馬英九退回服貿，並承諾本會期通過《兩岸協議監督條例》，而在條例完成立法前，不得與中國政府協商或簽訂任何協定、協議。若於21日中午12時未獲回應，學生將宣布下一波更激烈之行動。

然而，是（21）日晚間，總統府對於學生占領立院行動有了明確的

---

[33] 陳為廷，清華大學人社系學生，參與過野草莓學運、苗栗大埔抗爭、華隆抗爭、反媒體壟斷運動等社會運動，三一八學運中為主要領導者之一。

表態，總統馬英九雖肯定學生對公共議題的熱情與投入，但堅持法治是政府絕不動搖的基本立場，並準備依《憲法》第四十四條院際調解權的規定，召集相關院會部長會商，不過顯然地，抗爭者對本次未公開之協商並不買單。

全台各地亦燃起烽火，許多無法親臨現場聲援的民眾在社群網路上發起就地支持活動，使得本次抗爭遍地開花。

（二）中期（2014年3月23日至3月30日）

3月23日，總統馬英九就本次占領行動召開首次中（台）外記者會，強調簽訂《海峽兩岸服務貿易協議》的好處並堅持必須通過，而案內有關存查的爭議將交由立法院院會處理。本次記者會馬總統雖簡短的發表13分鐘談話，卻引來林飛帆[34]以「政令宣導，罔顧民意，既不民主，又無法治，先有條例，再來審議，給我民主，其餘免談」等32字回應。亦有許多學生對馬總統於記者會上之聲明激憤不已，萌生進一步行動的念頭，於是，「攻佔行政院」行動代號發出了。

是（23）日晚間7時許，約兩百多名民眾衝向行政院正門，由於事出突然，原先部署於行政院警力僅40餘名，因此短短15分鐘即攻入政院。此消息一傳回立院，群起鼓舞，當下兩、三千人立即轉往政院聲援。行政院發言人孫立群立即召開記者會，表示院長江宜樺第一時間獲得回報，對民眾失控深表痛心，不僅譴責暴力行為，更要求警政署加派警力強制驅離，台北市長郝龍斌也發處類似聲明。晚間11時，數千名民眾在場，而駐院警察也只是在政院大門前維持秩序，但至11時45分，警方開始向民眾喊話要求撤離，但效果不彰。凌晨0時10分，警方開始第一波驅離，約600名群眾遭強制驅離。0時30分，第二波驅離行動展開，以擴音器呼籲學生撤退，並強制拖離躺在地上之群眾。午夜2時許，發

34　林飛帆，臺大政治研究所碩士生，參與過野草莓學運、反媒體壟斷運動等社會運動，三一八學運中為主要領導者之一。

動第三波強制驅離，30分鐘內將政院中庭200多名群眾強行帶離。接近3時，警方進一步對政院主建築執行第四波驅離—清場命令，警方徒手將廣場民眾逐一抬走，並於4時許派出噴水車區臨群眾，此為第五波驅離。近5時30分破曉前，政院已淨空，群眾攻佔政院行動終告失敗。

當（23）日驅離行動警方共逮捕61人，其中36人移送偵辦，其中，黑島青魏揚經檢方視為首謀，於複訊後予以聲押。

3月24日，行政院周遭交通恢復正常，行政院長江宜樺於上午11時召開中（台）外記者會，表示學生此次行動自備油壓剪、棉被等舉動顯然事前有所規劃，對於行動變質深感痛心。此役為318運動之分水嶺，原先預定擴大行動成果，轉變為戍守立院確保既有成果再爭取各方支持之策略。

3月27日，自23日攻佔政院行動失敗後，雙方幾次公開喊話及立院多次朝野協商失敗，學生於本（27）日召開記者會，邀請全民於3月30日於凱達大道前集結參與行動，並強調四項訴求：退回服貿、建立兩岸協議監督機制、召開公民憲政會議、要求朝野立委支持。對此總統府回應，總統願意於不預設任何前提下，就有關《兩岸服務貿易協議》各項議題，邀請學生至府內交換意見。雙方認知上顯著差異，3月30日凱道大遊行成了雙方角力的場域了。

3月30日，上凱道反服貿遊行於下午1時登場，人潮不斷湧入凱道、景福門與中山南路，參與這場50萬巨型活動人群來自全台各地，並將運動拉向海外，17國49個城市、地區旅外台人以全球時差接力遊行走向街頭聲援。對此，總統府未針對相關訴求予以回應，僅針對本次活動和平理性，順利結束予以肯定。爰此，本次活動成果以失敗坐收不言而喻。不過藉由此次大遊行將運動帶向最高潮，之後能量必然遞減，因此，如何退場開始是學生們漸漸思索的重點。

（三）後期（2014年3月31日至4月11日）

　　由於立法院周遭靜坐人潮湧入，群眾所帶來的垃圾、噪音及種種交通管制措施讓附近民眾苦不堪言，4月2日疑似發生住戶從大樓高處丟下碎石，幸未釀成傷害，儘管如此，凸顯了運動參與者與周遭住戶的關係及空間地理權力互動為本次活動重要的課題。

　　同日，台北地檢署統計本次活動計有八案完成分案，共計24名被告。其中林飛帆、陳為廷等人被視為攻占立院首謀；魏揚等11名學生於三二三攻占政院遭逮捕移送。另檢方也簽分自稱帶頭攻占政院黑島青成員陳廷豪、沙漠野百合成員許立，並將其列為妨害公務被告。

　　4月5日，太陽花運動進入第19天，參與者開始策畫新活動、轉守為攻，避免陷入兵疲馬困窘境，自4月4日發起「割闌尾（藍委）」活動，由許多大專院校所組成之「民主黑潮學生聯盟」，夥同黑島青成員前往國民黨立委選區掃街拜票，尋求推動民間版「兩岸協議締結條例」。本（5）日出現一項創舉，即是反服貿學生於立院議場內外舉行了三場「人民議會」，公開審查《兩岸協議監督條例》。對此，學生代表林飛帆召開記者會表示，此舉並非取代現有立院，而是現行代議制度失靈，效能不彰，行政權獨大，如此才會用審議民主方式來補足。

　　立法院長王金平於4月6日前往立院看望學生後，次（7）日態勢巨變。行政院發言人表示，自3月18日進占立院以來迄今21日，政院針對反服貿各項訴求均已審慎做出評估並回應，包含院長親赴立院與學生團體對話；行政院會也通過《兩岸協議監督條例》草案，並宣布召開經貿國是會議，呼籲學生儘快退出議場俾利議會正常運作。

　　終於，以林飛帆、陳為廷為首之全體決策小組成員於晚間8時到達立院現場，並宣讀「轉守為攻、出關播種」聲明，認為其所提四項訴求已有初步成果，並承諾於4月10日轉守為攻，走出立法院宣傳信念。

　　4月9日三一八運動即將落幕，占領立院之反服貿團體、學生接踵而

來思索的是未來是否將面臨刑事責任。對此，台北市警局公開表示明
（10）日警員執勤最高指導原則為和平理性，不會在學生、團體踏出會
場時予以逮捕或發傳喚通知單，且希望學生能和平理性退場，並將動員
1600名警力協助立院周邊退場。不過，市警局保安科長黃永志態度堅定
表示，現場如有發生暴力、攻擊事件，絕對以現行犯當場逮捕。

4月10日為反服貿團體、學生撤出立院日子，一大清早群眾開始收
拾打包，聲援物資亦陸續清空，並開始清除議場牆上創作，搬離出入口
阻擋物，並由學生代表江其冀宣讀完《人民議會意見書》後，由林飛
帆、陳為廷二人率領下每人手持太陽花從立院正門離開，時間為晚間6
時7分。

很快地，經過11分眾後，議場內學生完全撤出，警方立即關上大門
守住周遭，撤出的學生們轉往前面廣場參與晚間惜別晚會。晚間8時30
分，在萬人合唱《島嶼天光》後，主辦單位宣布晚會提早結束，警方開
始協助疏散，不過原先警方預估晚間10時淨空立院正門及前面廣場，卻
因公投盟與自由台灣陣線占領，遭到阻擋。原長期進駐立法院旁集會之
公投盟，因於3月18日非法侵入立院破壞衛牌，4月14日遭中正一分局廢
止其立院周邊集會許可，並聲明日後所申請之集會也不予許可，致使退
場學生轉至公投盟聲援其召集人蔡丁貴教授。

中正一分局對此雖出動鎮暴警察於立院門口守衛，但最後指揮官分
局長方仰寧決定讓其集會至天明，不會驅離公投盟。

4月11日清晨6時40分，熟料警方開始驅離立院圍牆內民眾，蔡丁貴
教授遭抬離現場，其衝出中山南路慢車道後遭機車擦撞，蔡欲再自殺式
衝往快車道，警方及民眾趕緊上前阻止並通報救護車，但蔡不願就醫，
持續抗爭。

就此，社群網站上不免引起指揮官方仰寧背棄原先不會驅離公投盟
之承諾，號召於晚間6時「路過」中正一分局，並要求方仰寧道歉、下
台。此消息迅速傳開，逾千人群眾層層包圍中正一分局，儘管警方四次

舉牌，層層管制、封鎖，但至最後仍為強制驅離。

　　方仰寧分局長晚間7時兩度走出分局向包圍群眾喊話，卻無濟於事。最後經前國策顧問黃越綏居中協調下，方第三度出面，並提出三點聲明：早上執行勤務過程讓民眾無法接受，誠懇抱歉；對於公投盟集會遊行行動，從寬處理；口頭請辭現職接受上級調查。市長郝龍斌也召開記者會呼籲民眾理性，並指示警方不做刺激性的行動。最後至午夜時分，人群才漸漸散去。直至此時，三一八公民占領立院行動才可說是完整落幕。

二、個案處理分析

（一）政策規劃方面

1. 問題成因

　　本個案「三一八太陽花學運」的發生，具有偶發性質，但綜觀臺灣地區現今背景，卻是可預見的結果。本個案學運直接導火線為立委張慶忠以《立法院職權行使法》第61條，各委員會審查行政命令，應於院會交付審查後三個月內完成；逾期未完成者，視為已經審查等為由，短短三十秒通過服貿協議及其他如公聽會等林林總總質疑服貿聲浪，導致包括民主陣線、台灣勞工陣線等50餘個NGO（non-governmentalorganization）團體聯合發表反服貿聲明，之後，黑色島國青年陣線主導策動了這起占領立院反服貿活動。由此可知，此個案之行動事先經過組織及策劃，有直接的利益訴求，屬於「有組織－有直接利益訴求」之類型，並有效吸引了其他政治性團體的支持，並匯聚一股民意與輿論，以擴大監督政府既定的政策。

2. 本個案聚眾活動的性質與類型分析

　　本個案太陽花學運的參與者是基於公民應參與監督政府政策，且

渴求為第三者爭取正義的道德意識，而採取抗爭之活動。此聚眾活動事先經過組織和策劃，有直接的利益訴求，屬於「有組織－有直接利益訴求」的類型。該聚眾活動的訴求吸引了其他政治性團體的支持，並匯聚一股民意與輿論，擴大監督政府既定的政策。本個案聚眾活動的號召與動員方式，主要透過社群媒體（social media），包括網路之通訊方式如臉書等工具，因此能迅速傳播訊息與動員參與者。

3. 情報蒐集及風險評估

本個案三一八學運與警方行動實可以說是一場資訊科技的戰爭，學運主要決策核心圈參與者，主要透過兩個facebook粉絲頁「反黑箱服貿協議」及「黑色島國青年陣線」進行訊息公告，成為早期的訊息來源。而後透過「台大新聞E論壇」發表最新文字、圖片及新聞報導，以衡平部分新聞媒體報導偏頗。在這場資訊科技、媒體的戰役中，警方可說是一敗塗地。從最先三一八占領立院開始，當晚參與者因鑑於前一年雙十前夕攻佔景福門行動因臉書、twitter等通訊媒體洩漏至警方先行破解。因此，改以傳統口耳相傳方式或透過私訊方式動員熟識信任好友。儘管如此，進占院區後藉由智慧型手機與行動網路上傳上述粉絲頁消息迅速傳開，導致大量群眾集結進入議場，致警方於19日清晨四波攻堅行動失敗，卻是不爭的事實。且當（18）日自上午開始已有陳抗民眾聚集立院，人數雖不多，惟因情資蒐集未完善，部署警力不足，導致晚間遭公投盟衝撞立院正門時勢單力孤，且無法事先評估民眾由何處進占，依蔡丁貴教授於受訪時表示，本次行動採取的是調虎離山之計，然警方在通訊、策略上完全居於被動，且疲於奔命。

相距不到100公尺的立法院5天前才剛遭進占，行政院又於3月23日被群眾以油壓剪、鋪棉被方式破壞鐵拒馬等方式強行侵入，顯示警方對於附近行政機關駐地安全風險評估欠佳，情報蒐集不足，且本次聚眾活動以通訊軟體迅速號召群眾，導致警方之應變時間大幅減少，未能及時

擬定因應策略，以及增加支援之難度。

4. 警察處理本個案之策略

和平集會應予保障，此是世界人權宣言及公民權利和政治權利國際公約所揭櫫，爰此，民眾集會遊行為非暴力的，警察應予以尊重，以保障自由集會之權利；反之，如果群眾集會遊行如事涉暴力，警察毋庸置疑須以強制力介入。本個案三一八進占立院、三二三侵占政院等事件均為強行侵入政府機關。惟其差異處為立法院屬於國家最高民意機關，享有國會自治之權利，意即國家治安機關，包含檢、警、調、軍等，在未經國會議長之許可時，皆不能進入國會及所屬機構行使公權力，三一八進占立院，立法院長王金平未同意驅離前，警方較難行使公權力強制驅離民眾。反觀三二三攻占行政院，破壞蛇籠、鐵拒馬及院內公物等情事陸續發生，行政院長江宜樺明確表達警察應依法執法之立場，旨在維護國家行政中樞機關之運作，防止公物繼續遭破壞及防範機密文件外洩之情事。且當時警察對進入行政院之群眾，經舉牌警告、命令解散及制止均無法達到目的後，採用高壓噴水車強制驅離群眾之手段，實具有正當合法性。

（二）政策執行方面

1. 戰術運用

不可諱言，三一八進占立院後，警方趁當時侵占勢力尚未穩固，策動三一九清晨四波攻堅驅離，惟效果不彰，實非警察戰術錯誤，而是政治力介入干擾，當日多位立法委員刻意阻撓，依憲法第七十三條及釋字四三五號理由書，警察基於尊重國會之立場，對立委刻意妨害公務執行情形下，雖不宜立即逮捕拘禁，可事後依法蒐證進行訴追，惟本案例事後木已成舟，訴追實無濟於事。

另於三二三驅離行政院群眾部分，於驅離前早先以擴音器呼籲學

生、民眾撤離時,給予其緩衝時間並指揮其依序離開,處置運用得宜。惟面對不肯離去之民眾,多數是手無寸鐵的學生、民眾,警方在架離過程中難免與群眾發生肢體碰撞,但有部分受傷民眾指控警察強施暴力、過度執法一節,仍待調查釐清真相。

2. 現場處置

警察機關對聚眾活動之現場處置時,常遭受來自民意代表、媒體及群眾之壓力,而影響現場指揮官對現場處置之決心。警察對於三月十八日群眾攻占立法院之行為,現場指揮官發動幾波驅離攻堅行動,惟因上開政治力之介入無功而返,且院長王金平語帶保留的要求警方「能夠在不傷害學生的前提下,柔性抬離議場內抗議群眾」。然而在本次學生、群眾反抗意志強烈情況下,實難將群眾以柔性方式抬離議場。惟指揮官立即下達扼守立院第三號門,使得內外群眾無法匯合擴大陣線,此是正確的處置。

三二三攻占行政院事件,由於情報錯誤,加上警力部署不足,儘管現場指揮官立即請求警力支援,實無法阻擋一波波藉由棉被、油壓剪越過拒馬之群眾。不過,後來採取隔離行政院內、外學生、群眾之戰術,以蛇籠、人牆阻止其陸續進入,致使占領行政院現場未形成。

3. 媒體關係

依時任中正一分局的警官受訪時表示,當時許多警衛忠於職守,捍衛立法院門口之際被群眾抬起、抓起來、丟出去,媒體對此竟沒有任何衡平報導及紀錄,警方實是吃了悶虧。由此可見,本個案處理在媒體關係上仍應加強。

（三）政策評估

1.「公民不服從」或「非暴力抗爭」為新型態聚眾活動之手段

本個案三一八行動中，群眾採取「公民不服從」或「非暴力抗爭」的抗爭策略，以爭取社會大眾的支持，並企圖撼動政府執法之正當合法性基礎。因此，警察在處置此類行動時，應如何因應，實是往後處理聚眾活動之重點。。

2. 今後應加強培養警察與群眾的相互信任關係

處理聚眾活動最重要的是警察與群眾雙方互相建立信任關係，才能有效進行溝通，以利維持聚眾活動之秩序。因此，4月10日對於中正一分局突然廢止公投盟於立院門口申請之集會，並於次（11）日以抬離、架離等強制手段驅離之，結果被群眾指責為警察違背誠信原則，導致於三一八學運晚會後群眾聚集中正一分局表達不滿的情緒。因此，警察應加強與群眾的溝通，並應在不違背立場下，加強培養警察與群眾的相互信任關係。

3. 今後應加強情報蒐集與社群媒體之蒐情與因應

本次聚眾活動衝進立法院和行政院之違常行動，是出乎警方意料之外，乃由於警察未能於事前蒐集情報而加以防範。又由於本次聚眾活動的發起人善用社群媒體迅速傳播與動員，讓警方應變不及，故值得警察加以重視此種新型態的聚眾活動，並研究未來應如何因應之新策略。

4. 對違法聚眾活動之處置應採「SAID」之執法原則

本個案當群眾違法進佔立法院之際，警方雖與立法院協調處理方式，惟未能於初期採取必要之強制措施，導致增加後期處置之困難度。今後類此案件，應採迅速（Speed）、強勢（Aggressiveness）、中立

（Impartiality）及果斷（Decisiveness）之「SAID」執法原則[35]，方能「制亂於初動」。因此，本個案警方以強力水柱強制驅離佔據行政院的民眾，係基於拱衛中樞機關之任務下，依比例原則之必要執法行為。

---

[35] 請參閱本書第五章第二節警察處理聚眾活動的執法原則與作業程序內容。

第十二章　中國大陸、香港地區聚眾活動處理的個案分析

本章分析2011年廣東省「烏坎村事件」及2014年香港「佔中運動」兩個案例。

第一節　2011年廣東省「烏坎村事件」

一、個案背景說明[36]

（一）前期（2011年9月20日前）

烏坎村，位於廣東省汕尾市陸豐市東海鎮海濱，人口約1萬人，十幾年前算是貧困的村莊，傳統上以農業和漁業為主。自改革開放後，大部分青年早早便至珠江三角地區的廣州、東莞及深圳等地工作。由於其地理環境屬大珠江三角經濟圈，位置優越，近年成為房地產開發對象。該地村民委員會於1993年以村莊土地入股成立開發公司，由村支部內的幹部分別擔任該公司之重要職務，而公司獲利卻未能為村民分享，且村民質疑村幹部有私自轉讓土地之嫌，就此不斷往上反映，卻未能得到有

36　本案例參考下列文獻彙整而成：
　　（1）殷俊，〈從國家－社會關係角度分析中國大陸的農村群體性事件：以烏坎村事件為例〉，《展望與探索月刊》，第13卷第6期，2015年6月。
　　（2）清華大學公共管理學院社會管理創新課題組，〈烏坎事件始末〉，《中國非營利評論》，2013年2月，頁1-67。

效回應。

（二）中期（2011年9月21日至12月10日）

　　烏坎村終究爆發了衝突，2011年9月21日，數千名村民於村內遊行請願，超過2000名村民參與本次活動，雖於政府大門口，陸豐市委副書記蔡森回應了村民，但村民對此官方表態無法接受，領頭的村民們商議返回村內村委會大樓裡找村支書記薛昌和村主任陳舜意。1時30分許，遊行的隊伍浩浩蕩蕩地返回村里圍堵了整個村委會大樓，薛昌並沒有露面，主任陳舜意雖出面回應，但言語含糊，主要意思還是否認土地私自轉讓等事宜，雙方一觸即發，村民砸壞了村委會銜牌、玻璃、門窗等設施，陸豐市公安部門接到報警後，派出警力到達現場，與東海鎮黨委、政府進駐維護秩序。面對這一系列的村民打砸行為，當晚逮捕了四個為首的村民。

　　9月22日，因前（21）日集體遊行，最終以暴力收場，導致次（22）日武警與特警進村，美其名為維持秩序，官方解釋為因接獲通報村民可能發生械鬥，政府大規模派出武警在村民看來卻被認為是打手，因而爆發衝突，造成數十名村民受傷，部分需要住院救治，而警方有62名受傷，但也使政府答應當晚釋放前一天被拘留的四個為首村民，且答應處理村民提出有關土地、村務和村委會選舉三個方面的訴求，開啟談判。而後於9月29日村民自發舉行選舉，推選「村民臨時代表理事會」作為抗爭組織，由林祖鑾、楊色茂分別擔任顧問及理事長領導抗爭，自此烏坎村抗爭產生了變化：從無組織、自發性轉變為具組織、自覺及持續的抗爭，在此情形下，村民發動了幾次大規模抗爭且許多維權代表均被逮捕。

　　11月21日，此為烏坎事件轉捩點，因其舉行自921以來更大規模抗爭，之所以選擇該（21）日，因村民認為政府及工作組一直在拖延回應訴求，調查工作沒有實質性進展，且1927年11月21日，彭湃在陸豐市成

立了中國第一個工農兵民主政權一海陸豐蘇維埃政府，故當（21）日於歷史發展中不自覺地成為了「敏感」的日子。該（21）日遊行隊伍內包含了300多名「維安」志願者，每人一頂紅帽子，並在出發前規定，如果遇到武警，原地坐下，儘管被打也不能還手。超過2000名村民以銅鑼、令旗、喇叭等令號，聚集列隊步行到四五公里外的陸豐市政府大門口，並在政府廣場上集體就地坐下。陸豐市代市長邱晉雄在政府大門口接待了村民，而他背後大約100公尺處政府大樓門口則部署手持盾牌、全副武裝的警察隊伍。邱晉雄當眾表示會儘快處理烏坎村民的要求，並回應了質疑，遊行隊伍隨後列隊返回村內，整個過程沒有發生任何衝突，但和平的氣氛也掩飾不了潛伏著的對抗張力，不過可謂堪稱完美的和平大遊行，對此引起海內外媒體關切。

12月9日中午，公安部門逮捕921事件中領導抗爭幹部莊烈宏、曾昭亮、薛錦波等人。兩日後，薛錦波在看守所突然發病死亡。薛錦波的死亡直接導致了村民的抗議行動並升級封村行動，一度還造成村中斷糧，BBC新聞報導當時情況：警方採取了斷水、斷電、斷糧、斷網等方式封鎖烏坎村，且電話、手機均遭監控[37]。官民衝突白熱化且一觸即發。12月19日，烏坎村再次舉行集會，要求歸還薛錦波屍體、釋放被抓幹部，並「擁護黨中央」、「共產黨萬歲」、「烏坎無日月，中共有青天」等標語，引起媒體關切，數十家海外新聞記者進駐烏坎，進行即時報導使得該次事件成為全球矚目焦點。

（三）後期（2011年12月20日至2012年1月15日）

12月20日，廣東省官方在此情形下選擇協商解決之方法，於當（20）日官方代表進駐烏坎，依《南方日報》該日報導：中紀委委員、廣東省委副書記朱明國在陸豐市幹部群眾大會上宣布：省委、省政府高

---

[37] 「存糧有限廣東烏坎村民繼續對峙」，BBC 中文網，http://www.bbc.com/zhongwen/trad/chinese_news/2011/12/111218_wukan_update.shtml，瀏覽時間2015年9月16日

度重視和關心烏坎村群眾的利益訴求，決定成立省工作組，以最大決心、最大誠意、最大努力解決群眾的合理訴求，儘快恢復烏坎村正常的生產生活和社會秩序。村民們就此移開了路障，迎接省工作組進村，並與省委領導進行了溝通對話，省委主要領導對村民的合理訴求給予了答復，並與村名達成若干共識。為時三個月的廣東烏坎村群體性事件到此轉折，停止了暴亂，恢復了正常生活，政府與群眾進入和平談判與事件處置期。次（2012）年1月15日省工作組宣布前年村委選舉無效，村委會重新改選，原臨時代表理事會包含李祖鑾、楊色茂都入選村委會。

（四）後續

儘管改選村委會，村民關注土地的議題，在改選村委會後一年，並無突破性進展。於是開始有了分歧，部分村民開始抗議新改選的村委會，甚至原先在抗爭中擔任領導角色的林祖鑾、楊色茂彼此反目成仇，當初烏坎群眾團結抗爭之景已不復存在。

二、個案處理分析

（一）政策規劃方面

1. 個案之問題成因

中國大陸近十年持續關注一種社會現象，即農村集體抗爭事件，本案例發生背景為相當罕見成功的現象，雖然只是一群村民抗議村幹部私自販賣土地事件，惟經過村民推選成立領導抗爭之團體，並舉行多次集會、遊行，有和平、亦有暴力，引起海外媒體爭相報導後，成為代表性之案例，即使過程艱辛，烏坎事件最終透過省工作組及村民談判得到初步解決。然而，針對農村及城鎮發生群體性的抗議活動成因，學者殷俊（2015）從多方面進行整理與分析：

（1）利益受損說：農村集體事件或農民維權抗爭主要是利益之爭

而非權力之爭，從受損角度分析，確實可以理解許多集體性事件發生的個因，但卻無法解釋集體抗爭發生愈頻繁之趨勢。

（2）社會心理說：相關研究發現農民公開表達不滿與抗議不僅僅源自於具體的利益，而是涉及對公認的公正準則的違背，並對於當權者使用哄騙、欺瞞、封鎖輿論、秘密監視等手段感到不滿，從而引起心理失衡。

（3）結構斷裂說：經濟社會發展不平衡導致社會階層、城鄉等社會結構斷裂，因而造成集體性事件發生。

（4）體制缺陷說：農村治理體系停滯，其一為強調國家控制失靈，無法有效調整利益關係與控制糾紛，另一種為強調農村政制改革的停滯與落後，農民民主權利無法得到保障，導致基層組織當權者對農民進行壓榨，而農民訴求無法下情上達。

此外，學者劉志鵬、劉志才（2014）分析本案例成因有七，其一，直接誘因：地方黨委，政府及其職能部門預警處置應對失當；其二，體制誘因：農村基層組織功能弱化及缺乏有效監督；其三，政治誘因：境內外敵對勢力，別有用心的人插手利用；其四，法律誘因：「有法不依」、「執法不嚴」、「違法不究」，其五，社會誘因：農村基層社會轉型期出現的各種矛盾和利益紛爭；六，文化誘因：農民維權意識提高和法治意識薄弱；七，心理誘因：「法不責眾」的集體心理，此七種成因，既有以土地為主的民生利益訴求，又有「還我選舉權」，「清查村賬，嚴懲貪腐村幹部」的政治民主權利訴求，涉及相關各方利益關係，村民不斷陳情卻無法得到有效回應，且對於官方採取「權宜式」、「應急式」的處置方式感到遭漠視，因此，村民發生集體性抗爭事件並非偶然，而是必然之結果。

2. 聚眾活動之風險評估

分析本案例的性質，凸顯了聚眾活動的諸特性，包括利益結構失衡、極化現象、衝動性、傳染性及非理性等。第一、該村民以激烈的抗爭手段維護自己合法土地權益，顯示社會利益結構上有嚴重失衡之處，蓄積了抗爭的能量；第二、本案爆發多次示威，民眾與警方發生激烈打鬥，形成對峙局面，是一種具有衝動性和非理性的極化現象；第三、被警方刑事拘留中的村民薛錦波死亡一事，激化村民情緒，且引起國際媒體注意，致迅速傳播開來，易造成以訛傳訛的傳染作用。

其次，由於該村村民懷疑其土地被村委會成員私下變賣，經過兩年十數次之上訪陳情未獲解決之下，才發生此聚眾活動，且村民組織「烏坎村村民臨時代表理事會」作為表達訴求的窗口，參與群眾達三四千人。故分析本事件的類型，係屬於有組織且有直接利益訴求的經濟利益類大規模的聚眾活動。

經於9月21日村民遊行最終以暴力收場後，次（22）日即派出大量武警進村，雖美其名為維持秩序，卻無法有效與村民進行溝通導致衝突擴大，即使官方有心妥協，惟含糊其辭並一再拖延，且使得村民認為其訴求遭漠視，甚至認為政府有「大事化小，小事化無」之心態，村民透過本身宗族網絡成立臨時代表理事會，持續領導抗爭而11月21日擴大衝突，並於維權代表被捕後其中一名死亡將衝突推向最高峰。此外，村民以「冤」為主題，草根動員、以集體抗爭為號召動員，將矛頭指向地方政府並訴求中央主持公道，主張師出有名情形下，再再考驗地方政府對民眾抗爭之風險評估能力，以及協調解決問題之能力。

3. 個案群眾能利用媒體傳播

學者周裕瓊、齊發鵬（2014）認為此事件的媒體傳播有三階段：前期側重於在村民中達成共識，形成村民共同規範；中期側重在儘可能鼓

動可能多的村民參與以壯大聲勢；後期則側重於官民雙方彼此較勁，以爭取最大的利益，村民對媒體態度，一開始從被動等媒體，到主動找媒體，再到自己做媒體，此等轉變，在抗爭、協調中比起政府而言掌握了更多的媒體傳播的籌碼，此於11月21日遊行消息的傳播中體現最為明顯。此前，陸豐市政府試圖通過拉攏分化等手段將烏坎危機化小，但村民大會決定遊行之後，烏坎人立刻在網絡發布了題為烏坎村村民臨時代表理事會計劃來組織村民，且烏坎青年對遊行全程「網絡直播」，使得陸豐市政府試圖將遊行形容為「少數人的不滿」的做法徒勞無功，在媒體傳播策略上顯無法占得先機。由此可見，此事件的群眾已能自己產製媒體新聞，並善用網路傳播訊息。

（二）政策執行方面

1. 後期之溝通談判奏效

警察在後期處理本案的策略是採取談判管理的柔性作法，雖然本事件的少數群眾有過激的非理性暴力行為，且警方在處理前期逮捕了5名村民處以刑事拘留，但之後為了降溫群眾的抗爭情緒，警方及黨政機關在高層領導宣示下，採取「以人為本，法律為上」的談判管理策略。政府先承認該村民選的「代表臨時理事會」，再派員主動與村民代表談判，且採取公開闢謠的作法，使社會大眾瞭解政府機關新的處理願景和未來的可能性作法，以取得群眾的信任後，有效化解本事件中的內在利益衝突，成功處理了本聚眾活動可能引發的危機。

廣東省委工作組對烏坎事件的定性為「村內利益紛爭」，其處理模式為肯定利益、承認博奕、平等談判、和平解決等四要領，循序漸進（萬艷霞，2012）；並依據「民意為重、群眾為先、以人為本、陽光透明、法律為上」等五項原則對事件進行處置，贏得了事件處置的主動權，雖然事件途中出現插曲（薛錦波於監禁中死亡），不過本次烏坎事件最終在上開五項原則下，終能和平落幕。

2. 現場處置與強制執法

（1）地方政府從維權的角度出發，先是壓制村民訴求，掩飾問題，一拖再拖釀成嚴重群體事件，而之後因村民抗爭導致無法掩蓋時，地方政府才承認問題存在，落人口實。在烏坎事件中，原村民訴求對象為村民委員會所組成的烏坎港實業開發公司，主因為土地糾紛，但與此不相干之警察反而牽扯其中，失去行政中立之角色。

（2）對於事件當事人受傷、甚至死亡之處置務必謹慎處理，以烏坎事件為例，人死為大，因被逮捕維權代表之一薛錦波死亡，其死因遭放大解釋，賦予抗爭英雄之角色，鼓動民眾原先平和的情緒（11月21日和平大遊行），對原本已談妥之條件有可能再次產生變數。

（3）於11月21日舉行之大遊行和平落幕，現場村民「維安」志願者功不可沒外，警方儘管於政府大樓外全副武裝，惟因抗爭過程平和而未有驅離行動，所採取的策略不無「保障和平、制裁暴力」之精神，爰此，當（21）日遊行隊伍儘管聲勢浩大，最終仍以和平完美收場。

（三）政策評估方面

1. 首先，中國大陸基層民主流於形式，以本案例為例，烏坎村民委員會是村民自我管理，自我教育，自我服務的基層群眾性自治組織，實行民主選舉，民主決策，民主管理，民主監督。可是，學者李華明，李莉（2012）指出擔任村黨支部書記薛昌的烏坎村裡實際上是「薛天下」，民主選舉，民主決策，民主監督流於形式，村民下情無法上達，官民無法有效溝通導致本次集體抗爭事件。不過，個案後期在政府組成省工作組後，採取「以人為本，

法律為上」的談判管理策略，先承認該村民選的「代表臨時理事會」，再派員主動與村民代表談判，可說是重新樹立形象，塑造政府公信力，廣東省政府這果斷的決策，對解決與預防類似的群體性事件有很大的啟發意義。

2. 其次，警察9月21日因村民毀損村委會公物等失序行為強制執法，於次（22）日即派遣大批武警進村以預防更大衝突發生，惟未考慮村民觀感且未即時溝通，導致誤會並造成村民發動抗爭，當（22）日武警如能僅於駐地政府大樓待命，將能降低此次抗爭的衝突程度。

第二節　2014年香港「佔中運動」

一、個案背景說明[38]

　　香港「佔中運動」是近年來香港最大規模的學生運動，運動期間持續維持2-3個月，茲分前期、中期、後期及後續情形說明其發生背景及經過情形如下：

（一）前期（2014年8月31日至9月27日）

　　2014年8月31日，中國大陸全國人大常委會正式通過決議，2017年將實施特首普選，依《中華人民共和國香港特別行政區基本法》第四十五條方法規定：香港特別行政區行政長官在當地通過選舉或協商產生，由中央人民政府任命。行政長官的產生辦法根據香港特別行政區的實際情況和循序漸進的原則而規定，最終達至由一個有廣泛代表性的提名委

38　本案例參考下列文獻彙整而成：

（1）維基百科雨傘革命，https://zh.wikipedia.org/wiki/%E9%9B%A8%E5%82%98%E9%9D%A9%E5%91%BD#cite_note-88最後瀏覽時間，2015年9月27日。

（2）陳奕廷，〈傘裡傘外－民主前夕的香港故事〉，水牛文化，2015年2月。

員會按民主程序提名後普選產生的目標。學者陳奕廷（2015）認為關鍵在於上開基本法之規定，參與香港普選候選人，必須由所謂「提名委員會」做最初篩選，以現時香港特首選舉為例，候選人必須是通過工商及金融界、專業界、勞工與社會服務及宗教界、政界等1200人所組成的行政長官選舉委員會來投票決定之，但許多支持民主的香港人擔心未來普選方案通過後，提名委員會的組成本身是小圈子，由該委員會提出具有普選之候選人，本身不具民意代表性。

為抗議全國人大常委會的決定，2014年9月22日至9月26日香港專上學生聯會（學聯）及學民思潮兩個學生組織發起學界罷課，其罷課學生計有1500人參加，連同下課後參與學生計達3000人。

9月26日晚間22時15分罷課活動結束，學民思潮召集人黃之鋒上台演講，現場突然失控，黃隨即號召衝入「公民廣場」。現場群眾立即分為兩路，台邊人群推開立法會停車場出入口閘門、攀越3米高圍欄，攻入政府總部公民廣場，近立法會的群眾則從立法會綜合大樓旁的通道包抄。警方緊急增援，大量機動部隊警察進入現場，並多次舉起「停止衝擊，否則使用武力」紅旗，及噴灑胡椒噴霧，更有警察拔出伸縮警棍，或未舉紅旗便施放胡椒噴霧。最後約有100人成功進入公民廣場。

9月27日0時45分，警方重重包圍於公民廣場中央約100多名示威者，並於當（27）日凌晨3時許，防暴警察正式進駐，裝備著防暴頭盔、手持圓盾或長盾，於7時10分許防暴警察在「公民廣場」旁的立法會停車場出入口突然出現並驅離民眾。10時前，「和平佔中」3位發起人戴耀廷、陳健民、朱耀明等陸續趕到，聲援進佔學生，戴耀廷指首先發起守護學生，並按原定部署計畫，不提前啟動佔中。警方後來允許抗爭者提供身分證資料後自行離去，而就餘下61名拒絕離開的抗爭者，警方在下午1時後開始進行清場及拘捕，出動「特別戰術小隊」警員，以4名警員抬1人的方式，抬起示威者四肢帶走，用索帶將他們雙手綁著後押上警車。連同在行動初期便遭即時拘捕的黃之鋒及12名成員，共有74

人在「公民廣場」行動中被捕。

（二）中期（2014年9月28日至10月2日）

9月28日，儘管前（27）日和平佔中發起人戴耀廷表示不會提早啟動佔中計畫，惟當（28）日1時40分，戴耀廷在學聯舉行的「命運自主」台上宣布佔領中環正式啟動，並以集會人士聚集的政府總部作為佔中的開始地點，其訴求有二：一，立即撤回8月31日全國人大常委會就香港政改的決定；二，馬上重新啟動政改諮詢。下午3時38分，香港行政長官梁振英連同多名官員會見媒體，梁被問及會否出動催淚彈並出動防暴警察時，沒有正面回應，只重申政府絕對信任警方的專業判斷；對此，警務處處長曾偉雄稱「只會使用最低所需武力」。

同一時間，在政府總部東側、添美道的集會會場內，聚集了2萬名群眾；而在場外的夏愨道行人路、海富中心、統一中心及港鐵金鐘站一帶亦分別有過萬人聲援。海富中心及力寶中心聚集的抗爭者，多次要求警方開路，讓其經海富中心天橋前往政總，遭到警方拒絕後，首先佔據夏愨道西行入紅綿路、不屬於4號幹線的2條行車線，被防暴警察出示「停止衝擊，否則使用武力」紅旗警告。由於聚集民眾太多，防暴警察被海富中心外的佔中抗爭者反包圍，衝突一觸即發。

下午5時58分，位於夏愨道與添美道交界防線的防暴警察突然展示「警告催淚煙」黑底白字警告旗，並在不到10秒的時間發射多枚催淚彈驅離群眾。受不住催淚氣體群眾退守至添馬公園休息，200多人疑因吸入催淚氣體感不適，躺在草地休息，等待氣體散去。當中數百名示威者走到太古廣場退出金鐘道，佔據東行3條行車線。當催淚氣體散去後，群眾再度衝出夏愨道，防暴警察見其重新聚集，分別於下午6時03分及6時05分再度施放催淚彈。

晚上7時，群眾聚集愈來愈多，超過10萬人四散至中環匯豐銀行總行對出德輔道中、文華東方酒店對出干諾道中、香港大會堂對出等，佔

據有關幹道，與警察展開「攻防戰」。

特首梁振英在凌晨1時突然發布影片，指中環、金鐘多處主要道路被群眾佔領，梁否認會派出解放軍、警察開槍，並希望市民保持冷靜，指示警方致力保持道路暢通並保持克制，希望市民儘快和平散去。

對於使用催淚彈，警務處助理處長張德強於事後記者招待會上表示，由於群眾使用了保鮮膜防護胡椒噴霧，因受專業訓練警員無法應付保鮮膜等危險品，此對警察構成威脅的裝備，同時認為使用保鮮紙包裹面部具有衝擊意圖，故有需要把武力升級，施放催淚彈。

9月29日午夜12時，警方在夏慤道與干諾道中再發放多枚催淚彈驅離群眾，將防線推至金鐘和灣仔方向。對此，警務處助理處長張德強事後表示，警方在此驅離行動於9個不同地點使用了87枚催淚彈，也因此導致集會聲援人數倍增，29日晚間最少20萬市民在港島和九龍聚集，市民們撐起雨傘抵抗，舉世注目的雨傘抗爭就此爆發。

值得一提的是，超過千名香港中文大學學生深夜在百萬大道開會，決議無限期罷課，並提出三點訴求：一，行政長官梁振英及政改三人組（林鄭月娥、袁國強和譚志源）下台；二，公民提名；三，撤回人大常委的決定。如果沒有獲得回覆，將進行無限期罷課。此與公民社會代表戴耀廷等人僅主張為香港爭取有競爭性的特首普選不同，學生們強調的是須納入「公民提名」，如同2000年臺灣總統大選無黨籍宋楚瑜於公民聯署下參選總統，兩者路線開始產生了分歧（陳奕廷，2015）。

9月30日至10月2日期間，香港多處地方陸續響應佔中行動的集會。

（三）後期（2014年10月2日至12月15日）

11月30日，學聯及學民思潮呼籲市民帶齊裝備到金鐘，但拒絕透露行動內容。學聯常委羅冠聰晚上9時宣布「對準政權，包圍政總」，近千名集會者戴上頭盔和眼罩等裝備響應。群眾直逼特首辦，不過到添馬公園近特首辦樓梯時，遇到戴上防暴頭盔的「機動部隊」警察以一排鐵

馬阻止。晚上9時20分後，防暴警察開始噴灑胡椒噴霧驅離群眾，但未能成功。

12月11日下午1時30分，警方開始了中環及金鐘驅離行動，於海富天橋以揚聲器向示威者發出最後通牒，給予30分鐘最後機會，讓佔領區內的人士離開，惟仍有近千人毋懼被捕風險，未有理會警告憤然向橋上高呼「警察可恥」。警方於下午2時設置封鎖區後，市民不容許進入範圍，聚集群眾只可從龍匯道離開，且任何人士離開需經警方登記市民身分證，不排除作日後追究之用，部分無意被捕者趕忙離開；當（11）日下午4時半，警方開始處理由早上一直靜坐在解放軍軍營附近添華道的群眾。他們坐在地上組成人鏈，高呼「我要真普選」、「無畏無懼」等口號。

警務處助理處長張德強晚上宣布，此次驅離行動，計有909名市民在封鎖佔領區時登記身份證後獲准離開，稍後或被追究刑責；247人行動中被捕，包括學聯秘書長周永康及15名泛民立法會議員。在葵涌警署的50多人，清晨4時後全部離開警署，當中至少有20人自簽擔保離開，包括8名學聯成員，包括常委羅冠聰和常務秘書鍾耀華，及學民思潮成員吳文謙等3人。

12月15日，約800名警員在早上9時抵達銅鑼灣佔領區，準備進行銅鑼灣驅離行動，並呼籲佔領者立即離開。到10時20分實施封鎖區後，佔領者仍可選擇自行離開，但要登記個人資料。其後由特別戰術小隊展開清場，利用工具將路障清除，經過約兩個小時清場行動後，於下午1時05分重開道路通行。

（四）後續

香港政府、各大香港傳媒以12月15日銅鑼灣及立法會外示威區被清場認為此次雨傘佔中行動已結束，惟於添美道行人路及英國駐港總領事館外行人路仍然群眾繼續留守，直至2015年5月，仍有約140個帳篷駐扎

在添美道一帶的行人路上為理想持續奮戰。

二、個案處理分析

（一）政策規劃方面

1. 個案問題之成因

　　「佔中」行動是各方政治勢力就香港2017年行政長官普選辦法展開的激烈政治較量。背後的問題，則關涉香港未來民主發展的路向選擇、香港的長治久安和長遠發展，以及「一國兩制」下國家和香港的政治、經濟利益。總體而言，很多問題都是過去兩三年發生的，不是源於「一國兩制」，而是源於內地的變化、香港的變化，以及國際上的變化。但是從「一國兩制」的角度來看，這是必須面對的，積極妥善把問題處理好，理順香港和內地的關係（劉兆佳，2015）。

　　陳奕廷（2015）認為，香港自2010年反高鐵抗爭，意外引起香港不同發展價值觀的辯論、反省，當時國中至高中生年紀的90後香港人深受影響，在高鐵抗爭結束後到雨傘抗爭前，有2012年反國教運動、2013年葵青貨櫃碼頭工潮、2014年保衛東北抗爭計畫，這些抗爭背後，有兩個值得觀察的面向：第一，由80年代前後反高鐵世代所代表的新一代抗爭影響了下一輩香港年輕人；第二，香港政府並沒有正視整體社會矛盾，其思維與做法反而助長了社會矛盾。

　　在雨傘運動中，可以看出香港政府其思維與做法仍延續殖民統治，惟現在香港特別行政區並非殖民政府，因此大眾對正當合法性（legitimacy）、課責（accountability）及透明度（transparency）要求會更多，絕對不是舊制所能交代的模式了（何家騏，2015）。但在香港政府首長仍然保守封閉、不願與抗爭者溝通談判的情形下，要求其警察對抗爭者嚴格執法，恐增加警察執法的困難度。

2. 個案為利用社群媒體動員群眾的新型態聚眾活動

香港佔中運動之抗爭手法有部分係模仿台灣地區2014年3月之「太陽花學運動」，同樣是利用社群媒體及非暴力抗爭之新型態聚眾運動。然香港警方面對新型態聚眾活動，一度失去耐性向和平抗議、手無寸鐵的學生發射催淚彈之作法，經社群媒體傳播開來之後，抗爭群眾反而得到更多社會大眾之支持，但是警察執法的正當合法性卻下降了，導致日後警察的執法須作更周詳的規劃。

（二）政策執行方面

1. 警察發射87枚催淚彈的戰術備受爭議

有關雨傘活動9月28日警方向群眾發射87枚催淚彈來驅離民眾，學者何家騏（2015）認為從執法及戰術角度而言，發射催淚彈驅散可能不受控制的人群屬合法合理，但有權這樣做與做法是否合適並無必然關係。社會對警方當日發射催淚彈有許多爭議，包括當時情況是否失控及警方施放催淚彈後的處理手法。雨傘運動中，警方在市民毫無心理準備下發射催淚彈，與市民期望有落差，動搖警民關係，不利警民合作，這不是合適的做法。2005年反世貿會議示威，警方向韓農發射三十四枚催淚彈，對香港人而言並不切身，也屬預料之內，但2014年雨傘運動，警方發射87枚催淚彈，無論媒體或公眾均無心理準備，且無讓群眾選擇離開現場之緩衝時間，引起強烈反彈，這也是導致後來聲援民眾遽增的原因之一。

2. 現場處置時未留充分時間給群眾離開的問題

2014年9月28日之所以遭媒體、大眾反彈，其以催淚彈驅離群眾戰術策略儘管如上述所言評估合適得當，惟亦應考量現場狀況；當（29）日聚集群眾並沒有擲石、主動攻擊等暴力行為，本「保障和平、制裁暴

力」之原則，不應使用強制手段，學者何家騏（2015）認為防暴警察拿警告旗出來搖幾秒後便發射催淚彈，未留充分時間給群眾離開，故在執法上欠缺正當合法性。

（三）政策評估方面

1. 個案處理之優點

（1）佔中初期，警察反應迅速，成功驅離佔據政府總部的群眾：於2014年9月26日2215時佔中運動學生攻入政府總部公民廣場後，警察立即出動機動部隊及防暴警察到場支援與進駐，於第一時間阻止更多學生衝入，並於翌（27）日下午1時完成逮捕74人及清場任務。

（2）警察在長時間的聚眾活動期間，忍辱負重，發揮自我克制的耐性，而未釀成重大傷亡：佔中期間長達2至3個月，警察執勤隨時要緊急應付學生之突襲行動，同時亦須忍辱負重，保持高度的耐性處理群眾的脫序行為。最後，警察處理此事件並未釀成重大的傷亡與嚴重的後果，算是香港警察相當自我克制的執勤結果。

2. 執勤問題分析

本次最具爭議的為9月28日警方向群眾發射87枚催淚彈，當時作出此決策之人為何?使用此武器時政府及警隊有無節制及管制之關卡?對此，學者何家騏（2015）指出，殖民地年代的警務處長是直接向港督負責，英國政府對其任命有權，但沒有清楚列明警務處長與保安局長是上下從屬關係。自1997年後，警務處長的角色是有點不太清晰。警務處長為公務員，是特區20多個主要官員之一，由行政長官向中央政府提議、國務院任命，是保安局長下屬；而2002年後保安局長則是政治任命官員。當保安局長與警務處處長的指揮系統（Line of Command）不同，法

例上又沒有清晰釐訂，維持日常運作、蕭規曹隨是可以的，但到了目前的政治情況，需要有官員課責時，那作為公務員的警務處長可以不用負責?需要保安局長，還是更高層的政治領袖負責？1997年以後很多法律沒有說清楚，令權責不明；爰此，香港政府實有必要劃清權責。

3. 借鏡與學習

（1）關注透過社群媒體動員的群眾抗爭模式：社群媒體成為了第四種勢力。以前傳播只是個中間因素，僅屬眾多「自變項」之一，而現時以新媒體為推動力的傳播行為，成為一個很重要的關鍵因素（閔大洪、劉瑞生，2015），「佔中」參與者平均年齡27歲，包括學生和大量受過良好教育的社會在職青年。以集會高峰時期計算，參與者數以萬計，而認同他們的民主訴求以至佔領行動的大眾則佔青年人口中的大多數。因此有人指出：「他們所代表的是香港年輕一代中的有生力量，如果政府與中央以他們作為假想敵，那麼就是與整個香港未來一代為敵，這絕不是為政者所應為的」。爰此，如何透過社群媒體了解年輕一代想法及民眾認知，並瞭解群眾如何利用社群媒體迅速動員群眾，從而評估群眾抗爭風險高低與及早之因應作為，為現今政府及警察不能不面對之議題。

（2）加強研究學生運動之特性與因應作法：中國大陸對香港所實施一國兩制政策，對香港青年學生而言，他們對大陸政治認同度偏低，其重視「兩制」甚於「一國」，而「兩制」之中，注重差異多於主動溝通。因此香港青年學生實際上面臨著一種無法妥協的認同撕裂：既無法完全抹去中華文化母體的DNA，又崇尚西方式的民主、自由價值觀，類似邯鄲學步（江雪松，2015）。因此，香港學生的佔中運動，反映了

學生的理想與現實之間的衝突，以及警察在處理學生「非暴力抗爭」運動時，若使用之手段過於激烈時，易引起社會大眾對抗爭學生的支持而增加處理上的難度。

綜合上述，香港佔中運動的特色主要包括有：係以學生為主體的社會運動、以社群媒體迅速動員群眾，以及以非常難解決的政治訴求為抗爭目的等特色。香港警察面對此種很難處理的學生運動，秉持著高度的機動性與耐性，與抗爭的學生長期對峙，備極辛勞，終未釀成重大傷亡的嚴重後果，算是香港警察處理本事件的優點。然而，香港警察在2014年9月28日對非暴力抗爭的學生群眾發射87枚催淚彈來驅離民眾，導致引發社會大眾出來聲援抗爭的學生，是香港警方錯估形勢所造成的錯誤，值得我們借鏡與學習。此外，我們要持續關注此事件中所凸顯的新群眾運動的模式，如利用社群媒體動員群眾及以學生為主體的社會運動，並思考未來應如何因應之道。總之，此香港佔中運動與台灣地區2014年的太陽花學運有諸多相似之點，值得我們引為借鏡與學習。

第陸篇

結論與政策建議

第十三章　結論與政策建議

　　本書以政策管理的框架論述警察對聚眾活動的處理，歸納出聚眾活動處理的八個重要階段，分別對應公共政策的三個運作階段。第一，在聚眾活動處理的政策規劃階段活動有：問題成因與問題認定、情報蒐集與風險評估，以及戰略擬定與計畫作為三者；第二，在聚眾活動處理的政策執行階段活動有：職權法制與作業程序、戰術運用與現場處置，以及媒體關係與溝通談判三者；最後，在聚眾活動處理的政策評估階段活動則有：善後復員與檢討策進，以及量化評估與質化評估二者。本章綜合前述各章，提出本書之結論與政策建議。

第一節　結論

一、警察處理聚眾活動的政策規劃

（一）由於聚眾活動是一個具有公共性的活動，故聚眾活動的處理可
　　　從政策管理的途徑加以研究

　　本書將「聚眾活動」界定為：「多數人基於相當一致的動機與目的，經由動員的過程而共同參與具有集體性、目的性及衝突性的室外公開的行動，直接或間接影響到社會其他人之權益或公共秩序之維持，引起政府的重視而應予介入處理的緊急事件而言。」因此，筆者認為聚眾活動具有高度的公共性，並從政策管理的研究途徑出發探討之。首先，

從政策規劃的面向，探討聚眾活動的問題成因與問題認定，並說明警察如何透過情報蒐集和風險評估的程序，對聚眾活動的問題更加瞭解。進而探討聚眾活動處理的戰略性計畫作為；其次，從政策執行的面向，探討警察在處理聚眾活動時，可依據何種職權和作業程序規定，以及可採取何種戰術，作現場之處置，以及媒體關係與溝通談判；最後，從政策評估的面向，探討聚眾活動處理的善後復原及檢討策進，並兼採量化和質化的評估方法，評估台灣地區（尤其以台北市為主）警察處理聚眾活動的成效。本研究初步發現警察本身、市民及專家學者等對台灣地區的警察在處理聚眾活動的態度與專業，是值得信任的。惟因近年來，新型態的聚眾活動出現後，警察如何精進處理的專業能力，以及如何增進執法的正當合法性，是值得探討的議題。

（二）個別的行動和集體的結構二大因素可解釋聚眾活動的成因及其問題本質

從聚眾活動個別行動者的角度分析，具有三種不同道德意識的個體，包括目前的需求被剝奪、對公民權利的需求，以及渴求為第三者爭取正義等意識，比較會產生聚眾活動的行為；另從集體結構的角度分析，則結構上的緊張因素是造成聚眾活動的主因。因此，綜合行動和結構二者之互動關係的觀點，更能說明何種行動者如何在特定的結構中發動聚眾活動。

其次，認定聚眾活動的問題，可以單獨從其問題特性具有相依性、主觀性、人為性和動態性來看；也可以單獨從聚眾活動行為的極化現象、衝動性、傳染性和非理性等四項特性來看，以及單獨從聚眾活動的各種類型作分析。然而，要了解聚眾活動的本質，最好從多個面向作綜合性的觀察。譬如，針對某類型的聚眾活動，分析其背後的政策問題以及其群眾行為的特性，與其他類型者有何不同，則更能明確界定該聚眾活動的問題本質，並據以進行後續處理該問題的政策規畫與執行。

根據內政部警政署有關集會遊行案件的統計及相關研究顯示，台灣地區聚眾活動具有四個主要的特性是：以在野政黨所動員之政治性聚眾活動為大宗，抗爭手段走向「非暴力抗爭」方式，群眾運動走向網路動員與即時傳播的方式，以及近年有愈多聚眾活動的領導者傾向不申請。

（三）聚眾活動的情報蒐集、風險評估及溝通疏處等作業，可防患於未然，弭禍於無形

聚眾活動的情報蒐集作業可分為指導、蒐集、處理、運用等四大程序，接著，警察除針對群眾可能採取之行動作風險評估外，警察亦可針對自己可能執勤失敗的勤務項目作風險評估，再依風險等級選擇這些勤務項目之作為或不作為。警察在聚眾活動醞釀階段，主動與活動之策畫者熱線接觸，進行協助調處、溝通疏導，以及警告約制等前置作業，可防患聚眾活動於未然，弭禍於無形。警察可使用語藝學的溝通技巧進行說服的工作。其過程是先「說之以理」，訴諸法律及警察之立場；其次是「動之以情」，同理對方之立場，折衝協調出警方與對方皆可接受的作法；最後再「服之以德」。

（四）聚眾活動處理的典範已發生變遷，未來勢必走向「相互尊重典範」發展

警察處理群眾活動之三種策略典範，已從1960至1970年代的「群眾控制典範」，1980至1990年代的「衝突管理典範」，發展到近年流行之「相互尊重典範」。世界各國家地區的警察機關應對這些不同的策略典範有所瞭解，並依據個別的群體事件類型及不同階段，審慎選擇適用的典範作為處置的策略基礎。大體而言，整個世界的發展潮流，警察處理聚眾活動的策略，似已走向「相互尊重典範」發展，警察實務機關可參考採行。

（五）軍事上的戰略思維可供警察處理聚眾活動之參考

軍事作戰上有關「補給線」、「連絡線」、「預備隊」及「內線作戰」與「外線作戰」的戰略思維，可應用於警察在聚眾活動的處理，惟應以警察任務與價值為中心。例如，為確保警察的持續戰力與統合戰力，警察的後方作戰基地與前方作戰基地及前方陣地之間，必須建立至少一條安全的「補給線」及「連絡線」，前送支援警力、裝備與物品，以及後送傷患就醫及送修各項裝備。當前方陣地的警力被群眾突破時，預備隊必須及時趕往支援並發揮優良戰力，形成局部優勢，獲得決戰點的勝利。此外，警察執行強制驅散群眾的策略可參考軍事上的「內線作戰」「外線作戰」的戰略思維，並依警察任務的特性彈性運用。

二、警察處理聚眾活動的政策執行

（一）台灣地區集會遊行法在目前適用上存有很大的爭議

台灣地區司法院大法官會議對集會遊行法實施上之爭議，曾作出了釋字第445號及718號等兩號解釋。但迄今此類之爭議情事仍未完全解決，以及衍生之集會遊行現場之衝突事件仍層出不窮，故對負責執法的警察造成極大的工作負擔與壓力。

（二）警察處理聚眾活動的執法原則，主要依據群眾是否出現暴力行為而定

若有群眾暴力行為出現，警察應採取強勢「控制群眾」的執法模式；反之，或群眾的行為表現是和平的，則警察應採取柔性的「管理群眾」的執法模式。

（三）警察處理聚眾活動的戰術有：分區、分級負責與區塊部署警力、現場指揮與隊形運用，以及現場處置與強制執法等

1. 台灣地區警察處理聚眾活動的經驗法則，是採分區負責為主。因為大型聚眾活動的群眾人數眾多，範圍較廣，單一警察分局的警力無法承擔安全維護之責。於是採取分區負責的方式，每一個分區劃由一個分局負責，分局長擔任指揮官，負責指揮該分區的警力。各分區的警力人數，視狀況需要配置。

2. 警察處理大型聚眾活動在警力部署上，採取區塊部署如「田」字型方塊的部署，可用以區隔現場民眾，並且可以警戒、監控四面八方的群眾，確實掌握群眾的動態。

3. 英國警察在處理聚眾活動的現場，係採金、銀、銅三級的指揮系統，各級指揮官的權責均有清楚的律定。金級指揮官（相當警察局長職務）負責全盤策略的（strategic）擬定及決心的下達，強調「要達成什麼樣的任務」；其次，銀級指揮官（相當分局長職務）的職責是：負責戰術的（tactical）決定，亦即強調「如何才能達成策略的目標」；至於銅級指揮官（相當派出所所長職務），則負責各項戰術性的勤務（operational）之執行，強調的是「行動」（action）。

4. 警察處理聚眾活動的指揮官應熟悉鎮暴隊形的指揮，並在實際使用時，可依需要靈活變換隊形，執行管制群眾或強制驅散群眾之任務。

5. 現場執行預擬的計畫時，必須隨機應變。尤其在狀況升高時，警察必須果斷作現場處置與強制執法，包括聚眾活動的交通管制、突發現場的群眾控制，蒐證、逮捕與移送作業，以及強制驅離與帶離群眾等事項。

（四）聚眾活動與媒體的關係包括社運團體、媒體及警察等多造之間的互動關係

1. 社運團體利用媒體動員潛在群眾參與
2. 社運團體利用媒體爭取社會大眾支持
3. 大眾傳播媒體對社會運動具有正面和負面的影響力
4. 警察處理聚眾活動面對媒體常遇到困境

（五）警察處理聚眾活動運用媒體的策略，包括運用社群媒體的策略，以及運用大眾媒體的新聞處理要領二方面

1. 警察處理聚眾活動運用社群媒體的策略：由於新型態的聚眾活動充分利用社群媒體的傳播，造成警察處理上的困難，因此，警察在處理聚眾活動時，亦應充分運用社群媒體，方能與時俱進。警政社群媒體運用之策略有情蒐、預防、動員、立場聲明及行銷平台等五種策略。
2. 警察處理聚眾活動的新聞處理要領：警察在處理過程中亦必須與媒體保持良好的互動關係，並妥適處理相關新聞，才能有效回應群眾的意見，平衡媒體的報導，進而爭取社會大眾對警察的支持。警察處理聚眾活動的新聞處理要領可分事前、事中及事後等階段。

（六）警察處理聚眾活動的溝通談判，能有效降低衝突的程度，進而解決聚眾活動之危機

　　警察處理聚眾活動之流程，在聚眾活動的醞釀或申請階段，警察應主動與聚眾活動之申請人或帶領人熱線接觸，進行協助調處、溝通疏導，以及警告約制等前置作業。若前置作業仍無法避免聚眾活動發生，則警察必須於事中與群眾進行危機溝通與談判。警察與群

眾之間若能在該聚眾活動的危機談判中，兼顧彼此的立場下達成處理上的共識，則能有效降低衝突的程度，進而圓滿解決此聚眾活動之危機。

三、警察處理聚眾活動的政策評估

（一）警察處理大型聚眾活動，在整個事件平息後，應立即作善後復原的工作

善後復原工作大抵可分幾個方面著手，主要包括現場清理、內部復原、公布事實真相及辦理移送作業等方面。而現場清理之工作項目主要有救護傷患、現場鑑識，及加強戒備；所謂「內部復原」意指：大型聚眾活動平息後，對於警察機關內部之廳舍、財物、裝備及人員之清點，以及財物之修復與人員之安撫而言。

（二）聚眾活動處理事後應作檢討和課責

警察在處理完一件聚眾活動事件後，必須作事後的得失檢討與策進未來，以及建檔保存相關資料，以供日後調閱參考。因此，此事後的檢討與策進做法，在政策管理上具有兩個意義，一為對過去的檢討課責（accountability），另一為對策進未來的努力方向。在課責方面，警察處理聚眾活動必須接受警察機關內部的官僚課責和專業課責外，尚必須接受外部的政治課責和法律課責，尤其在當今Web 2.0的時代，社群媒體發達，社會大眾對警察處理聚眾活動的監督更甚以往。

（三）台北市市民和台北市警察人員對警察處理聚眾活動的看法之比較分析結果

1. 在「警察處理聚眾活動的執法態度是否強勢」項目上，警察給分的平均值和民眾的給分平均值無存在顯著差異，皆偏向同意。

2. 在「台北市市民對警察的信任程度」的項目上，民眾的認知較警察來的高，顯示民眾對警察的信任程度超越警察預期的程度，且民眾給分偏向同意，警察給分的平均值則偏向普通。

3. 在「警察處理聚眾活動的執法態度是否公正」與「警察處理聚眾活動的專業能力是否良好」兩個項目上，警察給分的平均值皆較民眾給分的平均值來的高，且警察給分普遍偏向同意，民眾給分則偏向普通。

第二節　政策建議

本研究針對研究結論，提出下列政策上之建議：

一、可採多學科的研究途徑研究聚眾活動的處理

本研究採用政策管理的研究途徑探討聚眾活動的處理，對聚眾活動的問題形成及整個相關的處理過程作了一些闡述，可解釋若干大型聚眾活動之案例，提供實務界人士參考。惟公共政策學科亦屬應用性質，其亦借用其他學科如政治學、經濟學、社會學等知識在政策之分析與管理上。因此，建議未來仍應朝向採用多學科的研究途徑來研究聚眾活動的處理，才能得到更廣泛及更深入的理解。

二、建議結合理論與實務兩界，多探討新型態的聚眾活動的演變情形及如何處理

國內外聚眾活動的抗爭手段已走向「非暴力抗爭」的方式，並結合網路動員與即時傳播的方式，對警察造成嚴厲的挑戰。今後建議結合傳播學科、資通訊科學及警政學門之學者與警察實務界專家合作，加強研究此新型態之聚眾活動，並 尋找出預防及處理上之對策。例如國外

警察機關已有利用社群媒體來預防及處理聚眾活動之案例，譬如加拿大溫哥華市警察局曾於2011年曲棍球季後賽維安勤務中，運用臉書（Face Book）作為警民的溝通工具，處理群眾運動，並發揮了溫馨喊話、表明立場、事實提供、請求配合，以及全民蒐證之功能。

三、建議政府機關應從根本預防聚眾活動著手，先期解決易引起抗爭之公共問題

聚眾活動是一個公共性問題，與社會結構緊張及各種利害衝突有關，因此，政府應事先解決此類易引起抗爭的公共問題，則能防範於未然。或者，在聚眾活動的醞釀階段，以溝通協調先行為原則，避免耗費過量的社會成本。因此，警察處理聚眾活動之流程，係以情報蒐集及風險評估為最先之作為，接著必須針對有高度危險風險之聚眾活動，加以疏處約制，使消弭於無形，才是上策。

四、順應世界發展潮流，警察處理聚眾活動的策略，應朝向「相互尊重典範」

建議警察實務機關應以民主警政的任務與價值為中心，警察應自許是站在國家與人民之間的中間角色。對和平理性的聚眾活動應予尊重，因為集會遊行是憲憲法及國際公約保障的自由權利。政府部門亦應以宏觀審視聚眾活動之正面功能，從上游化解社會衝突，並尊重話語表達之自由權利。因此，警察在處理聚眾活動時，應以「管理群眾」取代「控制群眾」，進而「尊重群眾」。

五、警察在控制違法、暴力之群眾，應採取迅速、強勢、中立，以及果斷的原則，才能制亂於初動

警察在強勢「控制」違法和暴力的群眾方面，應採取迅速（Speed）原則、強勢（Aggressiveness）原則、中立（Impartiality）原則，

以及果斷（Decisiveness）原則，才能「制亂於初動」，避免群眾擴大事端。然因實際執法之情境瞬息萬變，警察應敏銳地察覺到不同模式轉換的分叉點或突破點的瞬間，並果斷地轉換為不同的執法模式，才足以御變。亦即警察處理聚眾活動的執法原則是：以柔性執法的模式管理群眾的和平行為；以強勢執法的模式控制群眾暴力的行為。

六、警察處理聚眾活動的戰術上，應採分區、分級負責與區塊部署警力，並可運用各種鎮暴隊形控制群眾

　　警察處理大規模的聚眾活動，劃分不同層級及不同區域的任務編組，可以增進效率；以及以區塊部署警力，可以隔離相敵視的不同群眾。另警察處理聚眾活動的現場指揮與隊形之運用，對於群眾之能否有效控制，至關重要。建議加強警察教育與訓練，精進警察處理聚眾活動的戰略與戰術

七、建議樹立警察政策企業家典範，主動開啓聚眾活動處理之「政策窗」

　　警察面對外在司法、政治、社會大眾、媒體等制度環境的課責，造成處理聚眾活動的困境。因此，建議警察對聚眾活動處理之政策管理，應主動形成問題流、政策流及政治流，三流匯合成為政策窗，進而律定一套執法原則與標準作業程序，爭取社會大眾的支持與信任，以利公共利益之達成。

八、建議仿效瑞典實施的「對話警政」（Dialogue Policing）作法，加強警察處理聚眾活動的溝通談判作為

　　瑞典編組成立「對話警察」的終極目標是促成人民表意的自由、和平的集會遊行，以及避免警民面對面的衝突。其「對話警察」扮演警察與群眾間的談判、調解、提議解決方案、溝通訊息，及蒐情等五種角色

功能。台灣地區警察處理聚眾活動亦可仿效瑞典「對話警察」的作法，將各層級警察機關的保防單位編組增設「溝通警察」，並加以培訓其溝通談判的能力，於聚眾活動發生前、中、後期負責與群眾代表溝通談判，加強建立警察與群眾間的互信關係，以防範可能引發之警民衝突情事。

九、借鏡國內、外警察處理重大聚眾活動的案例作法，並持續改善處理之品質，兼顧人權保障與秩序維護

　　例如，2014年香港佔中運動與台灣地區的太陽花學運有諸多相似之點，均係以學生為主體的社會運動、以社群媒體迅速動員群眾，以及以非常難解決的政治訴求為抗爭目的等特色。香港與台灣地區的警察面對此種很難處理的學生運動，均能秉持著高度的機動性與耐性，與抗爭的學生長期對峙，備極辛勞，終未釀成重大傷亡的嚴重後果。然而，香港警察在2014年9月28日對非暴力抗爭的學生群眾發射87枚催淚彈來驅離民眾，導致引發社會大眾出來聲援抗爭的學生，是香港警方錯估形勢所造成的錯誤，值得我們借鏡與學習。此外，我們要持續關注此事件中所凸顯的新群眾運動的模式，如利用社群媒體動員群眾及以學生為主體的社會運動，並思考未來應如何因應之道。

參考文獻

一、中文部分

山口真道，2001，《情報和危機管理的方法》，東京：原書房。

于維芬，于維芬，1994，〈堅守行政中立，維護選舉治安：陳兼處長主持省長公辦政見會警衛安全座談會講話摘要〉，《警光雜誌》，第461期，頁18-19。

于增祥，2013，〈群眾活動現場警察處置程序之研究〉，中央警察大學警察政策研究所碩士論文。

于增祥，2015，〈聚眾活動處理警力部署與裝備整備〉，中央警察大學「聚眾活動處理學」授課講義（未出版）。

王俊元，2012，〈計畫趕不上變化？風險因素對台灣地方政府策略管理影響之研究？〉，《東吳政治學報》，第30卷，第3期，頁109-159。

內政部警政署，1990，〈警察機關處理聚眾活動作業程序〉，1990年6月25日頒行，頁45-48。

方仰寧，2015，〈聚眾活動處理交通疏導與管制作為〉，中央警察大學「聚眾活動處理學」授課講義（未出版）。

丘昌泰，1995，《公共政策：當代政策科學理論之研究》，台北市：巨流。

丘昌泰，2000，《公共政策：基礎篇》，台北市：巨流圖書公司。

丘昌泰、余致力、羅清俊、張四明、李允傑，2001，《政策分析》，新北市：國立空中大學。

朱金池，2007，《警察績效管理》，桃園市：中央警察大學。

朱金池，陳明宏，2009，〈論警察處理聚眾活動之情報與勤務作為〉，《中央警察大學警政論叢》，第九期，頁47-61。

朱源葆，1996，《警察執行集會遊行之法令與實務》，桃園市：中央警察大學。

朱愛群，2011，《政府風險管理與危機處理：實例系統分析》，桃園縣：中央警察大學出版社。

行政院研究發展考核委員會編，2009，〈風險管理及危機處理作業手冊〉（2009年1月）。

行政院，2008，〈行政院所屬各機關風險管理及危機處理作業基準〉（2008年12月8日院授研管字第0972360811號函修正）。

江雪松，2015，〈香港青年學生的法治意識考察：「佔中」亂象引發的思考〉，《中國青年研究》，第36期，2015年3月。

江明修，2009，《研究方法論》，台北市：智勝文化。

余致力、毛壽龍、陳敦源、郭昱瑩，2007，《公共政策》，台北市：智勝文化。

李曉菁，2009，〈媒體建構反貪腐倒扁運動之語藝視野研究－以《聯合報》、《中國時報》為例〉，世新大學新聞研究所碩士論文，未出版。

李湧清，2004，《警察勤務理論與實務》，臺北市：揚智文化。

李震山，2001，〈民主法治國家與集會遊行：從許可制、言論自由及行政刑罰觀點探討〉，收錄於李震山，《人性尊嚴與人權保障》，修訂再版，台北市：元照出版社。

李震山，2009a，《人性尊嚴與人權保障》，台北市：元照出版有限公司。

李震山，2009b，〈從憲法觀點回顧並展望集會遊行法〉，收錄於《「集會遊行與警察執法」國際學術研討會論文集》，中央警察大學行政警察系主辦。

李金田，2007，《群眾運動防處實務：暨紅衫軍大事紀》，作者自印。

李建良，2003，〈現代法治國家之行政裁量〉，收錄於行政院勞工委員會訴願審議委員會編，《法治國家與依法行政：系列專題演講論集與研討實錄》，台北市。

李華明，李莉，2012，〈依法行政，執法為民是預防和解決群體性事件的本質要求：對廣東烏坎事件的反思〉，《湖北科技學院學報》，第32卷第11期，頁8，2012年11月。

李憲人，2014，〈命令解散之法律性質暨權責歸屬〉，《警政論叢》，第十四期，頁23-38。

呂英敏，1994，〈機動警力之實戰陣法〉，《警光雜誌》，第460期，頁18-19。

吳濬宇，2015，〈警察機關處理聚眾活動法制與實務問題之研究〉，中央警察大學碩士論文。

吳庚，2000，《行政法之理論與實用》，增訂六版，台北市：三民書局。

吳定，1989，《公共政策個案集》，台北市：國立政治大學公共行政及企業管理教育中心印行。

吳定，2003，《政策管理》，台北市：聯經出版事業股份有限公司。

吳定，2008，《公共政策》，台北市：五南圖書出版股份有限公司。

吳秀光，2010，〈政策評估〉，收錄於章光明等合著，《政策與管理》，桃園市：中央警察大學。

吳思陸，2015，〈案例研討〉，中央警察大學「聚眾活動處理學」授課講義（未出版）。

吳瓊恩，2005，《行政學的範圍與方法》，台北市：五南書局。

汪子錫，2015，《臺灣民主警政的媒體再現研究》，台北市：獨立作家。

汪子錫，2007，《警察與傳播關係研究》，臺北市：秀威資訊科技股份有限公司出版。

何顯明等，2010，《聚眾活動的發生機理及其應急處置：基於典型案例的分析研究》，上海：上海世紀出版股份有限公司。

何明洲，2015，〈聚眾活動處理現場指揮與處理作為〉，中央警察大學「聚眾活動處理學」授課講義（未出版）。

何秋美，2008年，〈政治危機處理的策略與評估：以2006年「倒扁」事件為例〉，東吳大學政治學系碩士論文。

何世同，2006，《戰略概論》，台北市：黎明文化事業股份有限公司。

何家騏，2015，〈「雨傘運動」中香港警隊勤務工作的爭議及剖析〉，2015年2月26日於中央警察大學演講資料（未出版）。

何家騏，黃建鋒，2014，〈警方管理集會遊行活動的手法及爭議：香港經驗的啟示〉，《中央警察大學警學叢刊》，第四十五卷第二期，頁35-68。

邱毅，1998，《危機管理》，台北：中華徵信所。

周裕瓊、齊發鵬，2014，〈策略性框架與框架化機制：烏坎事件中抗爭性話語的建構與傳播〉，《新聞與傳播研究》，2014年第8期。

周瑞貞，1997，〈台灣原住民族社會運動之意義建構與媒體策略分析〉。台北：淡江大學大眾傳播學研究所碩士論文，未出版。

易君博，1984，《政治理論與研究方法》，台北市：三民書局。

林漢堂，2006，《聚眾活動防處之理論與實務》，台北市：華泰文化。

林鍾沂，2001，《行政學》，台北市：三民書局。

林志誠，2014，〈偵查、蒐證與移送作業〉，中央警察大學「聚眾活動處理學」授課講義（未出版）。

孟維德，2009，〈警察處理群眾活動影響因素之初探〉，收錄於《集會遊行與警察執法國際學術研討會論文集》，主辦單位：中央警察大學、內政部警政署、行政院研考會，2009年6月2日。

胡晉翔，1993，〈大眾傳播與社會運動：框架理論的觀點〉。台北：政治大學新聞學研究所碩士論文，未出版。

范明，2003，〈中外聚眾活動問題比較研究〉，刊載於《中國人民公安大學學報》，總第101期，2003年第1期。

洪文玲，2013，〈集會遊行活動管制模式之研究〉，發表於2013年警察法政策學學術研討會，中央警察大學行政警察學系主辦。

侯友宜，2010，〈警察危機談判作為與攻防技巧〉，收錄於李宗勳主編，《警察危機應變與安全管理》，桃園市：中央警察大學出版社。

柳建文，2009，〈「行動」與「結構」的雙重視角：對中國轉型時期群體性事件的一個解釋框架〉，《雲南社會科學》，2009年第6期，頁53-56，130。

翁萃芳，2013，〈集會遊行法政策分析：以主管機關為中心〉，發表於2013年警察法政策學學術研討會，中央警察大學行政警察學系主辦。

孫同文，2003，《從威權政府至民主治理：台灣公共行政理論與實務之變遷》，台北市：元照出版有限公司。

孫正，2004，〈組織化群體：關於聚眾活動參與者的基本分析〉，《中國人民公安大學學報》，總第111期，2004年第5期。

孫煒，2010，〈政策規劃與執行〉，收錄於章光明等合著，《政策與管理》，桃園市：中央警察大學。

高誌良，2015，〈聚眾活動處理計畫作為〉，中央警察大學「聚眾活動處理學」授課講義（未出版）。

晏山農、羅慧雯、梁秋虹、江浩崙，2015，《這不是太陽花學運：318運動全紀錄》，台北市：允晨文化。

殷俊，2015，〈從國家－社會關係角度分析中國大陸的農村群體性事件：以烏坎村事件為例〉，《展望與探索月刊》，第13卷第6期，2015年6月。

梁添盛，2004，〈警察職權行使法講授大綱〉，2004年2月20日作者自印。

章光明，2014，〈社群媒介與警政發展：國外案例的啟示〉，《警光》，2014年01月號，總690期。

章光明，2010，〈我國集會遊行制度之回顧與前瞻〉，《中央警察大學學報》，四十七期，頁23-45。

章光明，2011，《警察政策》，桃園市：中央警察大學。

馮佩君，2010，〈警察風險評估的模式與運用〉，收錄於李宗勳主編，《警察危機應變與安全管理》，桃園市：中央警察大學出版社。

清華大學公共管理學院社會管理創新課題組，2013，〈烏坎事件始末〉，《中國非營利評論》，2013年2月，頁1-67。

許素彬、呂朝賢、朱美珍、趙善如、王篤強、鄭夙芬、曾華源等譯（Russell K. Schutt原著），2013，《社會研究法：歷程與實務》，第七版，台北市：洪葉文化事業有限公司。

許芳毅，2015，〈網路號召集會遊行之防處作為〉，收錄於內政部警政署，2015年9月21日，《2015年警政治安策略研討會：行動警政的治安策略》論文集。

陳國恩，2015，〈聚眾活動新聞處理與溝通談判〉，收錄於《中央警察大學聚眾活動處理學》授課講義（未出版）。

陳奕廷，2015，《傘裡傘外－民主前夕的香港故事》，台北市：水牛文化。

陳敦源，2009，《民主治理：公共行政與民主政治的制度性調和》，台北市：五南圖書出版股份有限公司。

陳璧，2007，中央警察大學警察政策研究所授課講義（未出版）。

陳日翹，2006，《警政生涯四十年：陳日翹往事憶述》，作者自印。

張世賢，2015，《政策論證》，台北市：五南圖書出版股份有限公司。

張世賢、陳恆鈞，2001，《公共政策：政府與市場的觀點》，台北市：商鼎文化出版社。

張榮春，1990，《非法聚眾活動防處要領》，修訂版，桃園縣：中央警官學校。

黃翠紋，2014，〈「民眾對國道高速公路警察印象與接觸經驗滿意度調查」研究報告〉（2013年第一次調查），主持人：黃翠紋，共同主持人：王俊元，執行單位：中華警政研究學會、中央警察大學警政民意調查中心，2014年6月16日。

黃丁燦，1994，中央警察大學「警察機關處理群眾事件之法令與實務」講義（未出版）。

閔大洪、劉瑞生，2015，〈香港「佔中」事件中的新媒體運用及思考〉，《新聞記者》，2015年第1期（總383期）。

葉柏祥，2014，《太陽花學生教我們的事：24堂街頭上的民主課》，台北市：費邊社文創有限公司。

華人民主書院，2013，〈非暴力抗爭訓練：完全非暴力手冊〉，華人民主書院印行。

曾慶香，李蔚，2010，《群體性事件：信息傳播與政府應對》，北京市：中國書籍出版社。

陽紅光，2005，〈淺談聚眾活動的處置〉，《公安研究》，2005年第3期（總第125期）。

童星、張海波等，2012，《中國應急管理：理論、實踐、政策》，北京市：社會科學文獻出版社。

萬艷霞，2012，〈社會管理創新視角下群体性事件處置的困境与突破_以烏坎事件為例〉，《克拉瑪依學刊》，第5期，2012年3月。

楊肇元，2015a，〈警察機關處理新型態群眾運動之研究：以「太陽花學運」為例〉，中央警察大學警察政策研究所碩士論文。

楊肇元，2015b，〈情報蒐集與溝通疏處〉，中央警察大學「聚眾活動處理學」授課講義（未出版）。

臺北市政府警察局，2015，〈臺北市政府警察局執行集會遊行活動標準作業程序（SOP）〉。

鄭江濤等編著，2008，《新時期公安群眾工作指南》，北京：中國人民公安大學出版社。

鄭善印，王家敏，2009，〈集會遊行法暨相關判決之研究〉，收錄於《集會遊行與警察執法國際學術研討會論文集》，頁159-176。研討會主辦單位：中央警察大學、內政部警政署、行政院研考會，2009年6月2日。

蔡庭榕，2009，〈論集會遊行權利與規範〉，刊載於《月旦法學雜誌》，卷期：總號173，2009年10月出刊。

蔡耀坤，2015，〈群眾活動情蒐要領與技巧〉，中央警察大學「聚眾活動處理學」授課講義（未出版）。

蔡震榮，2010，〈集會遊行法修法之探討與建議〉，《警察法學》，9期，2010年11月，頁203-233。

蔡震榮，陳斐鈴，2009，〈街頭執法的弔詭：以警察執行集會遊行法為例〉，收錄於《集會遊行與警察執法國際學術研討會論文集》，頁177-196。研討會主辦單位：中央警察大學、內政部警政署、行政院研考會，2009年6月2日。

蔡毓智譯（Earl Babbie原著），2013，《研究方法：基礎理論與技巧》，二版，台北市：雙葉書廊有限公司。

蔡丁貴譯，Gene Sharp原著，2010，《自我解放：終結獨裁政權或其他壓迫的行動戰略規劃指南》，台北市：台灣基督長老教會。

蔡丁貴譯，Gene Sharp原著，2012，《自我解放戰略規劃指南：終結獨裁政權或其他壓迫之行動》，台北市：台灣基督長老教會。

劉志鵬、劉志才，2014，〈涉農群體性事件的誘因分析與處置策略－以廣東「新塘事件」、「烏坎事件」為例〉，《行政管理改革》，2014年1月。

劉兆佳，2015，〈香港占中行動的深層剖析〉，《港澳研究》，2015年第1期。

劉定綱，2014，《318佔領立法院：看見希望世代》，台北市：奇異果文創事業。

錢進、王友春等，2010，《公共安全危機策論》，南京市：江蘇人民出版社。

謝秀能，1994，〈選舉前群眾活動秩序之維護〉，《警光雜誌》，第460期，頁10-15。

謝秀能，2014，中央警察大學警察政策研究所授課講義（未出版）。

蕭全政，1995a，《臺灣新思維：國民主義》，臺北市：時英出版社。

蕭全政，1995b，〈兩種社會科學典範〉，《政治科學論叢》，5，頁59-85。

警政論叢編輯委員會，2014，〈警政管理圓桌論壇：集會遊行法及群眾活動處理之研討〉，《警政論叢》，第十四期，頁1-21。

二、英文部分

Beck, Ulrich. 1992. *Risk Society: Towards A New Modernity*. Mark Ritter. trans. London: Sage Publishing.

Beene, Charles, 1992, *Police Crowd Control: Risk-Reduction Strategies for Law Enforcement*, Boulder, Colorado: Paladin Press.

Beene, Charles, 2006, *Riot Prevention and Control: A Police Officer's Guide to Managing Violent and Nonviolent Crowds*, Boulder, Colorado: Paladin Press.

Bovens, Mark, 2005, "Public Accountability", in Ewan Ferlie, Laurence E. Lynn, JR. and Christopher Pollitt, Editors, *The Oxford Handbook of Public Management*, Oxford: Oxford University Press.

Cerrah, Ibrahim, 1998, *Crowds and Public Order Policing: an Analysis of Crowd and Interpretations of their Behaviour Based on Observational Studied in Turkey, England and Wales*, Aldershot, Hants, England: Ashgate Publishing Limited.

Chu, Jim (2013). "Social Media for Lead Development", Paper Presented in AAPS 2013 Annual Conference, New Taipei City, Taiwan.

Cohen, J. (1991). *You Can Negotiate Anything*, New York: Carol Pub. Group.

Crow, G. (1988). "The Use of the Concept of "Strategy" in the Sociological Literature." *Sociology*, 23:1, 1-24.

della Porta, Donatella and Herbert Reiter, 1998, "Introduction: The Policing of Protest in Western Democracies", in Donatella della Porta and Herbert Reiter, Editors, *Policing Protest: The Control of Mass Demonstrations in Western Democracies*, Minneapolis, MN.: The University of Minnesota Press.

Dunn, William, 1981, *Public Policy Analysis: An Introduction*, Englewood Cliffs, N.J. : Prentice-Hall, Inc..

Fillieule, Oliver and Fabien Jobard, 1998, "The Policing of Protest in France: Toward a Model of Protest Policing." In Porta, Donatella della and Herbert Reiter, Editors, *Policing Protest: The Control of Mass Demonstrations in Western Democracies*, Minneapolis, MN.: The University of Minnesota Press.

GWIG, 2005, The National Criminal Intelligence Sharing Plan (revised June 2005). Washington, DC: Department of Justice (Global Intelligence Working Group)

Harfield, Clive, 2013, *Blackstone's Police Operational Handbook: Practice and Procedure*, Oxford: Oxford University Press.

HMIC (Her Majesty's Inspectorate of Constabulary), 2009, *Adapting to Protest: The British Model of Policing*, London: HMIC.

Hughes, Owen E, 2003, *Public Management and Administration: An Introduction*, New York: Palgrave MacMillan.

Kingdon, John, 1995, *Agendas, Alternatives and Public Policy*. New York: Harper Collins.

Mansbridge, J., and Morris, A. E., 2001, *Oppositional Consciousness: The Subjective Roots of Social Protest*, Chicago: The University of Chicago Press.

Marx, Gary, 1998, "Some Reflections on the Democratic Policing of Demonstrations", in Donatella della Porta and Herbert Reiter, Editors, *Policing Protest: The Control of Mass Demonstrations in Western Democracies*, Minneapolis, MN.:The University of Minnesota Press.

McPhail, Clark, David Schweingruber, and John McCarthy, 1998, "Policing Protest in the United states; 1960-1995" in Donatella della Porta and Herbert Reiter, Editors, *Policing Protest: The Control of Mass Demonstrations in Western Democracies*, Minneapolis, MN.: The University of Minnesota Press.

President's Task Force on 21st Century Policing, 2015, *Final Report of the President's Task Force on 21st Century Policing*, Washington, DC: Office of Community Oriented Policing Services.

Pyo, Changwon (2009). "Candlelight Demonstration: How and Why Did It Turn Violent?" 收錄於「集會遊行與警察執法」國際學術研討會論文集,桃園縣:中央警察大學主辦。

Ratcliffe, Jerry H., 2008, *Intelligence-Led Policing*, Portland, Oregon: Willan Publishing.

Redekop, Vern Neufed and Shirley Pare, 2010, *Beyond Control: A Mutual Respect Approach to Protest Crowd-Police Relations*, New York: Bloomsbury Academic.

Stone, Christopher and Jeremy Travis, 2011, "Toward a New Professionalism in Policing", *New Perspectives in Policing*, Harvard Kennedy School and National Institute of Justice, March 2011, pp. 1-26.

Waddington, David P., 2007, *Policing Public Disorder: Theory and Practice*, Portland, Oregon: Willan Publishing.

Wolfsfeld, G. (1991). "Media protest and political violence: A transactional analysis", *Jourhalism Monographs*, 127.

Yin, Robert K., 1984, *Case Study Research*, Beverly Hills, Ca.: Sage.

相關網站

1.2015年10月2日檢索自監察院網站（http://www.cy.gov.tw/mp.asp?mp=1）：098000084：
「陳雲林案糾正案文（公布版）0520」。

2.2015年10月4日檢索自YouTube網站（https://www.youtube.com/watch?v=7hfUiipB-4s#t=0h0m0s）：
「台灣歷史回顧影片轟動一時1995年的台灣計程車暴動事件。」

3.2015年10月4日檢索自內政部警政署網站（http://www.npa.gov.tw/NPAGip/wSite/ct?xItem=
46736&ctNode=12593&mp=1）：104年警政統計資料：集會遊行發生數統計。

4.2014年5月22日檢索自維基百科網站：http://zh.wikipedia.org/zh-tw/520%E4%BA%8B%E4%
BB%B6

Do觀點31　PD0035

聚眾活動處理的政策管理

作　　　者／朱金池
責任編輯／林千惠
圖文排版／楊家齊
封面設計／蔡瑋筠

出版策劃／獨立作家
發 行 人／宋政坤
法律顧問／毛國樑　律師
製作發行／秀威資訊科技股份有限公司
　　　　　地址：114 台北市內湖區瑞光路76巷65號1樓
　　　　　電話：+886-2-2796-3638　傳真：+886-2-2796-1377
　　　　　服務信箱：service@showwe.com.tw
展售門市／國家書店【松江門市】
　　　　　地址：104 台北市中山區松江路209號1樓
　　　　　電話：+886-2-2518-0207　傳真：+886-2-2518-0778
網路訂購／秀威網路書店：https://store.showwe.tw
　　　　　國家網路書店：https://www.govbooks.com.tw

出版日期／2016年1月　BOD一版　定價／450元

|獨立|作家|
Independent Author

寫自己的故事，唱自己的歌

聚眾活動處理的政策管理 / 朱金池著. -- 一版. -- 臺北
市：獨立作家, 2016.01
　　面；　公分
BOD版
ISBN 978-986-92257-3-1(平裝)

1. 群眾運動　2. 公共政策

541.773　　　　　　　　　　　　　　104020462

國家圖書館出版品預行編目

讀者回函卡

感謝您購買本書，為提升服務品質，請填妥以下資料，將讀者回函卡直接寄回或傳真本公司，收到您的寶貴意見後，我們會收藏記錄及檢討，謝謝！如您需要了解本公司最新出版書目、購書優惠或企劃活動，歡迎您上網查詢或下載相關資料：http:// www.showwe.com.tw

您購買的書名：_____

出生日期：_____年_____月_____日

學歷：□高中 (含) 以下　　□大專　　□研究所 (含) 以上

職業：□製造業　□金融業　□資訊業　□軍警　□傳播業　□自由業
　　　□服務業　□公務員　□教職　　□學生　□家管　　□其它____

購書地點：□網路書店　□實體書店　□書展　□郵購　□贈閱　□其他

您從何得知本書的消息？

　□網路書店　□實體書店　□網路搜尋　□電子報　□書訊　□雜誌

　□傳播媒體　□親友推薦　□網站推薦　□部落格　□其他_____

您對本書的評價：(請填代號　1.非常滿意　2.滿意　3.尚可　4.再改進)

　封面設計____　版面編排____　內容____　文／譯筆____　價格____

讀完書後您覺得：

　□很有收穫　□有收穫　□收穫不多　□沒收穫

對我們的建議：_____

_____

_____

_____

11466
台北市內湖區瑞光路 76 巷 65 號 1 樓
獨立作家讀者服務部　　　收

....

（請沿線對折寄回，謝謝！）

姓　　名：_____　年齡：_____　性別：□女　□男

郵遞區號：□□□□□

地　　址：_____

聯絡電話：(日) _____　(夜) _____

E-mail：_____